「生存」の歴史と復興の現在

3・11 分断をつなぎ直す

大門正克・岡田知弘・川内淳史・河西英通・高岡裕之――編

大月書店

まえがき

この本を手にとってくださった方は、あらためて本のカバー写真を見ていただきたい。そこには、岩手県陸前高田市と福島県双葉郡双葉町にとってかけがえのない宝物の写真を掲げてある。大きな赤いくちばしが目を引く鳥は陸前高田市立博物館に展示されていたアカショウビンであり、下段には福島県双葉町のダルマ市の写真を掲げた。両方ともに、地域のかけがえのない宝物であったが、3・11で大きな影響を受け、しかし、その後、あらためて地域でその存在が注目されるようになった。本書の六一〜六三頁、二二九頁にその経緯が記されている。カバーには、そのほかにも、陸前高田市立博物館所蔵の半纏と双葉町に伝承されている神楽の写真を掲げた。カバー表の半纏は津波の被害を受けたものであり、カバー裏の半纏は、女子美術大学の協力を得て修復された現在のものである。双葉町の神楽は、二〇一八年、震災後七年目に上演を果たしている。

3・11から五、六年過ぎた頃から、地域の文化財や資料、歴史、取り組みに関心が集まるようになり、それらは今後の復興の大事な財産になるのではないかと議論されるようになった。アカショウビンとダルマ市、半纏、神楽なども財産の一つであり、本書では、3・11をめぐる「生存」の歴史と復興の現在にとって、アカショウビンやダルマ市に象徴される地域の財産が果たす役割について論じ、さらに地域の財産は、3・11後の分断をつなぎ直す役割があるのではないかと問題提起をしている。

東北の近現代史を研究している大門正克、岡田知弘、川内淳史、河西英通、高岡裕之の五名の研究者は、朝日カルチャーセンターの石井勤、編集者の角田三佳とともに、二〇一三年に岩手県陸前高田市で陸前高田フォーラムを、二〇一五年に福島県福島市で福島フォーラムを開催し、二つのフォーラムをもとにした本書をまとめた。本書に先立ち、私たちは、二〇一二年に東京都新宿の朝日カルチャーセンターで歴史講座を開き、次いで宮城県気仙沼市で気仙沼フォーラムを開いて、そこでの内容を、大門正克・岡田知弘・川内淳史・河西英通・高岡裕之編『「生存」の東北史――歴史から問う3・11』（大月書店、二〇一三年）として編集した。二冊の本には、3・11後を生きる私たちが、「生存」の歴史と現在を往還し、考えつづけてきた痕跡が刻まれており、とくに今回の二冊目には、3・11から八年が経過した時間の推移が反映されている。

一冊目の『「生存」の東北史』は、第Ⅰ部「歴史から3・11へ」、第Ⅱ部「歴史から築く『生存』の足場」、第Ⅲ部「東北から3・11後の歴史へ」で構成した。この本では、災害と開発、差別のもとにおかれ、「東北」として位置づけられた地域において、とくに一九三〇年代から五〇年代は、医療や生活改善をはじめ、「生存」の足場を創る試みがなされ、大きな変動期になったこと、加えて「3・11後」を生きる私たちには、歴史を語り継ぐ使命があることを述べた。

その後の二〇一三年には、「歴史が照らす『生存』の仕組み――3・11災害後のいのち・暮らし・地域文化」をテーマにして陸前高田フォーラムを開いた。会場からは、まだ復興の先行きがよく見えないもとで、歴史と現在の往還を試みるフォーラムに違和感を述べる声も聞かれたが、そのようななかで、高田保育所長の佐々木利恵子さんと陸前高田市立博物館学芸員の熊谷賢さんの話は、地域には大事な蓄積があることを会場の人びとに気づかせることになった（以下、敬称略）。佐々木は、3・11前の高田の保育は、地域の人に支えられ、時間をかけて過程を大事にして取り組まれてきたことを、熊谷は、小学生から「おらほのアカショウビン」と言われて愛された鳥の剝製をはじめ、陸前高田市立博物館が多くの市民に支えられてきたことをそれぞれ語った。

二〇一五年には、福島フォーラム「歴史から見つめ直す『生存』」の場——分断を越えて」を開催した。地震、津波による災害に原発災害が加わった福島では、行政と人びとの間や、人びとの選択肢などをめぐって分断が深く長く続いており、歴史と現在を往還するフォーラムから分断を越える道はなかなか見出せないのが実情であった。そのようななかで、福島県の原発被災地域である双葉町で学芸員を務める吉野高光が、今年（二〇一五年）あたりから、各地に避難している双葉町の人たちが文化財に関心をもつようになったと話し、会場に集まった人びとに強い印象を与えた。

本書は、陸前高田フォーラムと福島フォーラムの二つの取り組みに、二〇一七年の陸前高田市でのインタビューと一八年の福島県双葉町でのインタビューをもとにした語りを加え、一三年、一五年、一七年、一八年という時間の経過をふまえながら、「生存」の歴史と復興の現在を探り、分断をつなぎ直す道をあらためて探るものである。

二〇一六年以降の時間の経過のなかで、一五年の福島フォーラムで強い印象を受けた吉野高光の文化財の話の意味や、一三年の陸前高田フォーラムの際に、地域の蓄積に気づかせてくれた佐々木利恵子と熊谷賢の話の含意がしだいに理解できるようになった。冒頭で述べたように、地域には大事な文化財や資料、歴史、取り組みの蓄積があり、それらは地域歴史遺産として今後の復興の財産になるのではないかということが見えてきたのである。そこからは、地域の財産には、3・11後の分断をつなぎ直す役割があるのではないかという議論も射程に入ってきた。時間の経過のなかで、「生存」の歴史の意味がしだいに鮮明に見えてきた。

以上をふまえ、本書のタイトルは、「『生存』の歴史と復興の現在――3・11　分断をつなぎ直す」と定め、三つの部で構成することにした。

第I部は、「断ち切られた『日常』を取り戻す――地域歴史遺産がつなぐ記憶と歴史」として、この間の時間の経過のなかで鮮明になってきた地域の文化財や資料、博物館の意味についてまとめて論じており、本書で重要な位置を占めている。第1章は第I部の総論にあたる章であり、災害による分断をつなぎ止める地域歴史遺産の役割について述べている。第2章は、3・11後のふくしま歴史資料保存ネットワークの活動を通じて、歴史資料保全活動の意味と可能性を問うものであり、福島県内の各所で二〇一五、一六年頃から、歴史資料保全活動が今後の復興に果たす役割が鮮明になる過程が明らかにされている。第3章は、一三年の陸前高田フォーラムにおける熊谷賢の話をもとにしてまとめたものであり、「おらほのアカショウビン」をはじめとして、地域の自然・文化・歴史を伝える宝を備えた陸前高田市立博物館の歩みと博物館が市民に支えられてきた過程が描かれている。

第Ⅰ部には、インタビューをもとにした語りを「対話」として二つおいた。第Ⅰ部・第Ⅱ部ともに、インタビューによる語りを「対話」としたのは、フォーラムでの報告を依頼したり、その後インタビューをしたりという数年にわたる積み重ねが、私たちの認識にも影響を与えており、ここで行ってきたことは「対話」というのにふさわしいと思えるからである。

第Ⅰ部の「対話」には、熊谷賢の二〇一七年の語りと吉野高光の一八年の語りを配置した。熊谷は、一六年に震災後初の市内展覧会が開かれたことともに、陸前高田の展示は特別ではなく、どの地域にもあてはまること、博物館は人を育てることなどを語っている。また吉野は、震災資料と文化財を含めて「アーカイブ」という考え方が広がっており、文化財保存の意義が再発見されていることや、戦前以来の地域の歴史に地域の再生の記憶が刻まれていることなどを語っている。二人の語りからは、震災から六年目、七年目において地域の文化財や歴史の意味が鮮明に認識されてきていることが伝わる。

第Ⅱ部は、「『生存』の歴史から問う分断と復興」として、福島を中心にして陸前高田を含めた「生存」の歴史を各方面から検討した。第4章は、第Ⅱ部の総論にあたる章であり、福島と陸前高田における「生存の条件」の形成・破壊・再建の歴史過程を追究するなかで、地域循環型「人間の復興」の歴史的基盤を探っている。第5章では、福島県双葉地域に関する統計的考察を通じて、原子力発電所と地域社会の関係を検討している。そこでは、原子力発電所と関連企業が地域社会に規模の大きな雇用を創出した点を論証し、戦後の地域開発に共通する側面を見出している。原子力発電所が地域社会に与えた経済的影響に関する研究が乏しい現状において、貴重な研究である。第6章と第7章では、福島の漁業と農業の歴史をたどり、原発が与えた影響を検証するとともに、漁業と農業の営みを取り戻す道を検討している。

第Ⅱ部には、三つのインタビューをもとにした語りを「対話」として配置した。いずれも陸前高田に関するものである。陸前高田市役所に勤める阿部勝は、二〇一七年の時点で陸前高田の市民自治の歴史を振り返り、災害の歴史のなかで協働の力が育まれ、陸前高田では、図書館と地元の商業者が連携した施設をつくるにいたった過程を語っている。長いこと、陸前高田の保育にかかわってきた佐々木利恵子は、前述のように、一三年の陸前高田フォーラムで、過程を大事にしてきた3・11以前の保育について語り、一七年には、はじめて震災当日の様子について話してくれた。3・11当時、県立高田病院長だった石木幹人には、陸前高田フォーラムで、「いのちを守る地域医療――病院と保健の歴史と現在」をめぐって話していただくとともに、その後、一五年、一七年にインタビューを重ね、一七年には、被災体験から見えてきた、超高齢社会に必要な地域医療・介護のかたちについて語っていただいた。これらの語りからは、超高齢社会や少子化、人口減少などの条件を抱えるもとでも、市民自治や保育・地域医療の取り組みなど、陸前高田の蓄積が今後の復興の重要な財産になることが浮かび上がる。

最後の第Ⅲ部では、『「生存」の歴史の射程――分断を越える視点』として、3・11から八年が経過した現在において、「生存」の歴史の射程を二つの局面から検討し、分断を越える視点を探っている。一つは、歴史と現在における福島論を整理した第8章であり、震災から時間が経過した現在、もう一度、〈始点〉に立って、「白河以北一山百文」が蘇る議論や福島の歴史空間性、戦後的植民地化の議論について見つめ直している。もう一つの第9章では、福島の3・11をめぐる手記や記録、聞き書き、声を集めて検証し、また本書に収録した各論文や「対話」を検証することで、文化財や資料に加えて、聞き書きや対話が分断・喪失によって人びとを隔てていた状況をつなぎ直す可能性があることを見出し、以上を通じて「生存」の歴史学を再考し、「生存」の歴史をつなぎ直して分断を越える道を探っている。

以上が、陸前高田市と福島市でフォーラムを開き、3・11から八年経過した時点でまとめた本書の内容である。地域の文化財や資料、歴史、取り組みなどは地域の宝物であり、今後の復興で大事な役割を果たすことが地域で認識されるようになってきており、地域歴史遺産と総称できる地域の取り組みと「生存」の歴史を重ね合わせてみたとき、地域歴史遺産には分断をつなぎ直す可能性があることが見えてきた。

地域歴史遺産が地域の宝物であり、地域の復興や再生にとって大事な役割を果たすことは、被災地に限ったことではなく、多くの地域に共通する普遍的な論点である。『「生存」の東北史』と本書の二冊は、3・11後の東北に即し、東北各地の「生存」の歴史の固有の条件を探り、語り継ぐものであるとともに、その固有性をふまえ、さらに普遍的な論点を提起するものである。

二〇一九年一月

大門　正克

凡例

一、引用史料の旧漢字は新漢字に、旧かなづかいは新かなづかいに、また、カタカナはひらがなに改めた。

一、引用文中の〔　〕は、引用者の補足・修正である。

一、引用文には、適宜、ルビ、句読点を付した。

[目　次]

第Ⅲ部 「生存」の歴史の射程――分断を越える視点

第Ⅰ部

断ち切られた「日常」を取り戻す

——地域歴史遺産がつなぐ記憶と歴史

第1章

災害が断ち切る「日常」の記憶　つなぎ止める地域歴史遺産

川内淳史

はじめに

二〇〇九年八月三〇日、私は兵庫県南西部に位置する佐用町《さようちょう》にいた。佐用町は同年八月九日に発生した台風九号による豪雨により、町内を流れる佐用川《さよがわ》が氾濫、死者一八名・行方不明者二名を数える大きな被害を受けた。私は、この町にある数百年続く旧家の蔵より、被災した歴史資料・文化財救出のためのボランティア活動に参加していた。泥と生活排水にまみれた史料を蔵から運び出していると、所蔵者の方が涙を流しながら次のようなことを話された。

たくさんの災害ボランティアの方が来てくれて、家の泥かきやガレキの処分を手伝ってくれる。とてもありがたいのだけど、「あっ、それは捨てないでほしいな……」という物があってもなかなか言い出せなかった。だからこんな「拾うボランティア」があったなんて、とてもうれしいんです。

これは私が、阪神・淡路大震災以来、大規模自然災害の被災地において、歴史資料・文化財の救出保全活動を行う「歴史資料ネットワーク（史料ネット）」のメンバーとしてはじめて被災地での救出活動に参加した際の一コマである。以来、史料ネットのメンバーとして活動に携わりながら、この「拾うボランティア」の意味について考えつづりてきた。

こうした問いをもちながら史料ネットの活動を続けるなか、東日本大震災が発生した。この史上稀に見る大災害の被災地において、宮城や福島などの史料ネットがいち早く被災した歴史資料や文化財のレスキュー活動を開始し、その支援のために神戸で活動をしていた私たちの目に飛び込んできたのは、「家族や友人、故人との思い出が詰まった品を手放さないで」と呼びかけながら、津波にさらわれた位牌やぬいぐるみ、家族のアルバムなどを拾い集めるボランティア活動のニュースであった（「思い出の品捨てないで立ち直る支えに」『朝日新聞』二〇一一年三月三〇日付）。このニュースに接した際、私は意外の感をもつと同時に、大変励まされる思いがした。意外の感をもったというのは、東日本大震災以前、私たちのような活動はたびたびメディア等で取り上げられてはいたものの、歴史学界や文化財関係者を除いては、社会的に大きな注目を集めるものではなかったからである。そのことは、前述のとおり二〇〇九年段階において「拾うボランティア」の存在が被災地でほとんど認知されていなかったことからも理解できる。しかしながら一方で、津波と原子力災害により地域社会そのものが消失するという被災地の極限的な状況のなかで、喪われつつある思い出の品を拾い集め、残そうとする人びとの動きに接したことにより、これまでの私たちの活動が間違っていなかったことを確信したのと同時に、「残す」ことの重要性をあらためて教えられたと感じた。

本章の課題は、「生存」の歴史とのかかわりにおいて、大規模自然災害時における「文化財レスキュー」の意義について考察するところにある。大規模自然災害時における組織的な文化財レスキュー活動は、一九九五年一月一七日に発生した「阪神・淡路大震災」からである。東日本大震災を経た現在、被災地における文化財レスキュー活動のもつ重要性についてはさまざまなところで言及されており、また本書第2章および第3章でも述べられるところであるが、本章において検討すべきは、被災地での文化財レスキュー活動がいったい何を拾い、何を残そうとしているのか、ということである。換言すれば、「モノ」としての歴史資料や文化財を災害から救うことに「モノ」を残す以上の意味があるとするならば、それはいったい何であろうか、という問いである。この点を考えるうえで本章ではまず、その〝起点〟となる阪神・淡路大震災に一度立ち返り、考えてみたい。

1　阪神・淡路大震災における文化財レスキューの経験

「ボランティア元年」の文化財レスキュー活動

戦後日本ではじめて発生した大都市部における大規模災害であった阪神・淡路大震災は、文化財にも大きな被害をもたらした。兵庫県内の文化財被害は、国指定四六件、県指定五三件、市町指定四三件の計一四二件にのぼり［阪神・淡路大震災記念協会編　二〇〇六：一七八］、被災文化財について自治体職員のみで対応を行うことは難しく、また未指定の文化財等についてはその被害状況を把握することすら困難な状況にあった。

こうしたなか、文化庁は一九九五年二月一四日に「阪神・淡路大震災被災文化財等救援事業実施要項」を策定し、同要項をもとに「阪神・淡路大震災被災文化財等救援委員会（文化財レスキュー隊）」を発足させ、事務局を東京国立文化財研究所（現・東京文化財研究所）内に設置した。(1) 一七日には神戸芸術工科大学（神戸市西区）に現地本部を開設（四月一日に尼崎市立地域研究史料館へ移転）し、日本史上はじめての本格的な文化財レスキュー事業が展開されることになった。

文化庁が主導する文化財レスキュー事業が実施される一方、被災地ではボランティア主体の文化財レスキューが始められていた。このうち、いち早く活動を開始したのが、文化財修復家の坂本勇によって設立された「地元ＮＧＯ救援連絡会議文化情報部」（以下、文化情報部）である。文化情報部の設立目的について坂本は次のように述べている〔坂本　一九九五〕。

当時、文化庁はいち早く「指定文化財」を対象とした被災調査団を出しておられたが、近現代の大量にある未指定文化財・文化遺産については範囲外として何の動きもなかった〔中略〕被災現地では倒壊家屋が重機で壊されていく際に、思い出深い子供の写真アルバムが無惨にも踏み敷かれていたり、古い記録文書や評価のある映画コレクションが搬出されないまま撤去されていく状況に対し、これまでの文化財行政は余りにも弱体であり、大災害時に有効な手を打てないことの無力感をしみじみと感じた。

この文化情報部の立ち上がりに続いたのが、関西を中心とする歴史学関係者の動きである。二月四日、関西に拠点をおく歴史学系学会（大阪歴史学会、大阪歴史科学協議会、日本史研究会）の担当者が、尼崎市立地域研究史料館に集まり、その場で「阪神大震災対策歴史学会連絡会」の結成が確認され（のちに京都民科歴史部会も参加）、一三日にはその情報窓口として「歴史資料保全情報ネットワーク（史料ネット）」が開設された。史料ネットは文化財レスキュー隊や文化情報部と連携した活動を実施、とくに大規模レスキュー時には実働人員の多くを派遣するなど、被災地での活動の主軸を担った［辻川　一九九五］。文化財レスキュー隊や文化情報部の活動終了後も史料ネットでは、継続的な活動を行うために一九九六年四月に組織を改め、新たに「歴史資料ネットワーク（史料ネット）」を発足させて引き続き被災地での活動を継続した。その結果、九六年一一月段階で延べ参加者数八七六名、被災家屋からの史料救出三八回、被災地での巡回調査三七回、史料の緊急仮整理四八回を実施し、段ボール換算で約一五〇〇箱の史料を救出した［藤田　一九九七］。

史料ネット創設時より代表を務める奥村弘は、史料ネットの活動では「地域の歴史を語るものすべてを価値ある歴史遺産と考えて保全を進めることを当初から原則」とし、それは「特定の価値を持つ歴史遺産を対象として、その保存をすすめるというこれまでの歴史研究者の文化財保存運動と異なる史料ネットの歴史資料保全活動の基本的特質」であるとする一方、このような史料に対する認識が具体的に深まっていくのは活動の過程を通してであったとする［奥村　二〇一二：一三］。この点について、阪神・淡路大震災時に事務局長を務めた藤田明良（現副代表）は、当初は史料ネットの活動が「何を目指す活動なのかという点で曖昧さ」があり、活動の過程で議論を重ねた結果、「被災地から史料が滅失・散逸することを防ぐのが、第一義的な活動目的である」という結論にいたったとしている。

このような目的の「曖昧さ」を抱えながら史料ネットの活動が展開された背景について、奥村は「ボランティア元年」と呼ばれた阪神・淡路大震災時のボランティア活動の特徴に関する外岡秀俊の議論〔外岡一九九八〕を援用しつつ、次のように述べている〔奥村　二〇一二：六六〕。

史料ネットの活動は、今までの歴史研究者の社会との関わり方を前提としながら、そこからさらに一歩踏み込んで行おうとしたものであるとともに、被災地という限られたエリアに、全国からの人的物的な援助が集中的に投下されたものだった〔中略〕現代日本に生きる若手の研究者が自己の分限を越えて被災地と対峙した時、歴史学の課題とそのための方法の一端が、凝縮した状況の中で浮かび上がってきたのではないだろうか。

すなわち、日本における本格的な文化財レスキュー活動のスタートにあたっては、極限的な被災地の現状に対峙し、かつ「ボランティア元年」の時代状況のなかで、各々の日常時の営みから「分限を越えて」ボランティアとして活動に参加した歴史学関係者や文化財関係者が果たした役割が大きかったのであるが、彼ら／彼女らにとって被災地での活動の経験は、各々の日常時の営みのもつ意味を再認識させる契機ともなったのである。

阪神・淡路大震災の文化財レスキューの特徴

阪神・淡路大震災時に展開された文化財レスキュー活動について、以下五点にまとめる。一点目は、前述のとおり被災地の文化財行政が機能不全に陥り、行政職員が対応困難な状況のなか、国や民間ボランティアが主導するかたちで本格的な文化財レスキュー活動が展開された点である。これは活動に参加した人びとの意識のみならず、後述のように日本における「文化財」概念そのものを変えていく契機ともなった。この点とかかわって二点目としては、大規模自然災害時における文化財レスキューの具体的なノウハウが、戦後日本社会には決定的に不足していたことが明らかになった点である。奥村は、戦後日本の社会変動期にあたる高度経済成長期からバブル期が、日本列島の地震空白期と重なったことは「現代に生きる私たちに巨大な課題を投げかけている」［奥村　二〇一二：六］とする。周知のように一九四九年の法隆寺金堂の火災を契機として成立した「文化財保護法」に規定される戦後日本の文化財行政は、文化財保護について、大規模自然災害に対応できないかたちで成立・展開しており、このことは前述の坂本の述べるとおり、大規模自然災害時において「文化財行政は余りにも弱体」であったことを露呈するものとなった。

そのため災害時における文化財への対応、とくに未指定文化財に対して行政は十分に対応ができず、それにかわって活動したのが史料ネットや文化情報部などのボランティア組織であった。これが阪神・淡路大震災の文化財レスキューの特徴の三点目である。これについては、その後の文化財レスキューの展開においてプラスの面とマイナスの面の両方をもたらした。プラスの面としては、被災直後において行政が動き出せないなか、文化財レスキューへ向けたいち早い活動を開始できる「史料ネット」という活動形態の有用性が認識されることになり、阪神・淡路大震災以後、全国で同様の組織を生み出すことになった。表1に掲げるとおり、二〇一八年一〇月段階で全国には二〇を超えるネットワークが存在しており、さらに東日本大震災以降は相互に連携をとることで、広域的な支援体制を構築しうるようにもなっている。その一方でマイナス面としては、文化財レスキュー活動自体がボランタリーな活動として位置づけられる現状を生み出したことである。東日本大震災時の文化財等救援委員会の事務局長を担った岡田健は「『文化財』が、国が『文化財保護法』を根拠としてその保護を謳う『制度』であるにもかかわらず、どうして文化財レスキュー事業は文化庁の直営とならず、これほどまでにボランタリーな活動になるのであろうか」と、その問題点を指摘しているが〔岡田　二〇一二〕、このことは阪神・淡路大震災時に（文化財レスキュー隊を含めて）ボランティア活動をベースに制度設計された文化財レスキュー活動が、その後のさまざまな「文化財」をめぐる議論の展開にもかかわらず、東日本大震災の発生にいたるまで、そのあり方についての根本的な課題克服がなされなかったことに起因すると考える。

四点目は、被災地での活動の過程で、歴史研究者と市民との間の「歴史資料」をめぐる認識のズレが明らかになったことである。すなわち前述のように、歴史研究者は当初より「地域の歴史を語るものすべてを価値ある歴史遺産」と考え、前近代の古文書のみならず、近現代の日記や写真、町内会の記録やビラなども救出対象ととらえていたが、一方で被災地の市民の側は、そうした身近にある物が歴史的価値をもつ物であると認識することができなかった。この点について大国正美は、この認識のズレは戦後における史料保存運動がもたらした「負の遺産」のなかでも「最も根源的なもの」であったとする〔大国　一九九七〕。一方で佐賀朝は、いわゆる歴史資料や文化財のみならず、市民の身のまわりの生活そのものを記録した資料を当初より救出対象に据えていた文化情報部の活動に対し、史料ネット活動の参加者が「こうした考え

表1　各地の資料保存ネットワーク一覧（2018年10月現在）

No	名称	事務局所在地	成立経緯となった災害	備考
1	歴史資料ネットワーク（史料ネット）	兵庫県神戸市	阪神・淡路大震災（1995年1月）	
2	山陰歴史資料ネットワーク（山陰史料ネット）	島根県松江市	鳥取県西部地震（2000年10月）	
3	愛媛資料ネット	愛媛県松山市	芸予地震（2001年3月）	「芸予地震被災資料救出ネットワーク愛媛」より改称
4	広島歴史資料ネットワーク（広島史料ネット）	広島県東広島市	芸予地震（2001年3月）	2018年西日本豪雨で再組織化
5	資料ネットやまぐち	山口県山口市	芸予地震（2001年3月）	
6	NPO法人宮城歴史資料保全ネットワーク（宮城資料ネット）	宮城県仙台市	宮城県連続地震（2003年7月）	2007年NPO法人化
7	福井史料ネットワーク	福井県福井市	2004年福井豪雨（2004年7月）	
8	新潟歴史資料救済ネットワーク（新潟資料ネット）	新潟県新潟市	新潟県中越地震（2004年10月）	
9	宮崎歴史資料ネットワーク（宮崎史料ネット）	宮崎県延岡市	2005年台風14号（2005年8月）	
10	岡山史料ネット	岡山県岡山市		
11	ふくしま歴史資料保存ネットワーク（ふくしま史料ネット）	福島県福島市		2010年11月に「ふくしま文化遺産保存ネットワーク」より改組
12	山形文化遺産防災ネットワーク（山形ネット）	山形県高畠町		
—	能登歴史資料保全ネットワーク	—	能登半島地震（2007年3月）	2008年3月解散
13	岩手歴史民俗ネットワーク（岩手歴民ネット）	岩手県盛岡市	東日本大震災（2011年3月）	
14	茨城文化財・歴史資料救済・保全ネットワーク（茨城史料ネット）	茨城県水戸市	東日本大震災（2011年3月）	
15	地域史料保全有志の会	—	長野県北部地震（2011年3月）	長野県栄村で活動
16	三重県歴史的・文化的資産保存活用連携ネットワーク（みえ歴史ネット）	三重県津市		事務局：三重県総合博物館
17	神奈川地域資料保全ネットワーク（神奈川資料ネット）	神奈川県横浜市		2014年に「神奈川歴史資料保全ネットワーク」より改称
18	歴史資料保全ネット・わかやま	和歌山県和歌山市	2011年台風12号（2011年9月）	
19	千葉歴史・自然資料救済ネットワーク（千葉資料救済ネット）	千葉県千葉市		
20	静岡県文化財等救済ネットワーク	静岡県静岡市		事務局：静岡県教育委員会文化財保護課
21	歴史資料保全ネットワーク・徳島（徳島史料ネット）	徳島県鳴門市		
22	鹿児島歴史資料防災ネットワーク	鹿児島県鹿児島市		
23	長野被災建物・史料救援ネットワーク	—	長野県神城断層地震（2014年11月）	
24	熊本被災史料レスキューネットワーク（熊本史料ネット）	熊本県熊本市	熊本地震（2016年4月）	

方を即座に受け入れたわけでは必ずしもなかった」として、むしろそれは活動実践の積み重ねのなかから生まれてきた認識であったとしている〔佐賀　二〇〇二〕。

地域史料の救出・保全は、それに関係する地域の住民や地域社会そのものの復興にとって大きな意味を持つのだという、その後の史料ネットの活動で基本になった考え方は、この段階ではまだ十分に自覚されてはいなかった面もある。しかし、客観的にはこうした議論を積み重ねていくなかで、救出対象とする史料は研究者の研究材料であるよりも先に、住民にとって必要と考えられる史料であらねばならないという考え方が合意されていくのである。その意味ではこうした過程は、ＮＧＯ〔文化情報部〕の救出活動や史料理解とぶつかり、救出活動の意義を〝走りながら〟議論し整理し自覚化していく過程であったと言えよう。こうして、この被災史料救出活動そのものが被災者の復興支援の一環なのであるという位置づけが自覚され、活動の基本方向が定まっていったのである。すなわち、自己の歴史研究の基盤（必ずしも研究者個々人の研究に直接的にかかわるという意味ではない）である「歴史資料」の滅失の危機に直面し、歴史研究者としての「分限を越えて」史料ネットの活動に参加した人びとにとって、それは従来の歴史研究者としての自分たちの「歴史資料」に対する認識を大きく揺さぶられた経験であったということができよう。

こうした経験をふまえて、史料ネットでは被災史料の救出保全活動と並行し、シンポジウムの開催やさまざまな地域サブプロジェクト(2)を通じて、被災地において市民の歴史意識へのはたらきかけを行う活動を展開、その活動を通じて被災地の住民の間で地域の歴史を見直す主体的な取り組みがなされた。この点が特徴の五点目である。たとえば地域サブプロジェクトの一つである「門戸の歴史資料を守る会」の活動を見てみたい。阪神・淡路大震災で大きな被害を受けた旧武庫郡門戸村（現・西宮市中心部北西地域）の旧家から救出された歴史資料の展示を住民が発案し、史料ネットメンバーを含むかたちで同会が結成され、活動が開始された。この活動に参加した大国正美は、住民による展示作業を通じて「生活に根ざした体験が重視され、史料を共有の遺産として認知する姿勢が見られた」と同時に、住民が史料を身近なものととらえ、地域のなかで史料を保存していく動きに発展することで、住民が生活者として「在野のアーキビスト化」[3]したと評価する［大国　一九九七］。こうした被災地の住民の歴史意識の転回について、かつて筆者は、大震災後の被災地で生きるべき「日常」において、地域の歴史性が住民によってとらえ返されることにより、歴史が人びとの「生」にとって「意味」あるものとして認識されるにいたったことを論じたが［川内二〇一二］、まさに阪神・淡路大震災において救出された歴史資料や文化財は、こうした住民の歴史意識の転回において重要な意味をもたらしたのである。

文化財レスキューにおける阪神・淡路大震災の経験

二〇一一年三月一一日に発生した東日本大震災では、最大震度七を記録する揺れと同時に、北海道から関東にかけての太平洋側を中心に大規模な津波被害がもたらされ、発生直後より多くの人命や財産と同時に歴史資料や文化財にも相当な被害が発生することが予想された。実際に国指定文化財だけでも一八都県で七四四件の被害（文部科学省発表、二〇一二年九月現在）が発生し、未指定文化財を含めた歴史資料・文化財の被害規模は、阪神・淡路大震災以上の規模となっている。文化庁は、一一年三月三〇日に文化庁次長策定の「東北地方太平洋沖地震被災文化財等救援事業実施要項」を発し、四月一五日には東京文化財研究所を事務局とする「東北地方太平洋沖地震被災文化財等救援委員会」が結成され、阪神・淡路大震災以来となる文化財レスキュー事業が開始された。事業の開始にあたっては、今回の文化財レスキュー事業の対象を「国・地方の指定の有無を問わず、当面、絵画、彫刻、工芸品、書籍、典籍、古文書、考古資料、歴史資料、有形民俗文化財等の動産文化財及び美術品を中心とする」としている。このことについて、事業立ち上げ時の文化庁美術学芸課長であった栗原祐司は「文化財レスキュー事業は、当初からいわゆる文化財保存法上の『文化財』だけではなく、公文書や自然史系資料、さらにはアルバムや位牌なども対象に考えていた」［東北地方太平洋沖地震被災文化財等救援委員会事務局編　二〇一三］としている。すなわち前述のとおり阪神・淡路大震災において文化財保護法のもとに体系化された「文化財」概念に揺らぎが生じていたのであるが、そのことは東日本大震災の文化財レスキュー事業の立ち上がりに際して、文化庁内部においても十分に意識されていたのである。こうしたことから東日本大震災文化財レスキュー事業では、狭い意味での「文化財」にとどまらず、公文書や図書、自然史系資料などもレスキュー対象とされ、また阪神・淡路大震災とは異なり史料ネットの活動も同事業に位置づけられることにより(4)、未指定・民間所在の歴史資料も救出対象となった。

しかしながら一方で栗原は、こうした救出対象を広く見据えた考えについて「被災地の教育委員会や現場に十分に伝わらなかったことは残念」であり、それは「行政の縦割り的な制約があった」ためであるとしている。すなわち東日本大震災文化財のレスキュー事業では、従来の「文化財」にとらわれない広範な対象物がレスキューされたが、それは制度的にそのようになったのではなく、あくまで個々の現場の状況と、活動の実際の過程でレスキューされていったのである。たとえば本書第3章では、津波によって被災した「おらほのアカショウビン」が文化財レスキューの過程で修復されたことを紹介しているが、このアカショウビンの剥製は指定文化財のような「価値」をもつものではなく、「モノ」としては代替可能なものである。しかしながら、この「おらほのアカショウビン」が修復されたのは、アカショウビンを「おらほ（私たち）のアカショウビン」と呼んだ子どもたちがいて、そしてそれを守り伝えてきた陸前高田の博物館の存在があってはじめて実現したのである。

歴史資料ネットワークでは「歴史資料は『ある』のではなく、歴史資料に『なる』」ということを活動のスローガンとしてもっているが、その含意するところは、歴史資料や文化財が残っている背後には、それを残そうとする人々や社会の想いや意思があってはじめて実現するということである。こうした考えは、阪神・淡路大震災以来の歴史資料や文化財に対する認識の揺さぶりのなかから生じてきた考え方であるが、東日本大震災の被災現場でも同様の揺さぶりが生じており、その結果、狭義の「文化財」にはとどまらない、たくさんの「おらほのアカショウビン」が被災地各地で救出され、残されたのである。

2　「地域歴史遺産」と地域史・住民

「文化財」概念を揺さぶる「地域歴史遺産」

ところで阪神・淡路大震災から東日本大震災を経て揺さぶられた「文化財」概念であるが、総じて言えばその根源には歴史資料や文化財をめぐる「人」の存在があると言える。歴史資料や文化財と「人」との関係性について、大門正克は「地域と人びとをささえる資料」という考え方を展開しているが［大門 二〇一六］、とくに災害後においてそれは強く意識されるようになる。ここでは前述の「おらほのアカショウビン」と同じ、陸前高田において活動する「陸前高田古文書研究会」について見ていきたい。同会は陸前高田の大肝煎（大庄屋）文書である県指定文化財「吉田家文書」の解読を行う市民による団体であるが、東日本大震災によって一〇名のメンバーのうち三名を喪なった。幸い市立図書館に保管されていた「吉田家文書」については流失を免れ、文化財レスキュー事業の過程で修復されることになったのであるが、同研究会が続けていた「定留」の解読原稿は、ごく一部を残してほとんどが流失してしまい、同会の成果はほぼ津波によって流されてしまった。しかしながら同研究会では震災直後より活動を再開、再び解読作業にとりかかったのである。こうした活動は日本国内のみならず、アメリカの経済紙『The Wall Street Journal』によっても伝えられたが、そのなかで同会の佐藤美智子は古文書に表れる過去の陸前高田の様子を読み解きながら「数世紀にわたるこの地方の歴史を読んでいると、民衆がいかに多くの困難を乗り越えてきたかが分かり、われわれも再起への自信がわいてくる」と語っている（「アイデンティティー求めて懸命な復元作業――陸前高田の歴史記した文書」『The Wall Street Journal』Ｗｅｂサイト、二〇一一年七月一一日［http://jp.wsj.com/public/page/0_0_WJPP_7000-270989.html?mg=inert-wsj#articleTabs=article 二〇一八年八月六日閲覧］）。すなわちここでは地域の歴史とそれが書きとめられた資料が「再起への自信」を与えるものとなっており、資料に表象される地域の歴史が、被災地の人びとの現在を支えていることを示すものである。

しかし言うまでもなく、こうした歴史や資料と現在とをめぐる関係性は、災害時だけに限ったものではない。本来は日常的に存在するものであり、災害時にこうした関係がより露わになると言ったほうがいいかもしれない。阪神・淡路大震災以後の「文化財」概念の揺らぎのなか、こうした歴史や資料と「人」をめぐる議論が重ねられた。たとえば二〇〇四年七月の内閣府「災害から文化遺産と地域をまもる検討委員会」では、次のような答申がなされた（傍点引用者）。

> 文化遺産は法律で規定されている文化財だけでなく、広い意味で歴史的な景観やまちなみ等空間的なものを含めるものとする。文化遺産と地域をあわせてまもるという考え方においては、地域の核として認識されている文化遺産であれば、それは世界遺産、国宝などに限定する必要はないと考えられる。

また、二〇〇七年一〇月の「文化審議会文化財分科会企画調査会報告書」でも次のように示されている（傍点引用者）。

> 文化財という用語を用いる場合、それが国や地方公共団体により指定などをうけ、保護の措置が図られているものを指すものとしてとらえられがちである。〔中略〕しかし、文化財保護法に規定されて

いる本来の文化財とは、指定などの措置がとられているか否かにかかわらず、歴史上又は芸術上などの価値が高い、あるいは人々の生活の理解のために必要なすべての文化的所産を指すものである。

ここであげた二つの答申では、阪神・淡路大震災後の「文化財」概念を理解するうえで、「人」の存在を抜きにしては語れないことを示している。こうした「人」の存在を前提として歴史資料や文化財を考える際、近年では「地域歴史遺産」という考え方が提唱されている。

「地域歴史遺産」について奥村は、「地域に残された、様々な歴史を明らかにする様々な素材（これを広い意味で、「歴史資料」と呼んでおく）と、それを地域社会の中で活用し、次の世代へと引き継いでいく人々のあり方が、強く結び」ついており、「その意味では、地域歴史遺産は、そこに残された歴史資料の素材としての性質に着目するというよりは、残された『もの』をめぐる人と人との持続的な関係に注目する概念である」としている［奥村　二〇一二］。そして奥村は、この「地域歴史遺産」という考え方を導入することにより、「史料をつかって『完成された』歴史像を歴史研究者が市民に返していくという形での歴史像形成ではなく、史料の発掘・整理・保存を含めた歴史像の形成過程そのものが、何らかの形で市民にも共有されることが重要である」とし、それを通して「市民社会形成の基礎学」としての歴史学のあり方を発展させる必要性を論じている［奥村　二〇〇七］。すなわち「地域歴史遺産」という考え方は、「人」の存在を前提とした阪神・淡路大震災以後の「文化財」概念の揺らぎのなかで、歴史文化をめぐる専門家と市民との「協同」の過程が強く意識されたものであり、歴史資料や文化財を残し、それを用いて歴史化していくプロセスそのものを共有することにより、双方の歴史認識に強く働きかけようとするものであると言えよう。

「地域歴史遺産」と自治体史編纂

地域社会の歴史認識に重要な役割を果たすものとして「自治体史」の存在があげられる。阪神・淡路大震災での活動をふまえ、自治体や市民と連携した歴史文化を活かしたまちづくり支援や、「地域歴史遺産」を活用できる人材の育成をするべく二〇〇二年に設立された神戸大学大学院人文学研究科地域連携センターでは、「歴史文化を活かしたまちづくり支援」の一環として自治体史の編纂協力を行っているが、ここでは同センターが関係する自治体史のなかから、『香寺町史』と『新三木市史』を取り上げて、「地域歴史遺産」と自治体史との関係、また地域住民の歴史認識との関係について考えてみたい。

兵庫県神崎郡香寺町（現・姫路市香寺町）では一九九八年より町史編纂事業が開始されたが、従来の自治体史と同様に研究者が中心となって叙述を行う「村の歴史」編と同時に、住民自身が調査研究から執筆までを行う「村の記憶」編の刊行が事業当初より計画された。編纂の中心を担った大槻守は、香寺町史は基本方針として「町民は単に読み手としてあるのではなく、町民が参加する町史づくりをすすめ」ることを掲げており、そのために高度成長によって変貌したかつての村の暮らしのあり方について「町史編集を機会に住民の手によってその背景をさぐり、記録することで、ふるさとの歴史を子孫に伝えるとともに、新しい生活文化の創造に寄与する」ことが、町史編纂の出発にあたって確認されたとする［大槻　二〇一三］。その背景には、かつての地域の生活のあり方や歴史を伝えてきた、「ムラの継承する力の衰え」があり、「ムラの崩壊はこの継承力の衰退と重なっている」として、継承力の衰退が地域社会そのものの衰退との関連でとらえられている。こうした危機意識のもと、香寺町で実践された住民主体の自治体史編纂がもたらした効果について大槻は、①住民自身が地域の出来事に歴史的な意味を見出し、地域を見る目が変わってきたこと、②編纂の過程で得られた発見をさらに掘り起こし、今後どう伝えていくかという課題が生まれたこと、③編纂による地域の再発見が地域社会の創造につながる方向性を生んだことの三点をあげている〔大槻　二〇〇七〕。すなわち地域の「継承する力の衰え」を前提として行われた住民主体の自治体史編纂は、地域社会にこれを回復させる契機となったと言える。

同様のことは『新三木市史』編さん事業でも見出すことができる。『新三木市史』編さん事業は、三木市と神戸大学との包括連携協定（二〇一三年締結）をもとに二〇一四年度より開始され、現在も継続中である〔三木市史編さん事務局　二〇一七〕。『新三木市史』では、基本計画中で市史編纂を「まちづくりの一環」として位置づけることにより、『香寺町史』を参考に研究者中心の「通史編」と住民主体の「地域編」の二本柱で計画されているが、このうち「地域編」については「『地域歴史遺産』の考え方を市史編さん事業で具体化していくことを念頭」におくとし、市内の公民館を単位（旧行政町村および戦後のニュータウン地域に相当）として編纂が進められている。このうち、二〇一九年度刊行をめざして編纂が進められている口吉川《くちよかわ》地域では、六〇代から八〇代の地域部会員と事務局とによる共同調査の成果をもとに、地域住民で構成する「口吉川ふれあいまちづくり協議会」と連携し、同協議会が主催する「町民ウォーク」に部会員による史跡解説を組み込むことで、ウォークに参加する小学生やその保護者に地域の歴史を知ってもらう取り組みを実施したり、また小学校に保管されていた学校資料の調査結果と、そこから見えてくる地域と小学校の歴史を考える講演会を開催するなど、たんなる本づくりにはとどまらない〝まちづくりの一環〟としての市史編纂を実践している。香寺と同様に、口吉川での実践も地域住民が自らの歴史を見直す契機となると同時に、地域住民が世代を超えて地域歴史文化という「場」を共有することで、現在の地域社会を未来へとつないでいく基礎をつくっていくものとなると考える。

自治体史編纂とかかわって黒田俊雄は、「研究者・行政・住民いずれの立場からの地域史もありうる」としつつ、「現代の期待に応えるためにはその地域において住民が生活を築き守り発展させてきた歴史を主軸として叙述することが、なによりも重要であると考える」としている［黒田 一九九五］。黒田の問題意識を受け、村井良介は自治体史編纂は、研究者・行政・市民など多元化する価値観を前提に「その違いを捨て去るのではなく、双方向的にコミュニケーションするための場として（あるいはその契機として）位置づけられるものであり、「双方向コミュニケーションは、何か一つの結論にたどり着いて終るのではなく、それが続けられていくことが重要であり、自治体史編纂事業はそのサイクルを回すエンジンとして期待されている」としている［村井 二〇一三］。すなわち関係性のもとで想起される「地域歴史遺産」を基礎とする自治体史編纂から顕われる地域の歴史もまた、それにかかわる人と人との関係性のもとで紡がれる歴史であり、したがってそこで示される歴史は人と人とを結びつけ、地域の歴史文化を通じたつながりの〈場〉を提供するものだと言えよう。

3　「地域歴史遺産」がつなぐ「生存」の歴史

「地域歴史遺産」としての地域の文化財

ここまでの議論を手がかりに、再び文化財レスキューと「生存」の歴史との関係性について考えていきたい。阪神・淡路大震災から東日本大震災を経て、大規模自然災害時の文化財レスキュー活動については、以前と比べて相当程度、社会的認知を得ていると言えよう。たとえば二〇一六年四月に発生した熊本地震では、発災当初より熊本城や阿蘇神社などの歴史的建造物の被災状況が大きく報道され、その復旧・復興について社会的関心を大きく集めた。すなわち地域の歴史文化が被災地の「復興」にとって欠かすことのできない要素であることは大方の支持を受けており、また、災害時に文化財レスキュー活動が行われることについても、もはやある種「当然」のこととして認識されていると言っても過言ではない。

しかしながら、このような文化財レスキューへの社会的認知の向上と同時に、「文化財」をめぐる別の問題が起こりつつあるという懸念がある。熊本地震を受けて二〇一六年六月一九日に「くまもと復旧・復興有識者会議」（座長・五百旗頭真）から出された「熊本地震からの創造的な復興の実現に向けた提言」では、「熊本城や文化財の国民参加による修復・復興」として、次のように述べられている。

熊本城は、熊本のシンボルであるとともに、九州、ひいては日本にとっても貴重な「宝」である。その修復には、多大な費用と時間を必要とするであろう。このような中、観光客を呼び戻し、熊本県の活気を取り戻すためには、単に早く修復するのではなく、多くの国民の参加を求め、熊本城の修復プロセスをわかりやすく公開して新たな観光資源とするなど、逆境をチャンスに変える逆転の発想をもって、戦略的に修復を進めることが望まれる。

すなわちここでは、熊本城（および被災地の文化財）の復旧・復興については、「観光客を呼び戻し、熊本県の活気を取り戻すため」の方策としての実施が念頭におかれている。このことは、二〇一八年六月に成立した文化財保護法の改正で打ち出された、「観光資源」としての文化財の「活用」の方向性と軌を一にするものであると言えよう。これに対しては、日本歴史学協会などが「今回の『中間まとめ』〔文化財保護法改正に向けた文化審議会文化財分科会企画調査会による中間まとめ〕のこの方向は、儲かる文化財とそうでない文化財という価値序列を創出しかねず、地域の文化・教育にとって特に重要な文化財であっても、短期的かつ金銭的な利益を生まなければ顧みられなくなる恐れがあります」（日本歴史学協会ほか二八学協会声明「文化財保護法の改定に対し、より慎重な議論を求める声明」二〇一七年一〇月六日）との懸念を表明している。

阪神・淡路大震災以来の「文化財」概念の議論のポイントはどこにあったのか。繰り返すとそれは「人」の存在を前提として「文化財」の概念が揺らいだということであり、人と人との関係性のもとで成り立つ「地域歴史遺産」という考え方が提唱されたことである。本書第2章で示された福島県国見町での学生たちによる地域の文化財「活用」の取り組みは、こうした阪神・淡路大震災から東日本大震災にいたる経験の蓄積のうえに成り立っているのであり、だからこそそれは地域住民の身近な生活に寄り添う「生存」の歴史を描くことにつながっていくものであると評価できるのである。

「福島」をめぐる資料と歴史

「地域歴史遺産」と「生存」の歴史との関係性を考えるうえで重要な視座を与えてくれるのが、東日本大震災後の「福島」にかかわる資料と歴史をめぐる問いである。周知のように東日本大震災における福島第一原子力発電所事故の影響が深刻な影響を与えつづけている浜通り地域において、震災発生から八年が経過しようとしている現在、資料と歴史をめぐる大きなエポックが起きている。一つは浜通り地域において「アーカイブ」の考えが広がっている点である。本書第2章や対話2では、双葉町や富岡町、大熊町などにおいて全庁的な広がりのもとでアーカイブ構築事業が実施されつつあり、そこには震災前の地域の姿を示す「文化財」と、震災の記憶を伝える震災資料とがあわせて保存されることになる。詳しくは両稿を参照されたいが、原発事故によって断ち切られた地域の「記憶」をアーカイブとして再びつなぎ合わせ、後世へ伝えようとする取り組みであると言えよう。

もう一つは、現在、浜通り地域のいくつかの地域で大字誌編纂の取り組みが行われているということである。たとえば原発事故による放射能汚染の影響により、環境省から「このままの状態では一〇〇年後まで帰れない」とされた浪江《なみえ》町赤宇木《あこうぎ》地区では、一〇〇年後の子孫たちへ故郷の歴史を残したいとして、自治会長の今野義人を中心に郷土誌の編纂が行われ、その様子はメディアでも伝えられた（NHKBSプレミアム「赤宇木」二〇一六年九月七日放映）。また自らも福島県浜通り地域の出身であり、浪江町請戸《うけど》地区の大字誌編纂にかかわった泉田邦彦は、原発事故によって強制的に地域から切り離された浜通り地域における大字誌では、資料には残りづらい口承などの「地域の記憶」を記録する事例が多く、そのことは「過去のある事象が多くの人が介在することによって現在まで伝えられてきたという事実を未来へとつなげていく」ことになり、また「この場所にとって人々が日常生活を送っていたという当たり前の光景が、もはや二度と見ることのできない遠い記憶になりつつあるからこそ、より重要なことである」［泉田 二〇一八］としている。すなわち浜通り地域における大字誌編纂の取り組みとは、原子力災害により突如として切断された地域の歴史をつなぎ、いまだ見ぬ未来の「子孫」へと伝えていく取り組みであると言うことができよう。

「生存」の歴史をつなぐ文化財レスキュー

災害で切断された地域の歴史をつなぎ、伝える取り組みは、浜通り地域のみに限られるものではない。本書第2章で熊谷が述べるのは、津波によってばらばらになった「もの」と「こころ」をつなぎ合わせることの必要性である。熊谷の述べる「こころ」とは陸前高田の人びとの暮らしや記憶、歴史と結びつくものであり、「もの（資料）」は「こころ」と結びつくことで、はじめて残すべき対象となりうる。そして熊谷は、このつなぎ合わせていく作業こそが、「三陸で生きていくということ」であるとするのである。

以上をふまえると、文化財レスキューで救うのは歴史資料や文化財という「モノ」それ自体を救うことではなく、「モノ」に表象される地域の歩み、すなわち地域の歴史それ自体を救うということにほかならない。前述した陸前高田古文書研究会の事例のように、時としてそれは現在の人びとを支えるものともなりうる。現在の人びとは、歴史や資料に表れるかつて生きた人びとが紡いできた「生存」の歴史にふれることによって、そこに現在の自分を重ね合わせる。それは現在の自分もまた歴史的存在であることを見出し、自分たちの「生存」の歴史を未来へとつないでいく契機ともなるのである。前述の福島県におけるアーカイブや大字誌編纂の取り組みは、まさにこうした「生存」の歴史をめぐるプロセスから発せられたものであると言えよう。

阪神・淡路大震災以来の「文化財」をめぐる議論では、それを理解するうえで「人」の存在が欠かせないものとして位置づけられ、人と人との関係性のもとで成り立つ「地域歴史遺産」という考え方を生み出したが、「地域歴史遺産」によって紡がれる歴史は、必然的に地域で人が生きてきた歴史的軌跡をたどる「生存」の歴史が想定される。そうであるがゆえに、文化財レスキューはたんに「モノ」を救うこと以上の意味をもちうるのである。

おわりに

私たちは、昨日までの「日常」の延長上に今日があり、今日の「日常」が明日もまた訪れることを無前提に信じ込んでしまいがちである。しかしながら、大災害はそうした「日常」を突如断ち切る契機となる。実際に震災発生から八年がたとうとする東日本大震災の被災地では、大規模な「復興事業」によって、震災前の「日常」の面影を探すことが難しくなりつつある。ましてや震災発生から四半世紀が経過する神戸においては、よくよく目を凝らさないとそれを探し当てることはかなり難しい。昨日まで続いていた「日常」を、それまでの「歴史」から分断する大災害の現実を前に、私たちはともすれば壮絶な無力感に襲われもする。しかしここで注意すべきは、大災害は昨日までの「日常」を切断するかもしれないが、災害の歴史もまた地域の歴史の一齣であるととらえるならば、本来的には災害が「歴史」を分断することはないということである。奥村は災害や戦災という、まさに「日常」を切断する契機において、「基本的なインフラが破壊された時点をゼロとして、そこから『復興』を描くという歴史意識」が働き、そのために「災害後の歴史と、災害前の歴史を統一的に捉えることは、地域の歴史認識としては極めて重要であるが、必ずしも簡単なことではない」［奥村　二〇一二：二七八］としているが、この点をふまえると、災害によって「歴史」を分断しようとするのは災害そのものではなく、私たちの社会の側の、ある種の歴史意識であると言うことができよう。そう考えるならば、問題はひとり被災地のみならず、人口減少による地域の収縮や市場原理主義の導入のもとに曝される、日本中多くの地域の「生存」の歴史もまた、分断の危機にあると言えるのではなかろうか。こうした地域の歴史の危機において私たちが、むしろ被災地における「生存」の歴史をつなぎ、伝えていく取り組みの経験に学ぶべきことは、決して少なくないと考える。

注

（1）　構成団体は文化庁施設等関連機関（当時）の東京国立文化財研究所ほか国立博物館・美術館・文化財研究所など八機関および全国美術館会議、古文化財科学研究会（現・文化財保存修復学会）、日本文化財科学会、全国歴史資料保存利用機関連絡協議会である［日高　二〇一五］。

（2）　シンポジウムとしては、二回の「歴史と文化をいかす街づくりシンポジウム」および八回の「歴史と文化を考える市民講座」の展開、地域サブプロジェクトとしては宝塚の古文書を読む会、門戸の歴史資料を守る会（門戸厄神資料館）、尼崎戦後史聞き取り研究会、伊丹市立博物館友の会、兵庫津研究会などの住民主体の地域歴史文化活動のサポートである。それぞれの活動については歴史資料ネットワーク編［二〇〇二］などを参照。

（3）「在野のアーキビスト」とは大国正美によって提唱された地域史料の保存主体をめぐる概念であり、戦後の史料保存運動で欠落していた「主体としての住民」を見出し、生活者としての住民を「在野のアーキビスト」として養成することの重要性を説いている。詳しくは大国［二〇一三］などを参照。

（4）構成団体としては宮城歴史資料保全ネットワークと歴史資料ネットワークが参加したが、そのほか、ふくしま歴史資料保存ネットワーク、茨城文化財・歴史資料救済・保全ネットワーク、山形文化遺産防災ネットワークなどによる活動も文化財レスキュー事業の「成果」に位置づけられ、二〇一三年三月には文化庁長官より感謝状を受けている。

（5）新三木市史編さん事業については進藤・川内［二〇一七］も参照。

文献一覧

泉田邦彦「『地域の記憶』を記録する――浪江町請戸地区における大字誌編纂の取り組み」西村慎太郎編『新しい地域文化研究の可能性を求めてＶｏｌ５』人間文化研究機構広領域連携型基幹研究プロジェクト「日本列島における地域社会変貌・災害からの地域文化の再構築」二〇一八年

大門正克「人びとの『生存』を支える資料と歴史――三・一一後の東北でのフォーラムの経験から」神奈川地域資料保全ネットワーク編『地域と人びとをささえる資料――古文書からプランクトンまで』勉誠出版、二〇一六年

大国正美「生活者の歴史意識と史料保存」『日本史研究』第四一六号、一九九七年

大国正美「『在野のアーキビスト』論と地域歴史遺産」神戸大学大学院人文学研究科地域連携センター編『「地域歴史遺産」の可能性』岩田書院、二〇一三年

大槻守「住民と歩んだ町史編纂」『飯田歴史研究所年報』第五号、二〇〇七年

　「住民と協働した自治体史の編纂――香寺町史の場合」神戸大学大学院人文学研究科地域連携センター編『「地域歴史遺産」の可能性』岩田書院、二〇一三年

岡田健「文化財レスキュー事業　事務局報告」『東北地方太平洋沖地震被災文化財等救援委員会　平成二三年度活動報告書』東北地方太平洋沖地震被災文化財等救援委員会事務局、二〇一二年
奥村弘「市民社会形成の基礎学としての歴史研究の今日的位置」『歴史評論』第六八六号、二〇〇七年（のち奥村［二〇一二］に所収）
――『大震災と歴史資料保存――阪神・淡路大震災から東日本大震災へ』吉川弘文館、二〇一二年
――「地域歴史遺産という可能性――豊かな地域歴史文化の形成のために」神戸大学大学院人文学研究科地域連携センター編『「地域歴史遺産」の可能性』岩田書院、二〇一三年
川内淳史「日常と非日常の断層――大震災を生きる」板垣貴志・川内淳史編『阪神・淡路大震災像の形成と受容――震災資料の可能性』岩田書院、二〇一一年
黒田俊雄「あたらしい地域史のために――地域史の現状と課題」『黒田俊雄著作集』第八巻、法蔵館、一九九五年
坂本勇「NGO文化情報部の救援活動六ヶ月」『地域史研究（尼崎市立地域研究史料館紀要）』第二五巻第一号、一九九五年
佐賀朝「被災史料救出活動（レスキュー活動）総論」『歴史資料ネットワーク活動報告書』歴史資料ネットワーク、二〇〇二年
進藤輝司・川内淳史「三木市における地域歴史文化の〈場〉――三木古文書研究会と市史編さん」『LINK：地域・大学・文化』第九号、二〇一七年
外岡秀俊『地震と社会――「阪神大震災」記（下）』みすず書房、一九九八年
辻川敦「被災史料救済活動の教訓――阪神・淡路大震災の経験から、われわれは何を学ぶべきか」『記録と史料』第六号、一九九五年
東北地方太平洋沖地震被災文化財等救援委員会事務局編『語ろう！文化財レスキュー　被災文化財等救援委員会公開討論会報告書』東北地方太平洋沖地震被災文化財等救援委員会事務局、二〇一三年
阪神・淡路大震災記念協会編『阪神・淡路大震災復興誌』第一〇巻、（財）阪神・淡路大震災記念協会、二〇〇六年
日高真吾「大規模自然災害時における文化財レスキュー事業に関する一考察――東日本大震災の活動から振り返る」『国立民族学博物館研究報告』第四〇巻第一号、二〇一五年
藤田明良「阪神大震災における史料救出・保全活動――史料ネットの議論と活動」『日本史研究』第四一六号、一九九七年
三木市史編さん事務局「新三木市史編さん事業の概要」『市史研究みき』第二号、二〇一七年

村井良介「自治体史編纂事業の役割を考える」神戸大学大学院人文学研究科地域連携センター編『「地域歴史遺産」の可能性』岩田書院、二〇一三年
歴史資料ネットワーク編『歴史資料ネットワーク活動報告書』歴史資料ネットワーク、二〇〇二年

第2章

歴史資料保全活動の意味と可能性を問いつづける

――ふくしま歴史資料保存ネットワークの活動を通じて――

阿部浩一

はじめに――二〇一六年度までの概略

筆者は福島大学行政政策学類に籍をおく日本中世史専攻の教員で、ふくしま歴史資料保存ネットワーク（略称：ふくしま史料ネット）の代表を務めている。

本書第1章でも記されているが、文化財レスキューとは一般に、地震や水害などで被災した歴史・文化遺産を救出し、修復をはかる活動のことである。文化財を専門的に取り扱う技術と経験を有する博物館学芸員を中心に、文化財それ自体の多種多様さもあって、考古学・歴史学・民俗学・美術史などの人文科学系から、自然史・保存科学・建築学などの自然科学系まで幅広い分野に及ぶ専門家たちの協業によって取り組まれている。

一方、大学の歴史研究者を中心に、民間に所在する古文書などの歴史資料や、震災の記憶を後世に伝える資料を保全するものは歴史資料保全活動と呼ばれている。取り扱うものは文化財として指定されていないものがほとんどだが、将来的に指定される可能性も含め、地域の歴史・文化、そして震災の記憶を後世に伝える貴重な資料として、現代人の価値判断をもちこまずにできるかぎりの保全をはかっている。文化財レスキューでも同様の認識のもとに、指定・未指定を問わず救出しようという考え方が共有されており、関係者の間では「文化財」よりも「文化財等」「文化遺産」といった呼び方が一般化しつつある。このように、文化財レスキューと歴史資料保全活動は互いに共鳴しあう部分が多い。

歴史資料保全活動を進める大学教員や博物館学芸員などの専門家と行政・市民の連携体は「史料ネット」と呼ばれ、全国に二〇以上を数える。その詳細は同じく本書第1章に委ねたい。

福島県では、財団法人福島県文化振興事業団（当時。現在は公益財団法人福島県文化振興財団）職員が中心となり、二〇〇六年に「ふくしま文化遺産保存ネットワーク」が発足した[(1)]。大規模災害の発生前に連携を模索する意欲的な試みではあったが、発災時に活動できるものとはなっていなかった。そこで一〇年一一月、事業団職員を中心に改組がはかられ、福島県立博物館、財団法人福島県文化振興事業団、福島県史学会、福島大学が呼びかけ人となり、ふくしま歴史資料保存ネットワーク（以下、ふくしま史料ネットと略す）が新たに発足した。

かくして福島県でも、災害発生前から防災・減災に努める予防型ネットとしてのふくしま史料ネットが誕生したわけだが、その約四か月後に東日本大震災と福島第一原発事故という、まったく予期できなかった事態に見舞われることになった。

震災後しばらくは福島県教育庁文化財課が震災・原子力災害の対応等で身動きできなかったこともあり、

ふくしま史料ネットが臨機応変に対処した。これまでレスキューで対応した案件の多くは四〇件以上に及ぶが、そのほとんどが震災後一年以内、地域的にはふくしま史料ネットの呼びかけ人が集まる福島市周辺などの中通り北部に集中している。大半は個人蔵の資料であり、被災した蔵の解体などにともなって緊急搬出されたものである。関係機関等で一時保管場所を確保したのち、二〇一四年からは福島大学うつくしまふくしま未来支援センターにて、学生と市民ボランティアの手によるデジタル記録撮影と目録作成を経て所蔵者に返却する作業が定期的に続けられている。

福島第一原発事故にともない設定された警戒区域では、住民の退去と立ち入り禁止が命じられたことで、管理の手が行き届かなくなった歴史・文化遺産の劣化や滅失、また放射能汚染などが懸念された。文化庁の東北地方太平洋沖地震被災文化財等救援事業（文化財レスキュー事業）により設置された被災文化財等救援委員会の事務局を務めた東京文化財研究所は、専門的な見地から放射線量の測定データを慎重に分析し、明確な運用規定のもとで行うのであれば、警戒区域内での文化財レスキュー活動は可能であるとの判断を示した。

かくして、警戒区域内で博物館相当施設を有し、支援を要請した双葉町・大熊町・富岡町での文化財レスキューが始まった。福島県教育庁文化財課に事務局をおく被災文化財等救援本部とその構成機関を中心に、二〇一二年夏から約一年半にわたって収蔵資料の搬出が行われた(2)。相馬市内での一時保管場所で整理されたのち、福島県文化財センター白河館（愛称「まほろん」）の敷地内に建てられた仮保管施設に運ばれ、展示等で活用されながら故郷への帰還の日を待ちつづけている。

二〇一四年度からは、博物館収蔵資料以外の多様な資料の保全・活用も始まった。福島県立博物館と浜通りの博物館等が連携してふくしま震災遺産保全プロジェクト実行委員会を立ち上げ、震災・津波や原発事故の記憶を後世に伝える多様な資料を保全し、展示などによる普及活動を展開している。一六年度には仙台と東京でも震災遺産展を開催した。市町村独自の動きも見られ、後述するように富岡町は役場内に歴史・文化等保存プロジェクトチームを立ち上げ、個人蔵の地域資料の救出と記録整理にあたっている。

以上が簡単ではあるが、二〇一六年度までの福島県における歴史・文化遺産と震災遺産の保全にかかわる概要である(3)。

引き続き、本書の主題である「生存」の歴史学に寄せて、大学・行政と地域住民の連携による歴史・文化遺産の保全と活用の動きが、地域と人びとの生活の歴史叙述へと向かいつつある事例を紹介したい。

1　歴史・文化遺産の救出から保全・活用へ――国見町の場合

震災直後の国見町での歴史資料保全活動

国見町は宮城県との県境に位置し、人口は約九五〇〇人の小さな町である。東日本大震災では沿岸部の津波被害や福島第一原発事故のインパクトがあまりにも強烈であったため、福島市、郡山市、白河市など福島県の主要都市が点在する中通り地方での地震被害は甚大なものであったにもかかわらず、報道の陰にすっかり隠れてしまった。国見町でも家屋の半壊・倒壊が相次ぎ、危険判定を受けた建物は補助金の出るうちに解体を進めようとする動きも早々に始まっていた。

そうしたなかで、町の中心部である藤田地区で国登録有形文化財の建造物を有する個人宅（以下、A家とする）の土蔵が半壊し、なかに多数の古文書類が収められていたことから、解体前に緊急レスキューが行われることになった。ふくしま史料ネットとしては、直前の須賀川市文化財収蔵庫の考古資料レスキューに続き二件目、個人蔵でははじめての対応事例となった。

レスキューは町役場職員と史料ネット事務局関係者を中心に、山形文化遺産防災ネットワークからも人的支援を受けた。数十箱に及ぶ大量の資料は、町民ボランティアを主たる担い手としてクリーニングされたのち、福島大学生によってデジタルカメラでの記録撮影が進められた。並行して中性紙封筒と文書箱への詰め替えも行われた。この一連の作業は当初は教員・学生たちが国見町に通って行われたこともあり、足掛け四年の長きにわたる月日を要したが、ふくしま史料ネットにとって「救出→クリーニング→記録整理→返却」という流れを確立する端緒となった。

救出から保全・予防の取り組みへ

国見町の被災状況とA家資料の救出・整理作業については、福島県における歴史資料保全活動の初例として学会誌でも報告された［阿部・大栗 二〇一二］。筆者と共同執筆した、国見町教育委員会生涯学習課（当時）の大栗行貴は被災状況の確認と所在調査の必要性をあらためて認識し、福島大学との協同による悉皆調査を提案した。A家でのレスキュー活動のなかで、一九七〇年代の『国見町史』編纂時には把握できなかった大量の歴史資料が救出されたこともその動機づけになった。

かくして二〇一二年春、最初の悉皆調査が町内の小坂地区と貝田地区で行われた。小坂地区は旧羽州街道、貝田地区は旧奥州街道の宿場町で、いずれも古くからの交通の要衝である。区有文書などの主だったものは福島県歴史資料館に寄託・寄贈されているが、明治時代に幾度かの大火に見舞われたため、古文書類も少なからず焼失してしまったという。

調査は計四日間にわたり進められた。事前に回覧板で調査訪問を告知し、訪問時には地元の町内会長や郷土史研究会員などにも必ず同行していただいた。調査を円滑に進めるうえで、大学・行政・地域住民の三者の連携は不可欠である。

住民たちの多くは当初「お宝発見」的なものと混同し、「そんな古い、立派なものはうちにはない」と即答する。しかし、いったん調査の趣旨を理解してもらえれば、家の奥から古い所蔵品を探してきてくれる。その結果、江戸期の古文書類や高札、明治・大正・昭和戦前期の文書・書簡類・卒業証書・古写真、信仰にまつわる民俗資料など、思いもよらなかった多彩な資料に出会うことができた。所蔵者は記憶の糸をたどりながら、資料にまつわるさまざまなエピソードを語ってくれる。それらすべてが家の歴史の一部であるとともに、地域社会の人びとの生活の営み、産業、文化を伝える歴史の貴重な証左にもなる。

二〇一三年春には、町内最大の宿場町である藤田宿での所在調査に着手した。地区の規模からも戸別調査は困難なため、『国見町史』で確認された所蔵者を中心に調査を進めた。残念ながらすでに所在不明となっているものもあったが、町史未収録の資料も複数確認され、一定の成果をあげた。

聞き取り調査のなかで、あるお宅の所蔵資料が別の集落の神社に一括して預けられていることも判明した。その神社を訪ねてみると、数千点に及ぶ大量の古文書が確認された。同年夏には光明寺地区でも調査を実施し、区有文書をはじめとする多くの古文書類の所在を確認した。その大半は『国見町史』には収められていないものであった。

所在調査から地元での活用へ

国見町は東日本大震災からの復興を新たなまちづくりと地域活性化につなげるべく、その可能性を地域の歴史・文化遺産に求めた。二〇一四年、国見町は歴史まちづくり法にもとづく国の「歴史的風致維持向上計画」認定をめざすことを決めた。歴史的風致とは、歴史的価値の高い建造物と伝統を反映した人びとの活動が一体化した良好な市街地環境のことで、その維持向上と後世への継承を国が支援する事業である。国見町では国指定史跡の阿津賀志山防塁を軸に、維持向上すべき歴史的風致の策定事業が始まり、福島大学も大学院「地域特別研究」の授業を通じて連携協力することになった。通例であれば数年の準備期間を要するところ、町担当者のひとかたならぬ努力と熱意により、二〇一五年二月に認定を受けることができた。

国から歴史的風致維持向上計画の認定を受ければ、一〇年間にわたって歴史的風致を守るための多額の予算がつくことになり、公共施設を建て、街並みを整備し、まちづくりを推進することもできる。しかし、認定終了後も長きにわたって歴史的風致を維持するためには、地域の人びとの営みがきわめて重要な意味をもつ。一〇〇年先を見据えたまちづくりのためにも、歴史的風致を維持向上させる地域住民の主体的営みの涵養をはかることが必要なのである。

似たようなことは歴史資料保全活動にも言える。歴史研究者はその範を示すことができても、最終的には所蔵者を含めた地元住民と行政が主体的に歴史資料を護っていく、そのこと自体が当たり前の「文化」となって定着していかないかぎり、地域の歴史・文化遺産を維持・継承していくことはきわめて困難だからである。

そう考えたときに、地域のなかに伝承されている多様な歴史・文化遺産の存在と価値を、調査研究を通して「再発見」し、住民自身に再認識してもらうことで保全・継承への主体的取り組みにつなげていくことが大事ではないかと思いいたった。その方法論の一つとして参考にしたのがエコミュージアムの理念である。

エコミュージアムとはフランス発祥の概念で、一九九〇年代に日本でも紹介され、全国各地で多様な試みがなされている。一口に言えば、地域全体を博物館に見立て、展示物である歴史・文化・自然遺産を現地で保存・展示し、研究・活用していこうとするものである。地域住民が博物館学芸員の役割を果たすことから、生涯教育でも注目されてきた(4)。

筆者は、勤務先の大学で担当する「博物館実習」の事前・事後指導のなかで、学生たちとエコミュージアムと地域づくりについて学んできたことから、その理念と手法を歴史資料保全活動に活かせないかと考えた。二〇一五年度に最初のフィールドに選んだのが、国から認定を受けた歴史的風致の一つであり、被災資料調査での縁がある貝田地区であった。

学生の提案する「貝田宿まるごと博物館」

博物館学芸員資格の取得をめざす一三名の三年生たちは、「寺社・信仰」「産業」「鉄道」の三グループに分かれ、約半年間にわたって数度の現地調査に入った。地元住民からの丹念な聞き取りのもとに構想をふくらませつつ、具体的テーマを絞っていった。

二〇一六年一月に開催された貝田公民館での展示と研究発表会には、地区内外から一二〇名以上が集い、会場に入りきらないほどの熱気ぶりであった。

「寺社・信仰」班は、貝田地区の秋葉神社・水雲神社・最禅寺と地域住民の信仰・祭礼に焦点をあて、春と秋の祭礼にも参加し、丹念な聞き取り調査をもとに多面的に追究した。秋葉神社は火事の多かった貝田の火伏の神として、水雲神社は養蚕などの生産とかかわって信仰されてきた。最禅寺は一六二六（寛永三）年の開山・創建で、今でも子育て観音を信仰する女性たちの観音講が続いている。祭礼は町民から交代で担い手を選出する「宿制」などによって支えられている。

「産業」班は現在も残る建造物から往時の産業にアプローチする手法をとった。今でこそめずらしくなってしまった養蚕住宅は、かつて信達盆地の一大産業であった養蚕業が貝田地区でも盛んに営まれていた証である。また、特徴的な石蔵は、地元の国見石で建てられている。国見石は大正期の好景気を受けて、豪商や豪農が米の備蓄用に石蔵を立てるなど、かつてはこの地域の富の象徴でもあった。国見石は昭和四〇年代に採石が終了したが、今でも採石場跡が残されており、史跡としての歴史的価値もあらためて注目されている。

「鉄道」班は、一八八七（明治二〇）年に鉄道が開通した当時、現在よりも南側の住宅地を突っ切って線路が敷かれていたことから、汽車からの飛び火による火災が頻発していた事実に注目した。当時の新聞記事には、貝田大火の被害状況が克明に記されている。メンバーはさらに福島県歴史資料館で関係資料にあたり、住民が伊達郡長・福島県知事を通じて日本鉄道会社に補償を求め、鉄道移転に前向きに取り組むとの回答を引き出した史実を明らかにした。当日は、二〇一二年の被災資料所在調査の過程で見つかった「貝田驛建設費寄附帳」も展示されたが、鉄道移転と駅建設に寄せた地域の人びとの思いをうかがい知ることができる。

以上の三班の成果報告ののち、午後からは「貝田宿まるっと見学ツアー」が行われ、約八〇名の参加を得た。学生のガイドにより二手に分かれ、寺社や建造物・史跡などを見てまわった。はじめての試みとしては成功裡に終わったと言ってよいだろう。

その成果は後日、「福島大学生の案内する貝田地区散策ＭＡＰ」というリーフレットにまとめられた。町内会でもリーフレットは好意的に受けとめられたようで、空き家を利用した案内所の設置や案内人の育成、さらには町役場を通じて観光でのタイアップ事業なども計画されているという。

被災資料所在調査に始まった地域の歴史・文化遺産の再発見の取り組みは、学生たちの手によって再評価の光があてられ、リーフレットというかたちでの歴史叙述に結実した。こうした活動の成果はささやかなものであっても、地域住民の身近な生活に寄り添った、広い意味での「生存」の歴史を描く第一歩となる可能性を秘めているのではないだろうか。(5)

2　地域復興と歴史・文化遺産のもつ意味――富岡町の取り組み

地域復興における歴史・文化遺産の役割

阪神・淡路大震災から二十年余、文化財レスキュー・歴史資料保全活動に携わった関係者の間で共通認識となったのは、地域の歴史・文化遺産は住民のアイデンティティと深く結びついており、災害からの復旧・復興過程においては地域と住民、住民同士をつなげる心のよりどころとなるもので、だからこそ護っていかなければならないというものであった。

福島県の場合、福島第一原発事故災害による放射能汚染が深刻な被害をもたらし、東日本大震災からの復旧・復興を著しく妨げている。警戒区域の設定と再編後もなお住民の長期にわたる避難と立ち入り制限が続き、復旧・復興が大幅に立ち遅れている地域では、地域と住民、住民同士をつなげる共通の基盤としての歴史・文化のもつ役割がますます重要になっている。

この六年余に進められてきた文化財レスキューの詳細については本書対話2に委ね、ここでは筆者も少なからずかかわってきた富岡町の活動を、地元関係者にかわって紹介したい。

富岡町歴史・文化等保存プロジェクトチームの発足

二〇一二年夏に始まった双葉町・大熊町・富岡町の博物館相当施設での文化財レスキューは一三年度で搬出に一定の目処が立ち、一四年度からは個人所有の歴史資料の保全へとシフトした。各市町村によって対応はまちまちであるが、最も早く動き出したのが富岡町である。六月一九日、役場内に一五名の有志からなる「富岡町歴史・文化等保存プロジェクトチーム」（以下、富岡町歴文ＰＴとする）を立ち上げた。

旧警戒区域では帰還に向けて段階的に除染が進められているが、「解体除染」といって、放射性物質を物理的に除去するため、管理が行き届かず維持できない家屋の解体を希望する住民が相次いでいる。そうなると、所蔵されていた歴史資料が瓦礫もろとも消滅する危険性がきわめて高くなってくる。富岡町歴文ＰＴも当初は『富岡町史』編纂時に使用した史料の所蔵者から調査と保全の呼びかけを始めたが、現在は解体リストをもとに先回りするかたちで保全に取り組んでいるという。ここに、個人情報を一元的に管理する行政だからこそできる、地域の歴史・文化遺産保全活動における一つのモデルを見ることができる。

地域資料の記録整理

所蔵者から博物館に寄託ないし寄贈する条件で救出された歴史・文化遺産は、文化財レスキューにあたって定められた一三〇〇ｃｐｍの持ち出し基準があるが、富岡町は六五〇ｃｐｍというさらに厳しい基準を設け、放射線量を厳密に測定して基準値を下回っていることを確認したうえで、町外に搬出している。

博物館が寄託・寄贈を受ける場合には目録が不可欠である。一軒の家屋ないし蔵が解体された場合、資料は優に数千点に及ぶ。富岡町歴文ＰＴメンバーが多忙な業務の合間に目録を作成するには、あまりにも膨大な量である。

そこで福島大学は富岡町と協議し、それまで蓄積してきた被災資料記録整理のノウハウと学生ボランティアのマンパワーを活用して全面的に協力することを申し出た。活動を支える資金については、二〇一四・一五年度は徳竹剛（日本近代史）、小松賢司（日本近世史）をそれぞれ代表として、福島大学が採択を受けている文部科学省「地（知）の拠点整備事業（ＣＯＣ事業）」での学内プロジェクトに応募することで確保した。

二〇一四年一一月一一日、教員・学生と富岡町歴文ＰＴのメンバー総勢三〇名ほどがはじめて郡山市内の役場分室に集まった。作業は大まかに、資料番号の付与→撮影→目録作成→箱詰めの流れで行われる。塊になっている資料一点ごとに番号が付与され、番号の記載された封筒とセットにされる。撮影では封筒を資料の下に敷いて、番号が一緒に入るようにする。目録用紙には資料番号、資料名を手書きで記載していく。作業が終わるとそのまま封筒に詰め、文書箱に収納する。目録用紙の記載事項は後日パソコンに入力しながら統一的に整理される。こうしてできあがった目録は、預り証として所蔵者に渡されることになるのである。

富岡町歴文ＰＴと福島大学の連携による作業の流れができあがったことで、富岡町民をはじめとする一般市民の参加を促し、活動の裾野を広げることも可能となった。二〇一五年度からは、ふくしま歴史資料保存ネットワークを通じて市民ボランティアの参加を呼びかけている。一般参加者はどうしても専門家・

経験者に限られてしまいがちで、一般市民にはかなり高いハードルに受け取られてしまうらしい。それでも一七年二月の第八回作業ではじめて富岡町民に参加いただいた。同年八月の第九回作業では、夏休み中の大学生と中学生の町民に参加してもらうことができた。いずれは富岡町民の多くが参画し、自らの手で故郷の歴史資料を保全するかたちにつながっていくことを期待したい。

「ふるさとを想う　まもる　つなぐ」

二〇一四年度から始まった地道な活動の積み重ねが実を結び、二〇一五年八月には「富岡町と福島大学との歴史・文化等保全活動に関する協定書」が締結された。

二〇一六年一〇月には協定書締結一周年を記念し、福島大学附属図書館を会場に企画展「ふるさとを想う　まもる　つなぐ　～地域の大学と町役場の試み～」が開催され、初日にシンポジウム「なぜ地域資料を保全するのか」が行われた。「歴史資料が残っていくためには市民の歴史意識が変わっていかないといけない」として、震災後の地域資料保全にその可能性を見出す徳竹剛の基調講演を皮切りに、資料の所蔵者、活動を主催する行政職員（他県からの派遣職員も含め）、活動を支援する学生・市民ボランティアという、普段はそれぞれの立場でかかわっている者たちが一堂に会し、個々の思いを語り合いながら、地域資料保全の意味をあらためて考え直すものとなった。

シンポジウムの成果は同題のブックレットとして上梓された［富岡町・福島大学・福島大学うつくしまふくしま未来支援センター編　二〇一七］。そのなかには門馬健学芸員による救出資料群の概要や展示資料の解説、富岡町歴文PT主任の齊藤紀明副町長（当時）と筆者の対談なども収録された。まさに関係者一同の思いのたけの詰まった一冊となった。

ところで、歴史・文化遺産の保存活動に当事者たちはどのような思いをもって取り組んでいるのであろうか。

歴史・文化遺産の保存にかける地元の思い

震災前から富岡町歴史民俗資料館で学芸員を務め、震災後は住宅関連の仕事に携わりながら文化財レスキューに尽力してきた三瓶秀文は、住民が住んでいないときだからこそ、歴史資料によって住民の意識を地元とつなげていく「人の心の復興」が大事だとする。富岡の子どもたちに富岡のことを教えないと、ますます戻ってこられなくなるという危機感も露わにする。地域の資料を残す意味として、震災と原発事故にともなう避難によって地域に突然人がいなくなってしまった状況を起点に富岡町の復興を語るのではなく、それ以前の富岡町での暮らしが震災によってどういうふうに影響を受けて、これからどう歩み出すのかを語っていくことが大切だとする［阿部・三瓶　二〇一七、三瓶　二〇一七］。

震災後に新聞記者から町職員に転じ、学芸員を兼務しながらまちづくり・復興計画・産業振興などに取り組む門馬健は、富岡町民が素直に愛郷心を抱けなくなり、双葉郡出身者というアイデンティティを自己肯定できなくなっている現状があることを危惧し、本来の精神状態を取り戻す「心の復興」のためにも、地域資料を保全し「地域性の喪失」をくい止めなければならないとする［門馬　二〇一五］。

彼ら学芸員たちを中心に、富岡町歴文ＰＴはすでに数万点を超える地域資料の救出にあたってきたわけだが、その一方で富岡町民はどのように考えているのであろうか。ここでは富岡町民の思いの一端にふれることのできた二つの事例を紹介したい。

二〇一五年一一月、富岡町文化財保護審議会が東日本大震災後にはじめて開催された。富岡町民で構成される審議会に、筆者も委員の職を拝命して臨席した。行政主催の各種委員会に出席するのははじめてのことではなかった。しかしながら、これまで経験したことのないような委員一人一人の活発な意見表明と積極的な提言に、町民の歴史・文化遺産の保全に対する理解の深さと熱意を実感することができた。

町にとっての課題は、帰還に向けた除染にともなう家屋の解体から歴史的建造物を護るため、できるだけ文化財に指定したいというものであった。保存が難しいのであれば、代替措置としての３Ｄ映像などによる記録保存の可能性も必要になる。歴史的建造物は町の光景と一体化し、故郷を懐かしく思い起こさせてくれる象徴的なものである。そのためには、解体除染が進む前になんとか保全に向けての道筋を立てておきたい。個々人の記憶も時の流れとともに薄れていってしまうのであれば、聞き取り調査によって、できるだけ多くの故郷の記憶をかたちとして残したい。そのためにも地域の歴史・文化遺産を保全したいという強い思いがひしひしと伝わってきた(6)。

そして二〇一六年三月、富岡町はいわき明星大学を会場として「富岡町の成り立ちと富岡・夜の森」同時開催「富岡町震災遺産展〜複合災害とこれから」展を開催した。一三日には講演会・シンポジウムも開かれた。ふくしま史料ネットやふくしま震災遺産保全プロジェクトの専門家たちとともに、映像資料などの情報収集と発信を進める富岡インサイド、富岡町3・11を語る会の代表者も登壇した。震災を体験した町民の発する言葉は聴く者の心を強く揺り動かす。ふるさとを強く思い、震災の記憶を風化させてはならないとする町民自身の活動こそが、全国各地に避難している富岡町民を緩やかに、そして末永く結びつける力となるに違いない。

富岡インサイドはSNSでこまめに情報発信を続けており、3・11を語る会も語り人活動を持続している。機会があれば、ぜひこうした活動にも目を向け、耳を傾けていただきたい(7)。

震災遺産保全条例の制定

二〇一七年三月七日、富岡町議会にて全国初となる「震災遺産保全条例」が可決され、成立した。三月九日には震災遺産保全宣言が出され、条例は四月一日より施行された。

富岡町の考える震災遺産とは、①建造物、標識、工芸品、書籍、典籍、印刷物、筆跡、衣服、その他有形の所産、②口述記録、音楽、工芸技術、その他無形の所産、③景観等、④その他災害の風化防止あるいは教育、伝承等において活用の価値を有するもの、となっている。ふくしま震災遺産保全プロジェクトの活動のなかで培われた経験が活かされており、震災によって生み出されたもの、本来の意味を失ったもの、新たな意味を与えられたものなど、多様な意味づけをもつ有形無形の資料をカバーできるものとなっている。また、町内に存する震災遺産のうち、とくに重要なものを富岡町認定震災遺産に認定する制度も盛り込まれている。これにより、町の風景として遺しておきたい歴史的建造物の維持継承にも道が開かれることになる。

条例化したことの画期的意義の一つは、町として震災遺産保全に取り組む姿勢と責任を明確に示したことにある。組織というのは、ともすれば担当者の異動によって、盛り上がった機運が一気に冷めてしまうことすらある。富岡町が町として震災遺産の保全と活用に取り組むことを宣言したことで、担当者が変わっても活動自体は変わらず継続する責任を自らに課した意義はきわめて大きい。逆に、町民に対しては震災遺産の収集などを義務づけてはいないものの、町の強い危機感と姿勢を示すことで町民自身の意識を徐々にでも変えていくことが、本条例の役割として期待される。

富岡町のこれから

このように、富岡町はいまや福島県のみならず、全国的に見ても先駆的な取り組みを意欲的に推進している。それはとりもなおさず、東日本大震災と福島第一原発事故という、人類史上例のない複合災害を経験し、長期にわたる住民の強制避難を経験した自治体としての危機感、そしてその経験を風化させずに後世に伝えていかなければならないという強い責任感によるものである。このような意欲的な取り組みを次々と実現に移すまでには、想像を超えた関係者の努力があったことであろう。

富岡町は二〇一七年四月一日に居住制限、避難指示解除準備両区域の避難指示が解除され、それに先立ち三月から町役場で主要業務を再開した。ようやく帰還の第一歩を踏み出したとはいえ、町内の一部にはお帰還困難区域を抱えており、町民の帰還もほとんど実現できていない。そうしたなかで、震災と原子力災害によって失われた地域と住民の関係を再構築し、断絶した「過去」・「日常」と今をつなぎあわせ「未来」へと結びつけていくためにも、地域の歴史・文化の果たすべき役割は今後ますます重要性を増していくであろう。

富岡町関係者の構想では、震災遺産に限定されず、歴史・文化遺産など広く「地域資料」を保全し活用するためのアーカイブ施設を町独自で開設し、将来的には新しい『富岡町史』の刊行をめざすという。その過程で、これまで知られなかった史実の解明が進み、震災の記録・記憶とともに富岡町の歴史として叙述され、後世に継承されていくことになるであろう。富岡町の果敢な挑戦に、これからも大いに注目していただきたい。そして富岡町の先駆的取り組みに大いに刺激を受けて、より多くの県内自治体が独自の取り組みに着手することを期待してやまない(8)。

おわりに

本稿では、東日本大震災・福島第一原発事故の被災地である福島県にあって、地域の歴史・文化遺産を護るための諸活動がもつ意味と可能性を、国見町と富岡町という二つの自治体での具体的事例を紹介しながら考察してきた。

東日本大震災と福島第一原発事故という未曾有の複合災害を経験し、尊い人命や当たり前の日常を失う犠牲を強いられたからこそ、ふくしまはそれを黙って甘受し、我慢強く耐えるばかりでなく、逆境をばねにして大きく前進していかなければならない。それだけに、旧態依然として何ら変わろうとしないふくしまの歴史・文化遺産をめぐる状況に失望を覚えたことも数知れない。そんななかで、旧警戒区域の関係者の並々ならぬ危機感から始まった多彩な活動は、ここに来てようやく実を結びつつあるのではないか、そんな手応えも感じられるようになりつつある。(9)

最後に、二〇一六年三月に郡山市で開催された第二回全国史料ネット研究交流集会にて承認された「ふくしまアピール(10)」［第2回全国史料ネット研究交流集会実行委員会編　二〇一六］を転載することで、擱筆としたい。

〝被災した地域の歴史が消えてしまうことはつらすぎます〟
〝後世に残すべき資料を保全するのは、現代の生きる我々の責務でもある〟
〝災害復興は建物だけの復興でなく、歴史や文化の復興も必要〟

東日本大震災をもたらした地震と津波から5年、被災された史料所蔵者の、私たちの活動に対する評価です。この声を、改めて心に刻む必要があります。
被災した地域は、被災した歴史遺産が証する、それぞれに個性ある歴史文化的な営みを積み重ねて、今に至っています。確かに大きな災害です。しかし、そこに人々の歩みがあったこと、それを証する歴史遺産を、災害を理由に、私たちの代で途切れさせるわけにはいきません。

歴史文化を通じた回復と再生は、むしろこれからが始まりであることも、最初の声は訴えています。しかし、この取り組みには、気の遠くなるような長い時間、活動を支えるための資金、そして、日々の生活の中で無理なく持続していくための意志と、人々のつながりが不可欠です。

阪神・淡路大震災から続く日本列島各地での取り組みは、その道のりの険しさを私たちに教えてくれています。東日本大震災から5年、私たち自身も、本当にこの活動を続けていけるのか、大きな不安を感じる日々が続いています。

一方、災害を経験した各地では、歴史遺産の救出、修復、さらには活用を通じて、新しい人々のつながりが生まれつつあります。そのことに、大きな希望も感じます。

歴史遺産は、「誰かが守ってくれる」のではありません。地元で受け継ぐ人々、現場で支える人々、外から支援する人々、しくみを作る立場の人々が、それぞれの場で出来ることに、ひたむきに取り組み、力を合わせて行くことが重要です。

このようなつながりは、歴史遺産それ自体を守るという目的を超え、歴史文化を通じた21世紀の新しい社会作りにつながるものと確信しています。

私たちは、これからも、少しずつではあっても、被災地の内で、外で、歩みを進めていきたいと思います。

多くの方の、ご支援とご協力を、引き続きよろしくお願い申し上げます。

注

（1）その経緯については轡田・山田［二〇〇七］を参照されたい。

（2）詳しくは阿部・福島大学うつくしまふくしま未来支援センター編［二〇一三］を参照されたい。二〇一六年五月、旧警戒区域内に最後まで残されていた双葉町関係の民具等の大型資料の搬出作業が行われた。

（3）本間・阿部［二〇一四］、阿部［二〇一五、二〇一六a、二〇一六b］もあわせて参照されたい。

（4）エコミュージアムについての論考は数多いが、ここでは主な参考文献として、丹青研究所編［一九九三］、新井編著［一九九五］、日本エコミュージアム研究会編［一九九七］、小松編著［一九九九］、大原［一九九九］、星山編著［二〇〇五］をあげておく。

（5）なお、二〇一六年度は「郷土史の成果にまなぶ」をテーマに、歴史的風致の認定からは外れたものの、羽州街道の宿場町である小坂地区を舞台に「まるごと博物館」を実施し、約八〇名の参加を得た。この催しに呼応するかたちで、一七年五月にはまちづくり会が歴史探訪の歩こう会を企画した。地元の自発的な取り組みにつながったことは喜ばしいことである。一七年度は「資料保全と地域の歴史・文化遺産の再評価」をテーマに、旧大木戸小学校をリニューアルした「あつかし歴史館」のある大木戸地区で同様の調査に取り組んでいる。

（6）二〇一六年八月、筆者は富岡町内での資料レスキューに同行する機会を得て、はじめて富岡町を訪れた。その折に中心部の商店街に立ち寄る機会を得た。歴史を感じさせる風情ある建物を目にして、この光景をできるだけ何らかのかたちで保全したいという地域の人びとの思いに強く共感することができた。

（7）なお、被災者の証言記録などについては、各自治体編集・刊行の震災記録集のほか、社会学の研究者たちの手によるものも多い。一例として、いわき明星大学は震災アーカイブ室を立ち上げ、震災に関する紙資料・映像資料・証言記録を収集し、「はまどおりのきおく」と題する記録集を刊行している。富岡町ではＮＰＯ法人が主催して、震災以前の日常から見える「ふるさと富岡」の姿を、町の年長者から次世代の若者たちが聞き書きする「富岡町次世代継承聞き書きプロジェクト　おせっぺとみおか」の活動が続いている（福島大学同僚の社会学者、加藤眞義氏のご教示による）。

（8）大熊町でも二〇一七年九月、震災資料の収集に取り組む企画調整課、文化財等の保全にかかわる文化財担当を含む教育総務課、公文書を取り扱う総務課が連携し、地元の「おおくまふるさと塾」や外部の専門家が加わって「震災アーカイブズ検討会議」が発足した。大熊町のＤＮＡを残し、新しい文化を紡ぐことなどをスローガンに掲げて動きはじめた新たな取り組みの今後に大いに注目していただきたい。

(9) 本稿の叙述にうまく組み込むことができなかったが、ふくしま震災遺産保全プロジェクトを主導する福島県立博物館は、被災地で震災の記憶を物語る一次資料を保全するとともに、歴史・考古・民俗・美術・自然の総合博物館という特性を活かし、多彩な学問的手法を駆使して展示による普及に務めている。とくに、震災によって生み出されたモノ、震災によって本来の意味を失ったモノ、逆に新たな意味を付加されたモノ、それぞれを関係者からの詳細な聞き取りをもとに再構成することで、震災遺産にさらなる資料的価値を付与することに成功している。また、まほろん学芸員が精力的に取り組んでいる伝統技術の歴史と保全・継承の問題は、もともと製作者の減少と後継者難を抱えていたところに、警戒区域となったことで原材料が入手できなくなり、存続の危機に立たされている小高箕を、映像記録から再現することが可能なのかを実証することから始まり、その伝統技術が太古以来のものであったことを、遺物を通じて検証しようという大がかりな試みである。いずれも広い意味で「生存」の歴史学に相通じる重要な活動だと筆者は考えている。

(10) ふくしまアピールは、佐藤大介(東北大学災害科学国際研究所)が起草し、実行委員会として提案し、参加者一同の承認を得たものである。この機会により多くの方々にご覧いただきたいと思い、転載した次第である。

文献一覧

阿部浩一「福島県の資料保全の現場から——四年間の経験をもとに」『歴史学研究』第九三五号、二〇一五年
——「歴史資料の保全・活用と地域社会——福島県での歴史資料保全活動を通じて」『歴史評論』二〇一六年六月号a
——「福島県の歴史・文化遺産をめぐる現状と課題」『財界ふくしま』二〇一六年六月号b
——「歴史学がふくしま復興・再生に資するために——現場での七年間を通して経験し、考えたこと」『歴史学研究』二〇一八年増刊号(第九七六号)、二〇一八年a
——「福島県の文化財をめぐる現状と課題——自治体と歴史・文化団体へのアンケート調査を通じて」『行政社会論集』第三一巻第二号、二〇一八年b(福島大学附属図書館学術機関リポジトリよりPDFにてダウンロード可)
阿部浩一・大栗行貴「東日本大震災後の福島県における歴史資料保全活動」『歴史』第一一八輯、二〇一二年

阿部浩一・福島大学うつくしまふくしま未来支援センター編『ふくしま再生と歴史・文化遺産』山川出版社、二〇一三年
阿部浩一・三瓶秀文「歴史・文化遺産の救出と活用」冠木雅夫編『福島は、あきらめない』藤原書店、二〇一七年
新井重三編著『実践エコミュージアム入門――21世紀のまちおこし』牧野出版、一九九五年
泉田邦彦「『地域の記憶』を記録する――浪江町請戸地区における大字誌編纂の取り組み」西村慎太郎編『新しい地域文化研究の可能性を求めてVol5』人間文化研究機構広領域連携型基幹研究プロジェクト「日本列島における地域社会変貌・災害からの地域文化の再構築」、二〇一八年
大原一興『エコミュージアムへの旅』鹿島出版会、一九九九年
轡田克史・山田英明「災害前の歴史資料保存の取り組み――『ふくしま文化遺産保存ネットワーク』の設立を通じて」新潟大学災害復興科学センターアーカイブズ分野編『災害と資料』第一号、二〇〇七年
小松光一編著『エコミュージアム――21世紀の地域おこし』家の光協会、一九九九年
三瓶秀文「富岡町の歴史資料保全活動と今回の企画展の内容」富岡町・福島大学・福島大学うつくしまふくしま未来支援センター編『ふるさとを想う　まもる　つなぐ――地域の大学と町役場の試み』、二〇一七年
第2回全国史料ネット研究交流集会実行委員会編『第2回全国史料ネット研究交流集会報告書』二〇一六年
丹青研究所編『Ecomuseum――エコミュージアムの理念と海外事例報告』丹青研究所、一九九三年
富岡町・福島大学・福島大学うつくしまふくしま未来支援センター編『ふるさとを想う　まもる　つなぐ――地域の大学と町役場の試み』、二〇一七年（福島大学HPよりPDFにてダウンロード可）
日本エコミュージアム研究会編『エコミュージアム・理念と活動――世界と日本の最新事例集』牧野出版、一九九七年
星山幸男編著『自然との共生とまちづくり――エコミュージアムの農山村から』北樹出版、二〇〇五年
本間宏・阿部浩一「歴史資料保全における福島県の課題」奥村弘編『歴史文化を大災害から守る――地域歴史資料学の構築』東京大学出版会、二〇一四年
門馬健「旧警戒区域における民有地域資料の救出活動――富岡町の試み」科学研究費補助金基盤研究S「災害文化形成を担う地域歴史資料学の確立――東日本大震災を踏まえて」研究グループ報告書『ふるさとの歴史と記憶をつなぐ――東日本大震災一四〇〇日　史料保全の「いま」と「これから」』神戸大学、二〇一五年

【付記】 二〇一五年二月二八日の福島フォーラムでの報告は、ふくしま歴史資料保存ネットワークの紹介的な内容を主としたため、本稿では所与のテーマに即し、その後の二年間の進捗状況も反映させるかたちで全面的に書き下ろした。

なお、本稿の構想・執筆と時期を同じくして、阿部［二〇一六a、二〇一六b］を執筆した。前者は学界向け、後者は福島県内の自治体・財界向けということで、全国の一般読者向けの本書とは性格を異にするものであり、内容的にも力点のおき方に差異をつけている。とはいえ、その叙述に重複する部分も少なくないことを、あらかじめご容赦いただきたい。

脱稿後一年余の間に、富岡町は町内にアーカイブ施設の新規建設事業を推進しており、二〇二一年三月の完成をめざしている。一八年五月には、福島大学行政社会学部・行政政策学類三〇周年記念プロジェクト「富岡町の歴史資料とふるさとへの想いを未来へつなぐ」にて、教員・学生による富岡町でのフィールドワークと記念式典での成果報告、リーフレット作成などが行われた。福島大学行政政策学類博物館実習での「まるごと博物館」活動は一八年度から伊達市に舞台を移し、学生たちが梁川地区での調査に取り組んでいる。

「生存」の歴史学とも密接にかかわる新しい動きとしては、研究者の支援を得つつ、地域住民が自らの手で地元の歴史と震災の記憶を記録する「大字誌」の取り組みが注目される［泉田 二〇一八］。現時点でのふくしまの現状と達成・課題については、阿部［二〇一八a、二〇一八b］も参照されたい。

第３章

地域の自然・文化・歴史を伝える宝を残すために

——陸前高田市立博物館の取り組み——

熊谷　賢

はじめに——東北地方登録第一号公立博物館の創設

陸前高田市立博物館（以下博物館）は岩手県東南端に位置し、陸中海岸国立公園（現・三陸復興国立公園）随一の名勝高田松原やウミネコの繁殖地である椿島などの豊かな自然景観の残る陸前高田市に一九五九（昭和三四）年一月一日、岩手県第一号の登録博物館として第一歩を記した。これは東北地方における公立博物館としての第一歩であった。

旧気仙町役場庁舎を一部改装して開館した博物館は、市内小中学生をはじめ、市民の学びの場であり、陸前高田市の自然・歴史・文化の素晴らしさを伝えていた。私も小学生の頃、社会科見学で訪れたが、なぜか記憶に残っているのが大きなニシキヘビの皮であった。このニシキヘビの皮は来館者に強烈な印象を与え、多くの市民が記憶していることに、学芸員になってから気づかされた。博物館はその後、一九七三（昭和四八）年に策定された体育館・中央公民館・図書館・博物館の四施設を一敷地内に設置する「社会教育団地構想」にもとづき今回の大津波で被災した場所へ新築移転し、展示内容の充実をはかり、七九（昭和五四）年七月一日に新たに開館された。

震災前から博物館に訪れる方々からは、「なぜ、この陸前高田に東北地方で第一号の公立博物館が建設されたのか」と聞かれることが多々あった。その答えは「岩手博物界の太陽」と称される鳥羽源藏（一八七二～一九四六年）の存在にある。鳥羽は岩手県気仙郡小友村（現・陸前高田市小友町）に生まれ、多くの研究者と交流しながら、考古学、古生物学、植物学、昆虫学、貝類学などの分野で学史的に重要な業績を残している。この鳥羽源藏コレクションが博物館の収蔵資料の要と言える。鳥羽は、地元の小友尋常高等小学校に勤務しながら郷土の自然史標本や考古資料を収集し、その素晴らしさを各種観察会などをとおして教員たちに伝える教育普及活動を地道に行っていた。その指導を受けた一人が高田町出身の熊谷辰治郎である。この熊谷辰治郎はのちに日本青年団教育に生涯を捧げ、大きな功績を遺した人物である。彼の著述を年代順にまとめた『熊谷辰治郎全集』に「考えて欲しい郷土館」という章がある（一九三七年）。このなかに当時、鳥羽から指導を受けた際の様子を記している。

私の郷里の隣村（岩手県気仙郡小友村）に鳥羽源藏という熱心な博物の研究家がおった。此の先生は、蝶類の研究には、殊に深い興味をもち、郷里における各種類を採集して標本とし、更にその研究の範囲を拡げて、全国各地、殊に台湾の蝶類の研究に力め、幾つもの新しい種類を発見して「鳥羽蝶」などと命名されたものさえもあった。先生の研究は更に人類学、考古学、植物学、動物学の方にまで延び、その採集標本は夥しく多数に及ぶ（中略）。

われわれは、鳥羽先生のお宅を訪ねて、博物の話を伺ったり、郷土の過去をきいたりするとき鳥羽先生は、その説明の材料を土蔵から、わざわざ運んで来られて、丁寧懇切にお話して呉れる〔熊谷辰治郎全集刊行委員会編　一九八四〕。

さらに、熊谷は、鳥羽の研究業績を活かす方法として「鳥羽館」の建設を提唱している。

此の郷土が産んだ研究家の、研究を活かす適当な方法がないものかと考えて、「鳥羽館」を建設せよと提唱したのであった。

私の「鳥羽館」を建設せよという考え方のうちには、郷土館といったような概念を含めておったことは勿論である。鳥羽先生の研究を広く公開して、研究家の参考に供すると共に、郷土の各種の資料を陳列して、郷土の歴史を正しく、郷土の人々に理解せしめ、郷土文化建設の情熱を刺戟するの一つの機関にしたいという考えが根幹をなしておった〔熊谷辰治郎全集刊行委員会編　一九八四〕。

この熊谷が構想した「鳥羽館」こそが博物館建設の源流となったことは言うまでもない。しかし、熊谷の提唱（一九三七年）が具体化し博物館建設が動き出すまでには、二〇年の歳月を要することとなった。

その後の博物館建設については、広田尋常高等小学校に在職し、五年間にわたって熊谷から指導を受けた当時の教育長斉藤栄が一九五七年一月一五日発行の『陸前高田広報』において、「郷土博物館を設置する」という次のような記事を寄せている。

郷土の生い立ちから現在に至るまでの歴史的、自然科学的な資料を展示して、市民の研究に便宜を与えるほかに、観光客の観覧に供するため、将来中央公民館に郷土博物館を併置する計画であるが、資料の散逸、紛失を防止するため、当分、旧気仙支所をこれにあて、市内に埋蔵または保存されてある土器石器等の先住民族の遺物、郷土の動植物、地質学的標本を集めて陳列したい考えです。更に広く、歴史的、産業的資料を展示して、郷土館的性格にまで盛り上げることができるなら、一層効果的な施設となるでしょう［斉藤　一九五七］。

これは、熊谷が郷土館の使命として記した次のような考えが根底にあり、その考え方を斉藤が受け継いだことを物語る。

地方の生活をよくするために、都会の文明を模倣することのみに焦るのではなく、真に地方文化の中に、都会文化を取り入れるためには、もっと地方を研究しなければならない。地方にも尊いものも、すぐれたものもあることを、深く観なければならない。郷土館の建設は、つまり、地方の人々に地方研究に対する、正しい自覚を叫ぶ力となるところに、使命がある筈だ。

そして、一九五九年一月一日、博物館は旧気仙町役場庁舎を利用し、東北地方の公立博物館では登録第一号としてその一歩を記したのである。初代館長は斉藤が兼務したが、その後、専任の館長を務めたのが鳥羽源藏の愛弟子であり、北太平洋の貝類研究に大きな足跡を残した千葉蘭児である。千葉は、郷土に根差すという理念のもと資料収集、調査研究を進め、博物館の基礎を築いていった。

このように博物館の半世紀を超える歴史の底流には、鳥羽源藏をはじめとする先人たちの郷土に対する「思い」が脈々と流れ、今日にいたっているのである。ここでは、陸前高田市立博物館の源流から創設、定着を経て東日本大震災にあい、震災後三年が過ぎた二〇一三年秋現在の博物館の状況を示し、あらためて陸前高田市立博物館の役割について考えておきたい。

1　市民が育てる総合博物館

開館二〇年後の新築移転

岩手県公立第一号の博物館として開館してから一四年が経過した一九七三年に体育館、中央公民館、図書館、博物館の社会教育施設を一つの敷地に庭を囲むように集約する「社会教育団地構想」が策定された。博物館はこの構想にもとづき七九年三月に今回の大津波で大きな被害を受けた市街地に新築移転し、展示内容の充実をはかり、同年七月一日に新たに開館した。実に気仙町役場庁舎を利用した開館から二〇年が経過していた。

鉄筋コンクリート造二階建ての新館は延べ床面積約一二〇〇平方メートルで、原始古代から現在にいたるまでの生活様式の変遷、産業、文化等の流れを総合的、体系的に展示し郷土・陸前高田市の歴史と自然への知識と理解を深め、文化の創造と情操の育成に寄与することをねらいとしたものであった。展示内容は、一八五〇（嘉永三）年五月四日、明方、市内気仙町長円寺境内に落下した日本最大の石質隕石として知られる気仙隕石の実物破片とレプリカ（実物は国立科学博物館蔵）を中心とした「日本最大の気仙隕石」をはじめ、一九三四（昭和九）年に史跡として国指定された、考古学上重要な中沢浜貝塚の出土遺物を中心に水産日本のルーツと称される貝塚群を紹介した「貝塚に見る人々のくらし」、ウミネコの繁殖地として国の天然記念物に指定されている椿島や一〇七種が確認されているチョウや市内に生息する動植物の標本などからなる「陸前高田の自然と生物」、古生代（石炭紀・ペルム紀）の化石産地として全国的に知られる矢作《やはぎ》町飯森地区・同雪沢地区の化石を紹介する「化石が語る郷土の生いたち」、平泉の中尊寺金色堂に代表される奥州藤原氏の黄金文化を支えた産金地「玉山金山」、国の登録有形民俗文化財である陸前高田の漁撈用具や、市内の生活を知る生活文化財などを豊富に展示した「くらしをささえた民具」の六つのテーマに分けて陸前高田市の自然と歴史を紹介してきた。

「広く深く」市民とかかわる——地域に根差した総合博物館をめざして

博物館は開館当初から地域に根差すことをめざして独自の活動を展開してきた。その基本理念は「広く深く」である。とにかく陸前高田市にかかわる資料はどのような資料でも博物館に収蔵することで、調査研究、展示テーマの幅が広がり、陸前高田そのものの深い理解につながるという考えである。実際、博物館の収蔵する資料は総合博物館という性格上、土器・石器・骨角器などの考古資料、漁具や農具などの民俗資料、油画・水彩画や書跡などの美術資料、古文書などの歴史資料、岩石・化石・植物・昆虫・剝製・貝類などの自然史標本から昭和のマンガまで非常に多岐にわたる。

これらの資料は発掘資料などの一部を除くすべてが市民からの寄贈である。寄贈される資料は、市民の持ち込みによるものや電話での照会などが主であるが、市民のこのような処分する前に「まず、博物館に」という行動は半世紀を超える地域に根差した博物館活動によって少しずつ定着してきた結果である。

こうして市民からの寄贈資料の収集体制の強化と家の建替えや世代交代などによる貴重な資料の消滅を防ぐことを目的として始まったのが民俗資料収集整理事業である。この事業は一九九五（平成七）年から二〇一〇（平成二二）年（震災後は一時休止状態となっている）まで継続していたもので、当初漁具を中心に資料収集を行う目的で市内の各漁協から一名ずつ推薦してもらった方を「民俗資料収集協力員」に委嘱し、資料収集に協力いただくというものである。この事業により、博物館の限られた人的体制での資料収集の限界の打破と円滑化をはかり、博物館の役割の一つである資料収集の中核に市民が参加することが可能となった。

市民が博物館活動に大きな役割を果たしたもう一つの事業に「博物館専門研究員制度実施事業」がある。これは、少ない人的体制のなかで年間一〇回を超える教育普及事業を展開してきた博物館にはなくてはならないものであった。地道に地元の自然・歴史の調査研究を続けている市民を、博物館活動を支えるマンパワーとして発掘し、「専門研究員」に委嘱し、博物館活動への協力と連携をお願いしてきた。専門研究員は、自然史系二名、人文系二名の計四名であり、元教員、会社員、農業とさまざまな職業の方々で構成されている。専門研究員には、それぞれの研究テーマに沿って調査研究活動を行ってもらうと同時に、博物館資料の整理、教育普及事業の講師などで協力をいただきながら、年度末には調査研究活動の成果を「陸前高田市立博物館紀要」に収録し発刊してきた。とくに歴史学講座では、取り上げたテーマを講座終了後も追調査し、その結果をそのまま紀要に収録するようにしており、毎年身近なテーマを掘り下げることでより地域理解が促進される結果となった。さらには陸前高田市の基礎的な学術情報の蓄積にもつながってきた。

また、これまでの博物館活動のなかで特筆すべきは、地元の岩手県立高田高等学校自然科学部などの活動である。同校自然科学部は昆虫班・野鳥班・植物班などに分かれ、陸前高田市の動植物調査を継続的に行い、膨大な量のデータを蓄積してきた。なかでも昆虫班のチョウ類調査は、陸前高田市の蝶相を知るうえで基礎資料となるものであり、標本のすべてが博物館に寄贈されていた。このような活発な活動を行った高校生たちは、卒業後も博物館活動にかかわり、資料提供や情報提供に協力してくれていた。そして、社会人になっても熱心に研究活動を続けている人も多い。そのなかの一人が、昆虫学担当の専門研究員である。実は、私自身も同校の考古学同好会に所属し、博物館によって育てられた一人である。

このように、博物館は、多くのマンパワーにより支えられ、そのマンパワーが次のマンパワーを育ててきたのである。ある年の昆虫学講座終了後、一人の中学生が何度も博物館に足を運び、昆虫について質問していたが、彼の昆虫に対する知識と研究意欲には目を見張るものがあり、博物館にとって大事なマンパワーがまた一つ誕生したことを強く感じたことがあった。

「おらほのアカショウビン」――人を育て人に育てられる博物館

私が博物館をはじめて見学したのは、小学生のときであった。旧気仙町役場庁舎を利用して開館した旧館時代のことである。特別な印象はなかったが、大きな大きなニシキヘビの抜け殻があったことだけを覚えている。その後、博物館からは遠ざかっていたが、高校の考古学同好会での活動で再び博物館に通うようになり、考古学を学び、貝塚を研究するために大学に進学した。そして、将来はこの博物館の学芸員になりたいと夢を抱いたのであった。進学が決まってから、博物館に報告に行くと、今回の津波で残念ながら犠牲となってしまった当時の学芸員の方は喜んでくれ、私の進学先が自分が卒業した大学と同じ仙台の大学であることを教えてくれた。また、大学に行ったら東北歴史資料館（現・東北歴史博物館）に通い勉強するように連絡をとってくださった。そして、仙台では東北歴史資料館、帰郷したら博物館に通うという学生生活が始まった。二つの博物館に通うことは、私にとってとてもよい経験ばかりで、毎日が博物館実習のような日々を過ごすことができた。博物館の現場で学ぶ右も左もわからない学生に、学芸員の方々は懇切丁寧に指導してくださった。

こうして、私は博物館の学芸員として歩みだすことができたのであった。それは、とても幸せなことであった。小さい博物館である分だけ、利用者との距離が近い。それは博物館にとってとても重要なことである。博物館が人を育てることによってその人が博物館を育てるということが実感できるからである。

私は博物館が人を育てるというのは、陸前高田に誇りをもち、何よりもこの町の素晴らしさを知り、この町を愛する人を育てることだと信じて、市内の小中学校などを対象とする出前授業や移動博物館に力を入れてきた。出前授業は博物館が要請のあった学校に出向き、テーマに即した授業を行うもので、移動博物館は空いている教室を利用して短期間ではあるが展示を行うものである。いずれも、開催する学校に関係する資料を持参し、自分たちの暮らす町に興味関心をもってもらうことから始まる。

忘れられないエピソードがある。ある小学校の体育館の窓にカワセミの仲間の夏鳥アカショウビンらしい赤い鳥が激突し、落鳥したため子どもたちが可愛そうだからと手厚く葬ったという情報が学校用務員さんを通して博物館に入った。話を聞くと陸前高田市内であまり目にすることのないアカショウビンであることを確信した。子どもたちが手厚く葬ってあげたアカショウビンは、結局掘り起こされ博物館で剥製にすることになった。剥製が完成してからその小学校にアカショウビンとその仲間であるカワセミ、ヤマセミの剝製を一週間展示してみせることになり、私が小学校に出向きアカショウビンの講話とともに展示を行った。展示期間が過ぎ剝製は博物館に戻り収蔵庫で保管されることになったが、土曜日になると「おらほ（私たち）のアカショウビン元気ですか」とその小学校の生徒が何人かでやって来るようになったのである。関係者以外立入禁止の収蔵庫ではあるが、生徒はアカショウビンの関係者なので、特別な再会を許可することたびたびであった。なかには野鳥に興味をもち、自分で野鳥の調査を始める生徒もいて、思わぬ波及効果に喜んだものであった。「おらほのアカショウビン」という子どもたちの言葉に自分たちのものである喜びや誇らしさを感じ、それが陸前高田の自然を守る力となることを感じた瞬間であった。博物館と子どもたちをつないでくれたアカショウビンは、かけがえのない大切な宝となったのである。

あるときは、正直それほどめずらしくない貝をたくさん持参した漁師さんがやってきたことがあった。私はその貝をもって来た漁師さんに対して、たんに貝の和名を教えるのではなく、その貝の特徴や同じ仲間の種類などを伝えた。するとその漁師さんはその後、何度も来館するようになった。最初は普通に見られる貝ばかりを持参していたが、その都度ていねいに説明することで貝に興味をもち、貝を見る目が養われ、何よりも貝の面白さを理解してくれたようで、やがて、博物館のコレクションでも数が少なくなかなか採集できない貝を持参するようになったのである。その頃には、漁師さんは博物館にとってとても大事な収集協力員になっていたのである。最初は博物館がその漁師さんを育てていたのかもしれないが、それがやがては、その漁師さんが博物館のコレクションを充実させ博物館を育てていたのである。博物館が人を育て、人が博物館を育てる。そんな陸前高田市立博物館の取り組みのなかで、博物館にとって一番大切なものを私は学芸員として学んだ。

2　被災、そして資料の救出活動から見えてきた課題

二〇一一年三月一一日午後二時四六分

二〇〇四（平成一六）年四月に、開館一〇周年を迎えた陸前高田市海と貝のミュージアムで記念事業を行うために異動してから、七年が過ぎようとしていた。博物館のほうは兼務ということでさまざまな調査などにかかわっていた。あの日は、博物館が市内の小学校に保管されていた学校関連資料を移送する予定であった。午前中に博物館に行き、そのことを知った私は海と貝のミュージアムの公用車も移送に貸出可能であることを伝えた。そして、午後一時に博物館職員が公用車を借りに来たので、鍵を渡して見送った。その後、パソコンに向かい収蔵標本情報の入力作業を続けた。

大きな揺れが館を襲ったのは忘れもしない二〇一一（平成二三）年三月一一日午後二時四六分であった。津波常襲地帯である三陸地方では、これまでも何度か大きな地震があり、私も子どもの頃に経験した宮城

県沖地震などをはじめ、いくつかの大きな地震を記憶していた。が、あの日はその記憶のどれにもあてはまらない大きくて長い揺れであった。経験したことのない揺れという表現があるが、まさにそれであった。

事務室の書類棚やロッカーはバタバタと倒れ、収めてあった資料などもすべて床に散乱した。大きな揺れがあり、徐々に弱まり、そのまま揺れが治まるのが過去に経験した地震であった。貝類標本を展示する海と貝のミュージアムでは、その都度、臨時休館して揺れによって動いた展示資料を一つ一つ戻す作業を行ってきた。しかし、あの日の揺れは弱まったあとに再び大きな揺れが襲ってきたのである。この繰り返しが三度ほど続き揺れは治まった。時間にして約六分は継続していたと記憶している。経験したことのない大きな揺れであったため、その大きさは別として津波の襲来は容易に推測できた。館内に入館者がいないことを確認し、当日勤務していた職員に市役所に避難するように指示を出し、私はもう一人の職員とともに最後の見回りをした。倒れたことのない大型水槽が倒れ、床は水浸しとなり、飼育していた魚たちが跳ねていた。魚を水槽に戻してから市役所に向かった。揺れが治まってからすでに十分が経過してからの避難であった。

車で市役所に向かったものの渋滞が発生しつつあった。途中の道路では液状化現象によってできた水溜りが不気味に見えた。時間がない。かなり緊迫した状況ではあったが、精神的には落ち着いて行動ができていることを意外に感じた。なんとか市役所にたどり着いたものの、市役所と道路を挟んだ向かいの公園には避難してきた市民がごった返していた。教育委員会のある市民会館は公園の側にあった。私は海と貝のミュージアムを管轄する商工観光課のある市役所に避難したが、博物館に勤務していたら市民会館に避難したであろう。この所属の違いが生死を分けた。

市役所に避難してからは、大きな余震が立て続けに発生していたため庁舎の倒壊を心配して外で待機していたが、避難して約五分後に「津波が堤防を越えたので高い所に避難してください」という最後の防災無線の放送とともに、私は一気に屋上まで駆け上がった。屋上に避難してから下の様子をしばらく見ていると、海のほうから瓦礫と化した家屋の山がまるでブルドーザーに押し出されるようにこちらに迫ってきた。その時点で避難しようとしている人も何人か見えたが、その人たちには波が見えず、瓦礫の山が近づいてくるのだけが見えていた。屋上から見ている人たちは瓦礫の後ろに波が来ているのが見えているため、大声で避難を呼びかけるが避難している人には届かなかった。そして、瓦礫の山が通過したのちに大洪水の流れが押し寄せた。その流れは一瞬で市役所向かいの三階建ての市民会館の一階を呑み込み、さらに二階も呑み込んだ。その勢いは徐々にではなく、一瞬であった。その水位が上昇する速度があまりにも早かったため屋上に避難した我々も危険を感じ、屋上のさらに高くなっている場所に手摺梯子を使って登ることにした。まずは、お年寄りと女性を登らせることにした。私は梯子を握ったまま怖がっていたお年寄りの指を一本ずつほどき、次の梯子に摑まらせながらお尻を押し上げた。そして、ふと市民会館のほうに目をやると、先ほど二階まで呑み込まれた建物が完全に水没し、見えなくなっていた。そして、津波により破壊された家屋の柱とともに波が屋上にまで流れ込み足元は濡れはじめた。波はそれ以上は上昇しなかったので難を免れたが、屋上まで達した流れは一五分以上も続いた。その後、波は子どもが乗ったままの屋根や火を噴いたままのガスボンベなど大量の瓦礫とともに引けて行った。建物の一階部分が見えそうな状態まで波が引いたとき、次の波が襲ってきて再び二階部分まで水没した。波が引けた市街地はわずかに鉄筋コンクリートの建物を残すだけで何もなくなっていた。目の前に広がる映画のような光景を理解することができなかったが、着の身着のままになってしまった喪失感は感じていた。

文化財関連施設の被災状況

眠れぬ夜を被災した庁舎内で過ごした私たちは、翌日の朝、昨日までの様子が一変し、地獄絵図のようになった市街地を災害対策本部となった給食センターまで徒歩で移動し、休む間もなく災害対応にあたった。私は米崎地区本部であるコミュニティセンターへ行き、三月下旬まで救援物資の受け入れ、仕分け、各避難所への物資搬送、自衛隊との調整などに従事した。発災から三日目までは家族の安否もわからぬままの対応は、まさに疲労困憊の状態であった。

被災した博物館や文化財のことは気にはなっていたが、被災者の衣食住の確保が最優先であり、被災状況を確認できたのは三日目の夕方であった。博物館は館内が瓦礫で埋め尽くされ、中には入ることもできない状態で、ただ立ち尽くすのみであった。職員の安否も不明の状態であり、散乱した資料を少しでも安全な場所に移動させることと立入禁止のロープを張ることしかできなかった。その後も避難所の対応に追われたが、多くの市職員とともに博物館職員が全員犠牲になったとの情報が入り、学芸員で生き残ったのが自分だけであることを知った。

三月下旬になり上司から博物館の資料救出を行うようにとの指示が出されたが、移動手段も電話などの連絡手段も十分でない状況下での体制づくりは困難を極めた。生き残っている嘱託職員や臨時職員、かつて博物館での勤務経験のある者を探し、四月一日から博物館資料の救出作業を行うことをなんとか伝えた。一〇名のスタッフを確保することができたが、全員揃ったのは四月下旬であった。はじめの頃は二、三名だけでわずかな栄養補助食品とペットボトルの水一本だけで作業を行う日もあった。

陸前高田市には博物館、海と貝のミュージアム、市立図書館、埋蔵文化財保管庫の四つの文化財関連施設があり、そのすべてが大津波により壊滅的被害を受けた。被災した資料は四施設で約五六万点にも及び、すべてが海水損し多くの資料が流失した。館内の状況は施設の構造、立地場所によって異なり、館内の瓦礫の流入量が最も多かったのが博物館で、海側に窓をもたないつくりは、引き波をすべて受けとめるようなかたちとなり瓦礫、大量の土砂、資料が混然一体となっていた。最も海に近かった海と貝のミュージアムは、海と施設との間に構築物が少なかったため、津波襲来時は海水だけが押し寄せ、観光的性格の強い施設で、窓が多かったこともあり、館内への瓦礫の流入量は博物館と比較すると少なかった。市立図書館は窓から流入した海水により書架ごとほとんどが館外に流出し、瓦礫に埋め尽くされていた。埋蔵文化財保管庫にいたっては旧給食センターの施設を利用していたため、館内に広い空間があり、事務室の一部を除いて建屋自体がほとんど流失していた。

被災資料の救出活動（一次レスキュー）

大きな被害に見舞われた被災県のなかでも、陸前高田市における文化財（吉田家文書）の救出活動が三月三〇日からという最も早い段階から行うことができたのは、岩手県内の博物館等の地域連携によるところが大きい。岩手県では「学芸員ネットワーク・いわて」という組織があり、年に一回程度研修会などを開催し、相互の連携をはかってきた。また、常日頃から館同士の交流もあり、顔の見える関係が築かれていた。そのため、どこにどのような学芸員がいて、何を専門としているかという情報を共有できていた。私はこの横のつながりに頼ることにしたのである。一番最初に救出したのが市立図書館に収蔵されていた県指定文化財である古文書であり、私はまず、距離的に近く、古文書の扱いに精通した学芸員を擁する一関市博物館に救援要請を三月三一日に出した。それは、この情報が岩手県教育委員会、保存科学のセクションを有する岩手県立博物館に届き、やがて県内に広がってくれるだろうとの願いからであった。この願いは描いたとおりに伝わり、翌日の四月一日に一関市博物館、二日には岩手県教育委員会、岩手県立博物館が駆けつけてくれ、その後、遠野市立博物館や県内の市町村教育委員会など関係機関が手を差し伸べてくれた。

現場での被災資料の救出は、想像以上に困難を極めた。博物館には引き波によって運ばれた大量の瓦礫に加え壊れた住宅が二軒、車が三台流入しており、館内には入り込むことすらできない状況で、辛うじて運び出せる瓦礫の撤去を行いながらのルート確保から取りかかった。天井に残った瓦礫や、建築部材の崩落の危険がある状態での瓦礫撤去は思ったようには進まず、さらには瓦礫の下には一メートルを超える砂が厚く堆積していた。このような厳しい状況のなかでも救出活動を行えた要因の一つに自衛隊の協力があった。四月二六日、我々が救出作業を行っていると、駐車場に軽装甲車がずらりと並び、三〇名ほどの自衛隊員が整列したのが見えた。この隊の目的はご遺体の捜索である。短期的に三日間だけということで博物館周辺を集中捜索するということであった。この隊の隊長が危険な被災現場で我々が作業を行っていることに気づき、声をかけてくれたのであった。事情を説明すると、理解を示し協力してもらえることとなった。あくまでも捜索が優先であるが、自衛隊の災害派遣の三原則である「緊急性」、「公共性」、「非代替性」に合致するとの判断もあり、被災した文化財の救出は捜索とあわせて実施された。この自衛隊の協力により我々では困難な館内に流入した車などの大型の瓦礫の撤去や軽トラックのみでの資料移送から二トントラックでの移送、作業人員の増員が可能となり、作業の効率がかなり上がり、六月中旬には一部の資料を除いてほとんどの資料を安全な旧陸前高田市立生出《おいで》小学校へ移送する作業を終了することができた。四施設から救出した資料数は約四六万点にも及ぶ。

国際的に前例のない安定化処理（一次レスキュー）

被災現場から救出した資料は、博物館から約一七キロメートル離れた内陸部に位置し、二〇一一年三月三一日に閉校となった旧陸前高田市立生出小学校に移送された。被災現場から救出した資料を安全な場所へ移送するのが一次レスキューである。しかし、今回の震災の場合は、すべての資料が大津波により海水損している。安全な場所への移送、保管だけでは急激な乾燥による変形、ひび割れ、カビの発生による腐朽、さらには海水に含まれる塩分や土砂・泥に含まれるさまざまな物質による劣化をくい止めることは不可能である。したがって、津波で被災した資料から劣化要因を取り除き、長期にわたって安定的に保管できる状態にする「安定化処理」が必要となる。

安定化処理とは、前述したとおり津波によって海水に浸かった資料が急激に乾燥することによって生じる変形や亀裂の発生などの「物理学的劣化要因」、カビの発生と繁殖による資料の汚損、腐朽の進行といった「生物学的劣化要因」、海水に含まれる塩分による金属の錆化、吸湿によるカビの発生などの「化学的劣化要因」の大きく分けて三つの劣化要因を除去する処理である。修復の前に安定化処理が必要であるという考え方は、今回の東日本大震災以降に新しく示されたものである。しかし、博物館は総合博物館であることから、その資料の素材は紙、金属、木、皮、石、土など多岐にわたる。そのため、それぞれの特性にあった処理を行う必要がある。過去の水害によって紙資料の一部については処理法が確立されていたが、津波による海水損資料の処理法は国際的に見ても未確立な部分が多かった。そこで、この安定化処理については、文化財科学、保存科学といった外部の専門機関との連携が必要であり、文化庁が設置した東北地方太平洋沖地震被災文化財等救援委員会（以下「救援委員会」）に支援要請を出した。

博物館の場合は、東京国立博物館、国立科学博物館および岩手県立博物館との連携により作業を進めることとなった。当初は、十分な資材もない状態で行わなければならず、水道水による水洗を中心に、水道の洗い場でブルーシートを使用して簡易水槽のような状態をつくり脱塩槽にしたり、資料によっては沢の流水を利用した脱塩など思いつくだけの方法で脱塩を行った。水洗→脱塩→乾燥の繰り返しの作業であったが、脱塩の効果を確認するすべもなく、梅雨時期とも重なったことで、被災資料で足の踏み場もない状態の校舎内は紙資料を中心にカビが各所で発生し、手がつけられない状態に陥った。応急的に資料を水洗し、乾燥させている一方でカビが発生し、水洗した資料に再びカビが発生してしまうという「いたちごっこ」の状態となったのである。作業にあたる我々は、目についたことに対処することだけに追われる毎日であったが、救援委員会の岩手県担当である東京国立博物館保存修復課長の神庭信幸博士が現地入りし、状況分析をしてもらった。そして、まず、校舎内の汚損源となっている段ボール箱三六〇箱分の大量の紙資料をいったん、外部の冷凍施設に送り出し、校舎内をクリーニングし、一階は作業スペース、湿度が一階より低い二階を収蔵スペースにすることとしたのである。これにより、校舎内の環境は博物館ほど良好なものではないが、徐々に改善されていった。

一方で膨大な数の被災資料の安定化処理を効率的に行うための技術開発も進められていった。岩手県立博物館の赤沼英男博士には海水損した資料のなかで、最も点数が多く、処理に時間を要する紙製資料の安定化処理について過去の水害により技術開発された方法を海水損資料に応用できるよう専門機関と協力しながら実験を重ね開発していただいた。開発された処理法を現地指導してもらい、現地での紙製資料の安定化処理が本格化していった。さらに、この紙製資料の安定化処理の方法を応用し、漁具や農具、生活文化財とも言うべき人びとの生活用品などの民俗資料の安定化処理にも着手していった。除菌→脱塩→乾燥→経過観察という作業工程は紙製資料の場合をとっても全二一工程にも及ぶ。最も神経を使うのが脱塩であった。作業を開始した一年目は簡便な塩分濃度計を用いながら作業を進めていたが、精度が低いため塩分が残留し、その結果、乾燥の段階で湿気を帯び、カビが再発生したり、冬期間などは水温が低いため脱塩効果が著しく低下するなど思うようには進まなかった。試行錯誤を繰り返しながら、一つ一つ問題を解決しながらその時点で最適と思われる方法で処理を進め、問題が生じるたびに方法の見直しをはかっていった。脱塩効果の確認には岩手県立博物館で使用されている塩素イオンメーターと同様のものを導入し、水道水（旧生出小学校では六ｐｐｍ）と同じレベルになるまで浸漬し、その後に精製水にダメ押しの浸漬を行い、脱塩完了とした。

このように旧生出小学校での作業は、設備や機材の関係で他機関に処理を依頼せざるをえないもの以外は「現地でできることは現地で行う」という方針のもと、保管環境の整備、安定化処理の二つに特化して粛々と進められることとなった。

進めば進むほど見えてくる新たな課題

紙製資料、民俗資料の一部は安定化処理の方法も確立され、順調に処理が進められていった。しかし、それは処理が可能なものを優先的に行っていただけのことで、処理が進めば進むほどある共通性をもった資料群の残っている課題が浮き彫りになってきた。それは、水に浸漬することができない資料である。これまで行ってきた安定化処理は水に浸漬することで脱塩を行ってきた。しかし、水への浸漬ができない資料が残されたのである。たとえば、インクで書かれた書簡などの紙製資料は、水へ浸漬することで文字情報が流失してしまう。また、布製のキャンバスに描かれた油画は、浸漬と乾燥によってキャンバスが伸縮し、絵の具層の割れや剝離の危険性が高くなる。このように現段階で方法が未確立な資料は応急処置が施されたのみで塩分を抱えたまま保管せざるをえない。国際的に前例のない津波被災資料の安定化処理は、誰もその答えをもってはいない。試行錯誤を繰り返しながらたどり着いた現在の安定化処理もその処理が適切であったのかすぐには答えは出ない。長い時間をかけて経過観察を続けていかなければならない。処理法が確立されたものですら、不安は残る。ましてや、いまだに多くの課題を抱え、手を出せない資料をそのまま放っておくわけにはいかない。今後はこのような難易度の高い被災資料の安定化処理の技術開発を関係する専門機関とこれまで以上に連携を強化して取り組んでいかなければならないが、決定打は見出せていない現状に心が折れそうになる。しかし、私たちはあの悲惨な被災現場で、苦渋の決断を迫られながらも、陸前高田が真に復興するために必要であると判断し救出した資料を一つとして諦めるわけにはいかない。それは、先人たちが何度も津波にあいながらも残し、積み重ねてきた歴史をここで終わらせるわけにはいかないからである。

ふるさとの宝は失われていない――再び市民とのかかわりが見えてくる

文化財レスキューが本格化する前、瓦礫と資料が混在する作業室の一角に、あるメッセージが記された一枚の紙が置かれているのが発見された。その紙はニホンカモシカの頭骨標本を重石替わりにして置かれてあった。「博物館資料を持ち去らないで下さい。高田の自然・歴史・文化を復元する大事な宝です。市教委」とその紙には記されていた。市教育委員会は人的にも大きな被害を受けたため、このようなメッセージを残せる職員はいない。誰かが市教委の名を利用して資料の散逸を防ごうとしてくれたのである。我々と同じ思いの人がいるということをこの一枚の紙から知った私たちにとって、このメッセージはその後の救出活動を進めるうえで非常に大きな心の支えとなった。たんなる一枚の紙。そこに記されたメッセージのもつ意味はとても大きなものであった。

しかし、震災から約三週間で文化財レスキューを開始した我々に、「そんなものより人を探せ」と声を荒げる被災者の方や、「そんなもの捨ててしまえ」と言う方もいた。しかし、その一方で、「家が流されすべてを失ってしまった。ここに来れば何か高田のものが残っていると思って見に来た」と被災現場に足を運ぶ被災者の方もあった。

被災した方々は、自分の家のあった場所で一生懸命に自分の生きた証を瓦礫のなかから探し出していた。自分が自分である証、それは自分の歴史でもある。博物館の資料や文化財は陸前高田が陸前高田である証である。新しい街は時間の経過とともにできてくると思う。しかし、その過程で失うものは数知れない。きれいな街ができたとしても自然、歴史、文化を伝えるものがなければ、ものだけで、心がなくなってしまう。

この大津波によって私が最も恐れていたのは、将来の陸前高田を担う子どもたちに、陸前高田の宝ものやその素晴らしさを伝えることができなくなってしまったことである。震災後に話題となった朝のドラマ「あまちゃん」では、舞台となった三陸の町が、世界で一番よい場所であるということをそこに暮らす人びとを通して訴えていた。自分の生まれ育った場所が、津波によって大きく変化しても、そこに息づいてきた人びとの生活によって受け継がれてきた自然、歴史、文化はそこにしかないもので、それは、世界で一番よい場所である証である。その世界一の素晴らしさを子どもたちに伝えることは、博物館として最も重要な仕事の一つである。しかし、それができなくなってしまったのである。

そんな私の不安に手を差し伸べてくれたのが、国立科学博物館の真鍋真博士である。真鍋博士は、恐竜博士として知られる日本を代表する恐竜学者である。古生物学、恐竜学を専門とすることから、被災直後の博物館に足を運び、化石などの救出活動に尽力いただいた。そして、博物館が震災前に資料を持参し陸前高田の素晴らしさを伝える授業「出前博物館」を行っていたことを知り、発災から五か月経過した二〇一一年八月に米崎小学校で六年生を対象に出前博物館を実施してくれた。恐竜博士ということで子どもたちにも人気のある恐竜の講話を行ってもらった。子どもたちに夢のある話をしてほしかっただけであったが、真鍋博士からはこの六年生が卒業するまで継続し、内容も陸前高田のことを盛り込んでいきましょうという提案をいただいた。これは、本当に素晴らしい提案であり、私の心を奮い立たせるものであった。

そこで二回目は、恐竜の絶滅の原因と考えられている隕石衝突からヒントを得て陸前高田に一八五〇年に落下した日本最大の「気仙隕石」を紹介しながら、博物館所蔵の気仙隕石の実物破片が被災直前にミュージアムパーク茨城県自然博物館の特別展のために貸し出されていて被災を免れたことや、その隕石が里帰りしたこともあり、震災後はじめてのお披露目を兼ねて子どもたちに紹介しながら、実際に隕石にふれさせたのである。子どもたちに、すべてが津波で流されたわけではないということを印象づけたのであった。そして、津波で大きな被害を受けながらも博物館ががんばって残してくれたふるさとの宝がたくさんあり、その再生のための努力が全国で行われていることを伝えることができた。これを契機として、被災資料の再生の作業の合間を見ながら少しずつふるさとの宝ものは失われていないことを出前博物館を通して情報発信しはじめるように努力した。子どもたちには、この出前博物館を通して自分の生まれた陸前高田という町には、メトロポリタン美術館や東京国立博物館、国立科学博物館にも展示されている資料があり、世界に誇れるものがあるということが伝わったのではないかと思う。

そして、それを大事にしようとする気持ちが芽生えていることを知ったのは、旧生出小学校に社会科見学にやって来た矢作小学校の子どもたちの反応からであった。矢作小学校は、前述した「おらほのアカショウビン」の子どもたちが学んでいた小学校である。当然のことながら当時の子どもたちはもう卒業し、成人を迎えるくらいの年齢になっている。その後輩たちに、先輩たちがこのアカショウビンを残してくれたことを説明し、折しも、被災文化財の再生をテーマとした特別企画展が東京国立博物館で開催予定であり、そこに展示されるため東京に行くことを伝えた。「東京国立博物館で展示されるなんてすごい」という反応を期待していたが、その反応はまったく違うものであった。開口一番「帰ってくるんですか」という不安の声があがった。東京に行って帰ってこないのではないかという不安から出た言葉であった。私は、世代を超えて「おらほの」という思い、自分たちのものだという思いがそこにあることを知り、とてもうれしくなったのを覚えている。そして、この子どもたちに芽生えた思いこそが陸前高田の宝を守ることにつながることを確信した。

このアカショウビンの剝製については、震災直後の状況から修復するよりも新しい標本を購入するほうがよいのではないかという意見もいただいた。しかし、子どもたちの思いの残る剝製であるので、骨だけでも残してほしいと動物考古学が専門である旧知の岡山理科大学の富岡直人教授に協力をお願いした。そして、富岡教授はこの思いを残すためにご尽力され、奇跡のアカショウビンの再生が実現したのである。

おわりに――何を残すのか

「文化財の残らない復興は本当の復興ではない」と、あの日から訴えつづけて、前例のない津波によって被災した文化財の再生に向けた努力を続けてきた。博物館資料は陸前高田の自然・歴史・文化を伝えるうえで大切なものであるが、発災からかなりの時間が経過した現在でも仮設住宅で厳しい生活を続ける被災者の方々がいる。私自身も丸三年仮設住宅で生活を送り、その厳しさはわかっているつもりである。被災者の方々はいまだに明日が見えない状況で苦しんでいる。そんななかで自然・歴史・文化が大切だと声高に叫ぶことはなかなか難しい。それでもやらなければならない。しかし、それは本当に必要なことなのか。

さまざまな思いに答えが出せないままでいた二〇一四年三月一一日。私は東京国立博物館で開催されたシンポジウム「文化を守る絆――津波被災文化財再生への挑戦」に参加した。その基調講演で作家の京極夏彦氏が「未来は過去が創る」と語られた。すべてを失った東日本大震災からでは四年の歴史しかつくられていない。その四年の歴史だけでは未来は創造できない。今までの長きにわたって積み上げられてきた歴史をふまえなければ未来は創造できないと。この講演を拝聴して、我々が残さなければならないものはこれだと強く感じた。

新しい陸前高田を創造するために、今まで積み上げられてきた陸前高田の自然・歴史・文化。これが博物館がずっと守りつづけてきたものではないだろうか。

振り返ってみれば、陸前高田市立博物館の源流は戦前の鳥羽源藏の自然史標本や考古資料などの収集にあり、鳥羽の研究業績を高く評価していた熊谷辰治郎は、一九三七年、「郷土の各種の資料を陳列して、郷土の歴史を正しく、郷土の人々に理解せしめ」る郷土館としての「鳥羽館」を構想した。熊谷は、「地方の生活をよくするために」、「地方にも尊いもの」があることを示し、「地方の人々」が地方に対する「正しい自覚を叫ぶ力」を得るところに博物館の「使命」があるとした。それから二〇年以上が過ぎた五九年、東北地方初の公立博物館が陸前高田市に創設された。誕生した陸前高田市立博物館は、鳥羽や熊谷の郷土に対する「思い」を受け継ぎ、「広く深く」市民とかかわることで地域に根差した総合博物館をめざし、「おらほのアカショウビン」の言葉に示されるように、人を育て人に育てられる博物館として、市民の暮らしのなかに定着してきた。

そこに起きた東日本大震災。博物館は大きな被害を受け、いつ終わるともしれない安定化処理の日々が続いているが、そんななかで、あらためて博物館の役割が見えてきたのは、市民とのかかわりを通じてであった。市民の暮らしに根づき、市民とともに歩んできた博物館の歴史と蓄積が再び見えるようになり、ふるさとの宝は失われていないこと、そこから残すべき資料についての考え方も見通しがもてるようになってきた。

資料(もの)は、たんにそれが残ればよいというものではない。矢作小学校の子どもたちが、「おらほのアカショウビン」は「帰ってくるんですか」と言ったのは、アカショウビンはおらほのものであり、おらほの毎日や高田の自然と結びついていると受けとめていたからである。資料（もの）は、それに付随する情報（こころ）があってこそはじめて、陸前高田の宝ものとして継承すべき宝となるのである。「こころ」は陸前高田の人びとの暮らしや記憶、歴史と結びついている。あの大津波によってばらばらにされた「もの」と「こころ」。すべてをつなぎ合わせることは難しいことかもしれない。それでも、私たちは先人が今までそうしてきたように一つ一つつないでいかなければいけないのである。なぜなら、この作業を続けることこそが三陸で生きていくということだからである。

「文化財の残らない復興は本当の復興ではない」。

文献一覧
熊谷辰治郎全集刊行委員会編『熊谷辰治郎全集』勁草書房、一九八四年
斉藤栄「郷土博物館を設置する」『陸前高田広報』一九五七年一月一五日

対話1

震災後六年目の陸前高田市立博物館

熊谷　賢
聞き手：大門正克・岡田知弘

二〇一三年九月に開催した陸前高田フォーラムでは、「地域の復興を支える文化財保存」というテーマで熊谷賢さんに話をしていただき、その話は、本書第3章に収録させていただいた。熊谷さんには、その後も継続的に訪ねて話をうかがい、一五年八月二一日には大門が話を聞き、一七年九月一二日には、大門と岡田が話を聞いた。以下は、一七年の対話の記録である。一七年のときには、一五年のときと比べて、博物館で新たな取り組みが確認された。なお陸前高田市立博物館は、二〇年をめざして市内で再建されることが決まっている。

震災後初の市内展覧会開催（二〇一六年一一月〜一二月）

熊谷　去年（二〇一六年）の一二月にようやく市内で博物館の展覧会ができたのです。震災後は市内で博物館の展覧会を開くことが一つの目標でしたから、ようやく、曲がりなりにもできたという思いです。カタログを見てください（『ずっと　ずっと　ふるさと陸前高田　心に生きる「たからもの」』大津波被災文化財保存修復技術連携プロジェクト支援企画展、陸前高田市立博物館、を渡される）。

大門　立派なカタログですね。

岡田　吉田家文書とか、鳥羽源藏と宮沢賢治、アカショウビンの剥製、国の登録有形民俗文化財に指定された漁撈用具、高田歌舞伎、震災後にアメリカに漂着し、現地の高校生の尽力により帰ってきた高田高校の実習船「かもめ」の関連資料などが展示されたのですね。震災後は全国の博物館と連携しながら再生された被災文化財や文化財を残すことの意義を訴えるため全国で展示を行いながら、支援も含めて、市内の展覧会や博物館の再興を準備してきた流れもわかります。

大門　コミュニティホールでやったのもいいですね。

熊谷　そうですね。コミュニティホールができたから、展覧会もできたように思います。コミュニティホールでは、二階の大会議室の壁を取り払ってオープンにしてやりました。応急でやったにしては、そここそ、ちゃんとした展示になったのではないかと思います。

大門　展覧会を開催してみて、市内や市民の様子は変わってきていますか？

熊谷　なかには、涙を流しながら展示をご覧になっていた方もいらっしゃいました。「よくぞ、救ってくれた」とおっしゃってくださった方もいらっしゃいましたし、昔の博物館の思い出話をされる方も多く、「こういうのをやったよね～」とか言われて、「またやりたいね～」といった話をされたりしていました。このとき寄せられた参加者の感想文は七〇〇人から八〇〇人ぐらいでした。

大門　ここにいたったのは大きいですね。

熊谷　そうですね。ようやくです。

つなぐ修復

大門　カタログを見ていると、展示されたものは、博物館があればどこの博物館にもあるものかもしれませんが、博物館がなければ残っていないわけです。その点で、地域に博物館があり、地域のさまざまなものが保存され、展示されていることの意味は、あらためて大きいと思いますね。

熊谷　展示したなかで、とくにこの漁具は国登録（登録有形民俗文化財のこと）なのですが、今回東北地方の沿岸部が全部被害を受けたので、再収集できるものがほとんどなくなってしまったのです。この漁具は、陸前高田で海苔を養殖する際に使用する網で、大津波で被害を受けましたが、たくさんの方のご尽力により修復されたものです。これらの漁具は、近い将来、何年か後には、国登録から国の重要有形民俗文化財にしようとがんばっているところです。この間（二〇一七年七月）、福岡で水害があったではないですか。朝倉市などがすごい被害でした。海苔養殖の網を修復するために使用するシュロ縄をつくり、送ってくれたのは、福岡県朝倉市の井上輝雄さんなのですが（カタログのなかの井上輝雄さんの写真を示しながら）、井上さんは実は九州北部豪雨の犠牲になってしまったのです。

大門・岡田　えぇーー！

熊谷　陸前高田では海苔養殖の網の素材の一部にシュロ縄を使っていました。登録有形民俗文化財なので文化庁と協議しながら修理していくのですが、修理に使用できるシュロ縄がなかなかありませんでした。文化庁の担当官に相談し、朝倉市に伝統芸能で使う獅子舞のシュロ蓑をつくる方がいらっしゃるので、その方にシュロ縄をお願いしましょうということで依頼し、つくっていただいたのです。その方が井上輝雄さんでした。そのときに、九州のほうでは、東日本大震災のために伝統技術をもった方が文化財修理のためにシュロ縄を提供してくださったということで、NHKや各新聞社などが取材をしたそうです。陸前高田市立博物館も九州の新聞社の記者さんから取材を受けました。九州北部の水害のあと、井上さんのことがすごく気になり、嫌な予感がして、その記者さんに「どのような状況ですか？」と聞いてみたのです。するとと、まだ警察でも公表していない段階だったのですが、行方不明者のリストのなかに入っているということで、言葉を失いました……。

大門　熊谷さんは、井上さんに会っていなかったのですか？

熊谷　会っていないです。井上さんがつくってくださったシュロ縄を使い、この漁具を直してくれたのは、八〇歳を超えた陸前高田の漁師の村上覚見《かくみ》さんという方でした。その村上さんが、今年（二〇一七年）の一月に、突然、亡くなってしまったのです。このときも言葉を失い、がっくりしていたら、井上さんも七月に亡くなってしまいました。九州の伝統技術で生まれたシュロ縄を使い、高田の伝統技術をもった人が直すということで、たくさんの人の支援によって修復された漁撈用具が博物館に保存され、展覧会で展示されたことは、すごいことだと思いますね。

岡田　奇跡的に修復されたとも言えますよね。

どこの地域にもあてはまること——陸前高田の展示は特別ではない

熊谷　展示は、「ずっと　ずっと　ふるさと陸前高田」をメインのタイトルにしました。これはね、実は子どもが考えた標語なのです。

大門　熊谷さんのお子さんですか。

熊谷　そうです（笑）。今は高校生なのですが、この子が小学校六年生で、震災が起きた年の秋に、陸前高田青年会議所と陸前高田市が共催で、市内の小中高校生に呼びかけ、一〇年後の陸前高田を思い描く標語と絵を募集しました。その結果、当時六年生だった私の子どもが応募した標語が市民賞に選ばれました。その後、標語は何にも使われなかったので、青年会議所の許可をいただき、今回の展示のタイトルに使いました。我々としては、博物館が今まで守ってきたものを、これからの未来をつくっていく子どもたちに伝える必要があるだろうと思い、「陸前高田は君たちのふるさとなんだ！」ということを伝えたい、このメインタイトルにはそんな思いをこめました。

岡田　メッセージが伝わってきますね。

熊谷　東日本大震災後、いわゆる地域文化の重要性があらためて評価されてきているではないですか。今までは、ごくごく身近すぎて、「そんな大したことはないだろう」と思われていて、当たり前のように感じていたものが、これだけ痛めつけられてみるとはじめて価値がわかったというような指摘があります。全国各地に展示のために出向くと、必ず記者さんから聞かれたのは、「どういうふうに見てもらいたいですか？」とか、「何を感じとってもらいたいですか？」というような質問です。記者さんたちは、「高田は痛い目にあってもここまでがんばりましたよ、というのを見ていただきたいです」という返答を求めているように感じましたが、いや、そうではないのではないかと思いました。高田がこれだけ被害を受けたなかで、一生懸命がんばって残してきたのは、高田の展示だけが特別なのではなく、どの地域にもあてはまることであり、それぞれの地域の文化が大事なのだということを感じてほしいと思ってのことです。

大門　なるほど、そうですね。

熊谷　自分たちの地域に置き換えてみてほしいですね。たとえば、自分たちのすぐ近所にお地蔵さんがあり、今まであまりちゃんと見てこなかったとしたら見てくださいということなのです。ちゃんと見ることで、お地蔵さんの由来や意味がわかるようになる。すると、それを「大事にしましょう」という機運が盛り上がってくるでしょう。そのように見ていけば、仮にどこかで今、災害が起きてもおかしくないときに、あれはやはり大事なのだよと、声をあげられるような人が育ってくるはずだろうと思うのです。そのような積み重ねができれば、やがては文化財にやさしい日本ができるのではないか……という大きな話になるのですけどね（笑）。

博物館は人を育てるところ――『ときめく貝殻図鑑』

熊谷　この間、うれしかったことがあったのです。高田出身で貝が好きで博物館にずっと出入りしていた女の子がいるのですよ。小学校一年か二年以来の付き合いで、今は東邦大学で貝の勉強をしています。その子が去年（二〇一六年）、どういうわけか本を出しました。山と渓谷社から「ときめく図鑑シリーズ」というのが出ていて、「ときめく化石」とか、「ときめく昆虫」など、「ときめく」だから、要は若い女の子目線で、いわゆる一般の女の子たちをターゲットにしたかわいらしい図鑑をつくっています。そのなかの『ときめく貝殻図鑑』を書いています。この本です（寺本沙也加『ときめく貝殻図鑑』山と渓谷社、二〇一六年、を見せる）。

岡田　お洒落な感じの本ですね。この寺本沙也加さんですか？

熊谷　そうです。貝の逸話や貝に伝わる話などをおもしろくまとめています。貝は結構、面白い話があるのですよ。人を狂わせるような貝まであり、いわゆるコレクションの対象なので、世界で一個しかない貝を手に入れようとして……というような話です。

大門　『ときめく貝殻図鑑』の文章、すごいですね。貝とともに年を重ねるって。はじめて聞いた表現ですよ。この本は確かにときめくかもしれないですね。

岡田　おもしろいね。プロフィール紹介で、「貝は好きだけど、食べるのはきらいだ」って（笑）。彼女が高田に戻ってくる予定はないのですか？

熊谷　戻ってくればおもしろいのですけどね。今は学部生です。こういうような人を育てることも博物館の一つの仕事なのでね、こういう人間が育っていけば、やはり高田の博物館を大事にしようとなりますよね。自分がそのように育てられてきましたからね。博物館に。

岡田・大門　ありがとうございました。

対話2

震災で再発見した文化財保存と地域

吉野　高光

聞き手：川内淳史・大門正克

二〇一五年二月二八日、三月一日に開催した福島フォーラムでは、吉野高光さん（福島県双葉町教育委員会）に「双葉町の文化財保存」をテーマに講演をお願いした（二月二八日）。フォーラム当時は原発事故後、旧警戒区域内からの文化財搬出作業が一段落した時点での、双葉町における文化財保存の現状について講演いただいたが、震災から七年が経過し、文化財や資料保存のあり方をめぐる変化や課題が生じている。そうした点をふまえて、一八年三月二一日に川内と大門がいわき市にある双葉町教育委員会を訪問し、吉野さんよりお話をうかがった。以下は、福島県原発被災地域における資料保存をめぐる対話の記録である。

震災から七年がたって

川内　双葉町の現在の状況をお話しいただけますか？

吉野　双葉町については、避難指示区域の再編以来、町域の九六％が帰還困難区域で、四％が避難指示解除準備区域という状況は変わっていません。その四％のほうに、「福島県復興祈念公園」ができ、また県による「アーカイブ拠点施設」（仮称「ふるさとふくしま再生の歴史と未来館」、二〇二〇年度開館予定）ができます。さらにその周辺には、工業団地的な場所（中野地区復興産業拠点）を造成して関連企業に入ってもらい、それを起点として復興していこうというのが町の考え方です。その復興事業関連で町役場には応援派遣職員が増えています。

川内　避難指示解除準備区域は両竹《もろたけ》地区や中野地区のあたりだと思うのですが、そこが今後の復興や、また将来ほかの地域まで避難指示解除が拡大されたときに、住民帰還の際の受け皿になっていくということでしょうか。

吉野　そうですね。常磐道が仙台まで全部つながりましたけれども、双葉町のインターチェンジも今、建設工事をしています。それは復興にともなう事業および中間貯蔵施設や復興祈念公園のアクセス確保の意味があります。そして今度、双葉駅を中心とした市街地の除染をし、そこを復興の拠点にしていくことになっています。

文化財レスキューの現状と課題

川内　双葉町の文化財レスキューについては、福島フォーラムの段階で歴史民俗資料館内の物は「まほろん」（福島県文化財センター白河館）にある仮収蔵庫へもっていく段取りがつきつつある一方、今後は個人所有の歴史資料や文化財をどうするかが課題でしたが、現状はどうですか？

吉野　個人所蔵資料のレスキューついては、いよいよお尻に火がついてきた状態です。今まで、両竹地区など津波被害を中心に家屋解体が進められていたのですが、現在、中間貯蔵施設のほうを中心に家屋解体が広げられています。ですから家屋解体前にレスキューしないといけないことになってくると思います。

今までのレスキューは、国や県などに協力してもらいながら教育委員会が中心で行ってきました。その際、たとえば資料館に何があるかについてはある程度事前に把握していますから、こちら主導でやっても問題はありませんでした。しかし民間資料については、そのように簡単にはいかず、何か基準をつくらなければいけません。

とりあえず、震災資料の保全と文化財の保存全体を含めて「アーカイブ」ととらえる枠組みができて、全庁的な共通理解のもとで進めていこうというところまでこぎ着けたので、新年度（二〇一八年四月）からはある程度組織だって動けるようになってくると思います。

それについては悉皆調査をしながら進めていきたいと考えていますが、この悉皆というのが一番大変です。チラシやホームページで、まずは文化財レスキューについて住民のみなさんに周知をしなくてはいけないのですが、ただ待っていても進まないので、こちらからアプローチする必要があります。環境省や解体業者などから情報をもらって、家屋が解体される前に、「文化財のようなものはないでしょうか？」と聞かなければいけないと思っています。「ウチに文化財があるんだ」と認識している人は、おそらく住民のなかでもごく少数でしょう。どんなものが文化財かわからない方たちもいらっしゃるでしょうから、「こういうものですよ」と話をして、ていねいに周知していく過程で、確認できる資料が今後増えてくると思います。そこは手間を惜しまず、やらなくてはいけないと考えています。同じ被災地とは言っても、自治体ごとに復興の進み具合が違います。双葉町の場合は町域の九六％が帰還困難区域ですから、幸か不幸かほぼ手つかずで資料が残っているところもあります。

ただ、問題になるのは、収集した資料をどこに保存するかです。レスキュー時でも同じでしたが、立ち入りができるエリアでは、そのどこかに置いておくことが可能なのですが、双葉町の場合はなかなか難しいわけです。帰還困難区域のなかにとりあえず置いておくか、町外に持ち出すか、そのどちらかしかない状況なので、受け皿としての保管施設がやはり問題になっています。

中通りの須賀川市なども保管施設は足りないと言っています。須賀川は溜池（藤沼湖）が決壊して、長沼地区の文化財収蔵庫が流されたのです。ある程度整理はついてきているのですが、震災前からもっている施設が傷んできたり、また震災絡みでいろいろな蔵が壊れかけてきていて、個人資料をレスキューしようにも置き場所がないそうです。

だから、我々としては前々から広域的な保管施設を県で整備してほしいと話しているのですが、予算的に厳しい模様です。そのため、使われていない既存の施設を利用できるようにしていくしかありません。それにあたっては「被災ミュージアム再興事業」を文化庁の補助金でやっていて、とりあえず白河の「まほろん」に収めることで落ち着いています。でも、これから入ってくる個人資料を「まほろん」に全部収めるのは困難です。個人資料についても、「被災ミュージアム再興事業」で認められるのかどうか、定かではありません。

文化庁にとっては、宮城や岩手はもう終わった話という感じで、福島も同列だという認識があるように見受けられます。「もう、お金は出さないよ」という「本音」がなんとなく見え隠れしているのですね（苦笑）。福島は原発災害のために状況が違っていて、まだこれからだ、ということが理解されていないようです。それはたぶん文化財ばかりではなくて、復興のあらゆる面においてだと思います。「復興のために一〇年間はお金出しますよ」、「東京オリンピックまででおしまいですよ」と言われても、福島県の場合は困るのです。

川内 大熊町は二〇一七年度から、被災文化財だけでなく「震災遺産」も収集対象にすることになりましたね。双葉町でも文化財と震災資料をあわせて収集する方針だと聞いています。

吉野 そうです。大熊町、双葉町、富岡町は、役場全体で取り組む方向に動いています。もっとも大熊と双葉は立ち入り制限の関係で実際のところ厳しいのですが、富岡の場合、半分近く立ち入りできるエリアがありますから、もっと前から動いています。

川内 「富岡町歴史・文化等保存プロジェクトチーム」ですね。立ち入りができるエリアの違いによって、復興と文化財保存の度合いも違いがあるということでしたが、福島フォーラムの際に吉野さんから、今後それぞれの町でレスキューのあり方も変わってくるだろうとうかがったとおり、今そうした違いが明確になってきているわけですね。周辺部でもっと立ち入りができる自治体などは、また状況が違うのでしょうか？

吉野　「被災ミュージアム再興事業」に組み込まれなかったところは、少し状況が違います。立ち入りができる市町村は、当初「被災ミュージアム再興事業」に加わらなくてもいいだろうという感覚でいたのですが、たとえば南相馬市などに現状を聞いてみると、再興事業で支援してもらわないと厳しい状況におかれています。だんだん時間がたつにしたがって、周辺地域も大変なことが見えてきています。だからこそ、広域的な保管場所をつくれたらいいと思うのですが、なかなかそうはいかない状況です。

川内　仮収蔵庫については以前、「まほろん」の本間宏学芸課長に案内していただいて見たのですけど、仮設とはいえ立派な収蔵庫だったのに驚きました。ただ「被災ミュージアム再興事業」でつくられたあの収蔵庫も、収蔵能力はかなり限界に近いという印象を受けました。

吉野　たぶんもう、いっぱいだと思います。維持経費についても「被災ミュージアム再興事業」から出ていますが、今後それが切られてしまうと県単独の持ち出しになってきます。そのため、仮収蔵庫は一五年保つということですが、その先どうなるかという不安を、とくに大熊と双葉はもっています。富岡は町域に入れるようになってきたし、なおかつ町としてアーカイブ施設を建設しようという考えがあるようなのでなんとかなると思いますが……。

川内　時間がたったからこそ出てきた課題があるわけですね。

吉野　そうです。せっかくレスキューしたものをどう維持管理して保管していくのかがまだ見えていません。「残す」ことを目的にレスキューをしたのに、それが残っていかなければレスキューした意味がなくなってしまいます。そこを今後どうしたらよいのかということです。

「アーカイブ」という考えの広がり

大門　震災資料と文化財を含めて「アーカイブ」と理解することは、どのレベルで、いつ頃から始められたのでしょうか？

吉野　正式には二〇一七（平成二九）年度からですが、前年度ぐらいから、町役場として組織だってやらなければいけないということで動きはじめました。震災資料の収集は秘書広報課が中心にやっています。それ以前は教育委員会でもやっていたのですけれど、震災資料にまでは手が出せないので秘書広報課中心にやってもらうよう頼みました。最初は震災資料をという認識だったのですが、アーカイブするのは震災資料ばかりではなくて過去の資料も同様なので、同じ枠組みでやっていくのがいいということになっていきました。ほかの町も同様のことをやっていますし。

大門　双葉町以外でもアーカイブという考え方が拡がっているのですか？

吉野　はい。富岡町ではレスキューやアーカイブについては、全庁的に各課から希望する職員が集まって横断的にやっています。大熊町ではアーカイブについての検討委員会を立ち上げようと今動いているようです。むしろ周辺町村ではある程度組織だってきていて、双葉町は一歩遅れているかもしれません。
　この背景には、県が進めている「アーカイブ拠点施設」の存在があります。これを双葉町域につくることが決まったのですが、展示スペースや収蔵スペースが少なくて、各町の資料を受け入れてもらえる状況にない感じです。ですから、自分たちで自分たちの町の資料について考えていかなくてはいけない状況になっています。

最初、双葉町も県アーカイブ施設ができるのだから自前のアーカイブ施設をもつ必要はないだろう、我々の保全した資料については、そこに保管してもらえばいいという考え方でいたのですけれど、どうもそうはならない感じです。富岡町は「自分たち独自でアーカイブ施設をつくろう」ということで、敷地面積二〇〇〇平米くらいのものを考えているらしいです。だから、各町それぞれ単独でつくるという動きです。

かつて双葉町で資料館をつくるときに、僕は「各町で小さな資料館をボンボンつくったってしょうがない。広域的な資料館づくりをしたほうが維持経費の面などいろいろな点でいいのではないですか」と提案したことがあったのですが、結局は各町で小さな資料館をつくることになってしまったのです。そういう反省もあって、「広域的な施設を」と話をしてきたのですが、どうも同じことの繰り返しになりそうな雰囲気です。

ですから、震災アーカイブに関して言えば、神戸の「人と防災未来センター（人防）」のような大規模なものでなくても、県で整備する物については人防的な役割、またハブ的な役割を果たしてもらって、周辺町村がリンクしていくというかたち、つまり市町村ごとの施設を置く中越地震被災地のようなかたちと、県が中心的な施設を設置している神戸をカップリングしたようなやり方にしていく、というイメージが僕のなかではあります。

大門　ハブや広域的な物をつくるといったレベルの話はあるのでしょうが、ともかくアーカイブということについての市町村や教育委員会なりの地域横断的な共通認識ができてきて、各課から職員が出るというのは画期的だと思います。

吉野　とにかく、どこの町も人手が少ないため、そうせざるをえないところがあります。そしてこの事業は――事業という言葉をあえて使いますが――かなり大きなものになるだろうし、時間軸も長くなるという意識が、それぞれにあるのではないでしょうか。それは神戸の教訓とか、我々もいろいろなシンポジウムなどに出させていただいて勉強してきたこともあって、庁内で「こんな考え方があるよ」とか「こういう働きかけがあるよ」という話を積み重ねてきたのが、今かたちになって現れてきているのかもしれません。

川内　震災後の神戸や中越との交流のなかで、そうした方向性が出てきた部分もあるのでしょうけれど、町行政のなかでアーカイブをつくるという認識は、それぞれ独自に出てきて、共通認識になったのでしょうか？

吉野　いえ、実は双葉と浪江、大熊の三町の勉強会をやっています。そこで各地のアーカイブ施設へ研修に行ったり、講師を呼んで話をうかがったりしています。また、県アーカイブ施設に関しては、福島大学が中心になってワーキンググループをつくり、各町の担当者らと定期的に会議を開いたり、研修をしたりしています。そうしたなかで、アーカイブはどこか一つの課がとりまとめてできる仕事ではないという認識になっていったと思います。震災関係の公文書は各課にあるわけで、それらを廃棄しないで保存していくことを考えると、各課が共通認識をもって人も出してかかわっていくことは、とりもなおさず資料保全につながっていくと思います。

震災の資料を残す、残しつづける

川内　県アーカイブ施設について、福島大学の柳沼賢二さんの報告を聞いたのですが、「震災資料は、今は文化財の範疇とはみなされないけれども、文化財と呼ばれるようにならなければいけない」と言っていました。

吉野　そう思いますね。

大門　福島フォーラムで吉野さんは、震災から五年たって文化財についての町民たちの認識が少しずつ変わってきたというお話をされて、それがすごく印象深かったのですが、今日うかがっている話は、時間が重なり事態が進展していくなかで、現在はアーカイブに焦点があてられていると整理していいでしょうか。

吉野　そうですね。なぜかと言うと、二〇二〇年の東京オリンピックまでにアーカイブ施設をつくるという日途があることとともに、喫緊の課題として震災資料を保全しないとどんどん失われていくためです。家屋解体や除染が進んでいくと、資料は壊されたり捨てられたりしていきますからね。

震災資料もやがては歴史資料になっていくでしょうから、今の段階から「文化財」という扱いをしてもいいと思います。その時代を反映する資料なのですから。こういうエポックな資料はあまりないので、やはり残していかないといけないですよね。三〇年、五〇年たって、各町で町史をつくり直そうといったときに、震災関係資料は貴重な材料になると思います。近代の公文書も意外と残っていなかったりしますが、昨今、公文書館が各地でつくられるなかで、公文書を資料として保管・保全することが大事だという意識が高まってきています。

大門　阪神・淡路大震災の際に、公文書の保管・保全についてはどうだったのでしょうか？

川内　阪神・淡路大震災のときも、公文書の扱いは自治体ごとにさまざまで、兵庫県内で当初から震災資料を保存することを庁内でちゃんと決めていたのは尼崎市くらいだったと思います。僕が直接見た自治体の事例は伊丹市で、保存期限が過ぎても一応震災に関するものはとっておくように総務課長名義で他の部局に通達がなされたため、残った資料がありました。また神戸市では、保存年限が過ぎた公文書も捨てないでとにかく置いておいた。それを数年前に整理して、現在は阪神・淡路大震災時の公文書目録をインターネットで公開しています。

当初、各市町の対応がまちまちだった公文書の保存が課題になってきたのは震災から三年たった一九九八年頃、震災当初の文書の廃棄期限が近づいてきて、「放っておいたら捨てられる。マズイんじゃない」ということが被災地で問題となってきたためでした。

吉野　震災直後に総務省から、震災関係の文書は保存しておくようにとの通達が各県に入っていたようです。ただ末端の自治体にまでそれが届いていたのかは、ゴタゴタしていたときなので、よくわかりません。

川内　いまだ復興が続いているなかで、これから生まれてくる文書も震災資料ですよね。

吉野　そうなのです。復興の課程が長く続けば続くほど、そういう資料が残っていく。では、どのレベルで残したらいいのか、震災資料を残せと言われてもその莫大な量をどうするのか、という話になっていきます。そうすると、一定の基準をつくる必要がある、ということになると思います。私としては、帰還できてはじめて「震災」が終わるというか、区切りという感じでいるのですが……。

川内　そこは難しいですよね。震災資料も含めたアーカイブという認識が全庁の課題になったこと自体はいいのですが、事業となると、いつまでやるかという話が当然ながら出てきます。一方で、震災自体は二〇二一年三月の復興庁の閉庁で終わるかというと、そうは言えない。国の復興事業が終われば復興が完了するわけではないですし、とくに浜通り地域は、それで済む話ではありませんから。

吉野　少し前に神戸にうかがったときに、タクシーに乗って運転手さんと話をしたのですが、「きれいになりましたよね。復興は終わったのですかね」と聞いたら、「いやぁ、表面上は復興したように見えるけど、裏のほうにまわってご覧なさい。残っているところが一杯あるよ」と言われて、あぁそうなんだ、と。

時間がたつと新たな自然災害がまた別の場所で起こって、目先はそちらに移ります。そうすると前の災害はどんどんどん忘れられてしまいます。神戸の震災も、僕としては遠くの出来事だったから実感としては薄くて、自分の身に降りかかるようなものではないので、だんだんと忘れてしまっていました。だから、自分がかつてそうだったように、僕らも忘れられていくのは当たり前なんだろうなとも思います。でも、記録としては残しておかなければいけないという気持ちだけでやっています。何か物を残せば、分析・解析はのちの人がやってくれる、とりあえず僕らは残すことに力を注ぐしかないのだろうと思っています。

地域の文化に刻まれる再生の記憶

川内　近年、被災地からのニュースでは、民俗芸能がよく取り上げられている気がします。以前、吉野さんからも、民俗芸能の保存会の方たちの活動がぼちぼちと出てきたとうかがいました。ほとんどの住民が地元に帰れていないなかで、みなさんの受けとめ方はどのようなものなのでしょうか?

吉野　伝統芸能を公開する機会があると、みなさんけっこう集まってくるのです。また双葉町には昔から「ダルマ市」という市があって、震災があった二〇一一年は一月に開いたのですが、一年後からは仮設住宅で開催されるようになって、「ダルマ市」自体は震災後も途切れなく続いています。そういう機会にみなさんが集まってこられるのです。そういうところで民俗芸能を披露するのは、同窓会的なものや、アイデンティティを感じるのでしょうね。盆踊りの笛の音色だったり。盆踊りも仮設住宅でやっています。

民俗芸能はかつて娯楽がない時代はすごく貴重なもので、住民のみなさんのよりどころになっていました。地域の神社やお寺とか、みんなが集まれる場所を拠点として行われてきたこともあって、地域復興の鍵になるのは民俗芸能ではないかなと思っています。ただ民俗芸能は一番危うい文化財で、なんとか継承していかないと、本当に何もなくなってしまうのです。

この地域、かつての相馬中村藩では、天明・天保の大飢饉のときに、土地を放棄して逃げた人や餓死した人などが多数出て、人口が三分の一くらいになりました。それで苦肉の策として、北陸の浄土真宗の門徒に働きかけて移民を募集するのです。本来それは御法度なのですが、そういう人たちの末裔が相馬・双葉地方にけっこうたくさん残っています。仏壇を見ると、「あぁ、この家は浄土真宗だな」とわかります。けっこう立派な造りなのです。

おそらく新しい町が再生してくる段階で、そのように在地ではない人たちが入ってくるでしょう。復興事業にかかわる人たちが町に入ってきて定着していく、そんな江戸末の相馬藩の復興の際と似たようなパターンが、また繰り返されるのだろうというイメージが少しあります。

大門　そうやって入ってこられた人は、また民俗芸能の担い手になったりもするのでしょうか？

吉野　している可能性はありますね。双葉町の神楽に北陸のほうの特徴がちょっと見られるのです。普通神楽は二人で踊るのですが、町内の神楽のほとんどで、終盤になると幕の中に二〜三人が入ってきて四〜五人ぐらいで乱舞します。そのパターンは、北陸のほうに起源があるらしいのです。ある研究者によると、遠いところでは島根や鹿児島からも移住者が来ているということです。完璧に定着していますから、排他的なことはなかったのだろうと思います。

そんなふうにして、また町が変わっていくのでしょう。震災前には、原発にかかわる人たちがたくさん入ってきていました。そうすると町を構成する町民の様子が少し変わってくる。そして震災後には復興にかかわる人たちが入ってきて、また変わっていくのだろうな、と思います。ずーっと同じ人がつながっていくばかりではなくて、いろいろな人たちが新たな町づくりにもかかわってくる。

岩手や宮城、また福島県の太平洋側で復興が進んでいるところでは、新たな町づくりによって、町の様子がガラッと変わってきています。そうなったときに、アイデンティティをどこに求めるかが気になります。ですから僕は、建物とかランドマークも含めて、かつての町の面影を残せるものは、やはり残していくべきだと思います。内部はまるっきり変わったとしても外側だけは残すとか、あるいは町の主要な道路の道筋はそのままにするとか。

私の実家はいわき市北部の久之浜ですが、町が区画整理でまったく変わってしまったので、かつての面影はほとんどありません。津波で流されてしまったし、火事にもあったし……。だから、双葉町への帰還を望む人たちが帰ってきたときに町の面影がなくなっていたら、自分の故郷という意識をもてなくなってしまうような気がするのです。そんなとき伝統芸能や文化財は、その接着剤になるのではないかという気がしています。

川内　実際、福島に限らず津波の被災地は、行くたびに様子が変わっていて、外から行く人間でもそう思うのですから、もともと住んでいた人は「帰ってきた」というより「変わってしまった」という意識のほうが強くなるかもしれませんね。

吉野　私も実家に帰るたびに知らない町に来たような違和感を憶えるのです。かつて遊んだ海・山・川、その場所がこんなにも変わってしまって、自分が住んでいた町ではないように思えてしまいます。それで、帰らなくてもいいと思うようになってしまうと、町がつながらなくなってしまいます。

社会教育施設が創る、地域の人と文化

大門　別の地域の話なのですが、陸前高田に二年に一回ほど通っています。あそこはご存じのように、市街地が全部破壊されたので、復興に向けてようやく嵩上げが終わった状況です。行くたびに、巨大に変貌していきましたから、違和感が大きかったのですが、二〇一七年九月に行ったときに、嵩上げをして中心部にしようと計画している場所に、地元の商店街を集めた商業施設と図書館を併設する複合施設（アバッセたかた）が建っていました。

　計画は知っていましたが、この図書館併設が陸前高田にとっては肝だということがよくわかりました。もともと陸前高田は社会教育がすごく盛んなところでした。市立の博物館があり、それも三年後の再建が決まりました。一昨年にはコミュニティホールができました。嵩上げですから、以前とは全然違う風景なのですが、マイヤという小さい地元のスーパー＋お店＋図書館という、地元の人が来て本を借りて、お店で買ったり食べたりとかしているその空間が、今日の話で言えば民俗芸能にあたる位置づけのように私には思えました。もちろん、陸前高田に行ったときに民俗芸能のことを思っていたわけではありません。ですが、三陸沿岸のようにどこもかしこも巨大な嵩上げ地域で、かつての風景は臨めないときに、人びとが集まる核と言うのでしょうか、地域復興の鍵みたいなところに図書館やコミュニティホールのような人が集う場所をおいたこと、その陸前高田の選択に、「希望」があるのではないかという感じがしました。

吉野　やはり、人が集まるスペースというのは大事ですよね。かつての風景が見られないのだとすれば、

見慣れた顔がそこに集まってくるということが、きっと落ち着くんだと思うのです。

今、陸前高田の博物館で復興にかかわっている学芸員は、昔、双葉で発掘調査を手伝ってくれた人なのです。

大門　熊谷さん？

吉野　熊谷さんです。

大門　二〇一七年に陸前高田に行ったときは、博物館の再建がまだ決まっていなかったのですが、その後、再建が決まったので、ともかく何かかたちあるものにはなっていくということでした。

吉野　うちの町の復興計画のなかに双葉町の歴史民俗資料館の再興が記されています。双葉町も「文教のまち」と言われていて、資料館の近くに図書館や児童館がありました。博物館や図書館は一つの新たなランドマークになるでしょうから、できればそういうところに震災資料の展示を一緒にできたらいいなと思います。今、白河に避難している資料が元のサヤに収まって、なおかつ震災資料の保存と展示がそこでできればいいなぁ、と思ってはいるのですが。

大門　双葉町は「文教のまち」と言われているのですか？

吉野　一応、「文教のまち」ということで文化と教育に力を入れています。国指定の遺跡などもあり、また昔から教育に力を入れていたということもあって。双葉高校の前身は旧制双葉中学校なのですが、かつて福島県の浜通りの旧制中学は北の相馬中学校（現・県立相馬高校）と南の磐城中学校（現・県立磐城高校）だけで、その間には旧制中学がなかったので、双葉郡の人たちは寄宿舎に住むか通うかしなければいけませんでした。

双葉郡は、昔は「陸の孤島」と言われていました。これといった産業がなく農業中心だったのですが、旧制中学を誘致することで、ここの子たちの教育水準を上げようと署名運動はじめ誘致運動が始まるのです。富岡と双葉とが設置場所について綱引きをするのですが、最終的には一九二三（大正一二）年に双葉にできました。そういうことがあって、教育にはけっこう熱心な町なんです。

大門　陸前高田も「陸の孤島」と言われていたのです。似ているかもしれないですね。文化的資源というか、それを地域の中心に据えるのは。

吉野　というか、資源としては文化とか教育しかないんだと思います。

大門　消極的に言えばそうなのですけれども、それが、たとえばこういう事態になったときに、実は大きな役割を果たすという話ですよね。

川内　先日チラシで見たのですが、「まほろん」で双葉高校史学部の展示（企画展「双葉高校史学部の歩み」一七年一二月一六日〜一八年三月四日）が行われ、そこで吉野さんが講演会をされていたことを知りました。

吉野　たしかに、双葉高校の史学部は地域の歴史研究に力を発揮しています。ですが別な面で言うと、不思議なことに双葉町には郷土史研究会などがないのです。浪江とか大熊にはあるのですけど。双葉高校の史学部は広範囲に活動していて、相馬やいわきのほうまで遠征して見聞を広めたり、磐城高校や相馬高校の社会部や史学部などと交流したり、発掘調査の手伝いなども相当しています。

川内　それは現役の高校生がやっているのですよね？　吉野さんが高校生の頃からでしょうか。

吉野　もっと前からです。史学部の前身の社会科研究会ができたのは一九四七（昭和二二）年ぐらいでしょうか。それがやがて史学部になるのですけれど、ほかの学校もそういうパターンが多いようです。磐城高校や磐城女子高校（現・県立磐城桜が丘高校）もそういうパターン辿っています。

大門　いわゆる社会科の発足が背景にあるんでしょうか？

吉野　歴代の顧問はだいたい社会科の先生か国語の先生でした。そういう活動のなかで収集していたいろいろな資料を今回の震災でレスキューしました。双葉高校は現在休校となっていて資料が宙に浮いてしまうので、「では、町に全部寄贈します」ということで、レスキューしたものを今、「まほろん」に保管してもらっています。それを元に、この前展示をしました。

実は、うちの教育長は僕の二代上の部長で、若かりし頃、史学部のみんなでお風呂に入っている写真が残っていました。同級生や一つ下の後輩などと一緒にお湯につかっている写真です（笑）。これは教育長、これ誰々さんって感じで、知っている人たちが写っています（笑）。

川内　その頃の人たちが今でも町の教育行政にかかわってらっしゃるんですね。

吉野　そうですね。そのなかの何人かは教員になっていますし、先輩で二本松市の教育委員会の文化財課長をした人とか、古文書の整理にきている仁和寺の学芸員をしている人とか、ポロポロと地域史にかかわる人たちが出てきています。ですから、将来、同じような道を歩む人が出てくれるといいなということで、学校に呼ばれて歴史の話をしてきたりします。泉田邦彦君（石巻市教育委員会）などはうちの資料館のリピーターなのですよ。

川内　そうか、彼はもともと双葉町で吉野さんのところに出入りをして、それで歴史に物心ついたんですね。

吉野　まぁ親が連れてきたのですよね。兄弟を連れて、うちの講座に参加してくれていました。成人式が教育委員会の担当なので、毎年、資料館に来ていたリピーターの人たちの親と顔を合わせるのです。「今、どうしているのですか？」と聞くと、うれしいことに意外と資料館で影響を受けたという話が聞こえてきます（笑）。水棲生物観察会とか生き物の観察会などもやっていたのですが、そのときに「将来獣医になりたい」と言っていた子が、「今、北海道の獣医学部に行っているのですよ」と話してくれて、えぇ〜って。だから、資料館の存在はあながち無意味ではなかったのだなと思っています。

大門　今の話も陸前高田とまったく同じで、熊谷さん自身が「博物館のリピーターだ」って言っていました。その後のリピーターも出てきていて、受け継がれているんですよね。

吉野　ある意味、私もリピーターなのですよ。双葉高校の史学部で発掘のお手伝いをしてしまったために、考古学の道に足を踏み込んでしまった（笑）。

だから、双葉高校史学部という存在がすごく大きいですね。やはりそういう拠点となるところがあるのとないのとでは、すごく違います。あることがきっかけで、いろんな関心をもって、自分で切り拓いていく人たちがどんどん出てくるので。資料館をつくるときに「無駄金だ！」と言われましたけど、そういう子たちが出てきてくれるのだから、やはりそれはまるっきり無駄金ではなかったと思います。最初は議会で反対されて、ようやく議決されましたが、「金の鳥籠に雀を飼うようなものだ」と言われました（苦笑）。

私は嘱託だったので、途中で解雇されるのかとドキドキしながら議会運営を聞いていました。でも、こういうものがあってよかったと思いますよ。復興の足がかりになるのではないかと私は思います。

川内　そうですね。最後に現状のさらに土台の部分のお話を聞けたので、すごくよかったです。

大門　福島フォーラムでとても印象深かった吉野さんのお話でしたが、今日は今日でまた蓄積と展開と、両方のお話を聞けたので来てよかったです。

川内・大門　本当にありがとうございました。

第Ⅱ部

「生存」の歴史から問う分断と復興

第4章

被災地における「生存の条件」の形成・破壊・再建
――地域循環型「人間の復興」の歴史的基盤――

岡田知弘

はじめに

東日本大震災の復興事業は、二〇一五年度末をもって「集中復興期間」が終了した。安倍晋三内閣は、二〇年度までの五年間を「復興・創生期間」とし、被災地の「自立」を求め、被災地を「地方創生のモデル」とする方針を決定した。しかし、復興庁の発表によれば、東日本大震災から七年が経過した二〇一八年五月時点で、全国で六・五万人が避難生活を送っている。そのうち約四・五万人が福島県被災者であり、県外で避難生活をしている被災者は、「自主避難者」を除外しても三・四万人に達している〔復興庁　二〇一八a〕。

震災関連死のデータは、さらに深刻である。二〇一八年三月末日までに合計三六七六人に達し、うち福島県被災者が全体の六割にあたる二二二七人を占める。そのほとんどが高齢者である〔復興庁　二〇一八b〕。東日本大震災の地震・津波災害だけでなく、福島第一原発事故による放射能汚染の影響がいかに大きくかつ深刻であるかを示している。

二〇一五年一〇月一日現在の国勢調査人口を、五年前の同調査と比較すると、全国平均では〇・七％の減少率であったのに対して、宮城県は〇・六％である一方、福島県で五・七％減、岩手県で三・八％減となっており、異なる動きを示している。しかし、これは内陸部を含む県平均であり、実は県内の激甚被災地とそれ以外の自治体とは大きな格差を含みこんでいる。たとえば、宮城県内では女川町で三七・〇％減、南三陸町で二九・〇％減、山元町で二六・三％減となっており、津波による激甚被災地における人口減少が甚だしい。また、岩手県でも三陸海岸の大槌町で二三・二％減、陸前高田市で一五・二％減、山田町で一五・〇％減となっている。これら両県の津波被災地以上に深刻なのは原発事故にともなう避難指示区域になった福島県の自治体である。富岡町、大熊町、双葉町、浪江町で一〇〇％減、飯舘村で九九・三％減となっているほか、一部避難指示区域のある自治体、あるいは同区域が解除された自治体における人口減少率も甚だしい。葛尾村で九八・八％減のほか、楢葉町で八七・三％減、川内村で二八・三％減、広野町で二〇・〇％減、南相馬市で一八・五％減となっているのである。

七年以上の歳月が流れ、民主党政権下で開始された「創造的復興」、さらに第二次安倍政権が進めた「アベノミクス」のもとで、被災者の生活や地域産業の復興がなされたどころか、むしろ大きな「復興格差」が内陸部、津波被災地、原発災害被災地の間で広がっている。しかもそれは、激甚被災地での人口の大幅減少に示されるように「地域社会の消滅」の危機を現実のものにしつつあると言える。

激甚被災地での人口減少は、災害の直接犠牲者に加え、被災後の人口流出や震災関連死によるものである。被災地に「戻れない人びと」、「戻らない人びと」が増加していることを意味している。それは、被災地における人びとの「生存の条件」の崩壊あるいは再建の大幅な遅れによるものである。人間が生存するためには、衣食住の最低の生活条件だけでなく、安全な自然環境、暮らしを支える産業と就業機会、そして保育、教育、医療、福祉等の社会的サービスが生活領域としての比較的狭い地域の広がりのなかで形成されることが、必要不可欠である。その産業活動や社会的サービスの主体である、企業、農林漁家、協同組合、ＮＰＯ法人、そして地方自治体の事業が継続的になされてはじめて「生存の条件」は整う。だが、東日本大震災の少なくない被災地では、いまだそのような再建はなされておらず、むしろ災害時点の被災に加え、長期にわたる時間経過の重圧が被災者の暮らしにのしかかっていると言える。

他方で、被災地において、「惨事便乗型復興」ではなく、「人間の復興」をめざして、被災者自身が「生存の条件」を再建する営為がなされはじめていることを、岡田［二〇一二、二〇一三］などで指摘した。被災から七年以上が経過するなかで、この営為が確実に広がり、かつそれを裏づける多くの記録資料が、少なくない被災地において編纂、情報発信されるようになってきている。

筆者は、昭和恐慌後の冷害凶作と昭和三陸津波を契機に開始された戦時期の東北振興事業の歴史を一九八〇年代から研究し、それが国家総動員資源政策の一環に位置づけられ、財閥資本の東北進出や東京への電力供給体制の形成に帰結したことを明らかにし、東日本大震災から復興にあたってもこの歴史的教訓から学ぶ必要があると繰り返し指摘してきた［岡田　一九八九、二〇一二］。しかし、初期の東北振興事業研究においては、あくまでも国の国土開発政策の歴史的形成過程と資本蓄積との関係性を明らかにすることを目的にしており、東京と東北との支配従属関係に視点をおいた研究にとどまっていたと言える。それは、史料的限界によって増幅されてもいた。

その後、東北史研究は、近現代史の領域では河西〔二〇〇一〕に代表されるように「東北」観の歴史的相対化と「東北」地域内部における多様性の解明に進んでいった。とりわけ、東日本大震災後、大門・岡田・河西・川内・高岡の『「生存」の東北史』（二〇一三年）と交差しながら、考古学的世界から現代にいたる地域史研究が進展し、入間田宣夫監修『講座　東北の歴史』全六巻（二〇一二〜一四年）や東北史学会・福島大学史学会・公益財団法人史学会編『東北史を開く』（二〇一五年）等が公にされた。それらに共通している問題意識は、「東北」という地域的枠組みの再検討であり、「中心―周縁」といった問題のとらえ方の見直しである〔柳原　二〇一五〕。

本章もこのような問題関心に立つものであるが、岡田〔一九八九〕の方法論に伏在する「中央史観」の限界を克服するために、東日本大震災被災地の地域の内在的な史的発展に着目し、そこでの人びとの「生存の条件」の形成過程を近代以前にさかのぼりながら確認したうえで、その歴史的射程のもとで東日本大震災での「生存の条件」の破壊と、そこからの再生、再建の営為と可能性を、とくに地域産業史の視点から把握することを課題としたい。その場合、「中央史観」において決定的に欠落しているもう一つの問題である、人びとが生存活動を継続している「生活領域」における「人間らしい生活」の破壊と被災者が主体となった再建――これを「人間性の復興」と表現する〔岡田　二〇一三〕――という視点によって分析することを意識していきたいと考える。

このため、本章では、激甚津波被災地である岩手県陸前高田市と原発事故による核災害被災地である福島県浜通りを主たる素材とし、①「生存の条件」の形成と災害による破壊の地域性を、歴史的視点から確認したうえで、②被災地における近世以来の地域形成（地域づくり）の歴史から学ぶべき点を、③自然との関係性、生存のための生業と産業の形成、さらに生存を支える医療・教育・福祉、それらを包括する地域自治・地方自治と住民の自治力の形成という視点から、明らかにしてみたいと思う。

1　震災七年後の津波被災地と原発災害被災地

（1）生活再建の遅れと被災地内格差

すでに述べたように、人口減少という指標をとると、震災七年を経過して、被災地のなかでも原発災害地域が最も深刻で、これに津波被災地域が続くというかたちをとっており、激甚被災三県の内部における復興格差を暗に示していた。

別の指標をとってみよう。災害復興公営住宅の二〇一五年度末までの整備状況は、対計画戸数比で、岩手県約六割、宮城県約六割に対して、福島県では約五割とされているが、福島県のうち原発避難者向け住宅は約三割の進捗率にとどまっていた。

また、「創造的復興」の目玉施策の一つでもあった「高台移転」の進捗率は岩手県三九％、宮城県五一％、福島県四三％（ただし計画未確定の旧警備区域市町村の戸数は含まず）となっていた［復興庁　二〇一六］。岩手県では地形的に高台移転候補地が少なく確保に時間がかかったこともあるが、宮城県でも半数にとどまっている。これは、高い防潮堤建設にこだわり、復興計画の策定や高台移転計画の合意に時間がかかったことなど政策的要素が強く働いている。

いずれにせよ、住宅再建が進捗しないなかで仮設住宅生活が長期化し、そこで体調を崩す高齢者が増えたり、復興公営住宅の建設を待ち切れずに他所に移動したり、住宅の自主再建を行う人が増え、仮設住宅の自治会活動が低調になるといった震災八年目特有の問題が津波被災地域、原発災害被災地に共通して生じている。そのなかで最も深刻な状況におかれているのは、後者である。

原発災害被災地においては、放射能汚染と除染の遅れが、生業・営業再建と住宅再建、住民の帰還を困難にしている。二〇一六年一月末日時点での国直轄事業での除染率は、宅地で浪江町三七％、冨岡町八六％、南相馬市八七％、双葉町八七％にとどまっていたうえ、農地では南相馬市三三％、浪江町三六％、飯舘村五五％、富岡町七八％、双葉町八四％、生活圏の森林では双葉町が三八％、南相馬市五〇％、浪江町五五％、飯舘村八六％という進捗状況であった［復興庁　二〇一六］。政府は、「二〇一八年三月一九日までに、八県一〇〇市町村の全てで面的除染が完了」したと発表しているが、そこからは双葉町、大熊町、浪江町、富岡町、飯舘村、葛尾村の帰宅困難地域は除かれているのである［復興庁　二〇一八a］。

（2）「生存条件」としての地域産業・生活の破壊と事業再開

なかでも、農地や山林、海という自然資源を生産手段にしていた農林漁業、それらの関連産業は、被災地現地での事業再開がきわめて厳しくなっている。ちなみに、二〇一〇年と一五年の農林業センサスによって、農業経営体（農家、法人含む）の五年間の減少率を見ると、岩手県沿岸部で二五・三％（県平均一七・六％）、宮城県沿岸部で三四・〇％（県平均二三・四％）に対して、福島県沿岸部では四六・四％（県平均二五・八％減）というように大きな格差があった［農林水産省 二〇一六］。たとえ生産が再開されたとしても、市場に出荷し、再生産可能な価格を実現するためにはかなりの時間を要する［濱田・小山・早尻二〇一五］。古代からこの地の住民の生活を支えてきた生業が、原発事故によって長期にわたって破壊され、その地域に人びとが住めなくなるという取り返しのつかない事態に立ちいたっているのである。もっとも、自然と人間社会の物質代謝の切断による「生存条件の危機」は、農林漁業にとどまらない。

就業機会や生活用品を供給してくれる小売店、ガソリンスタンドだけでなく、医療・福祉サービス施設が近隣になければ安心して生活することができない、乳幼児や高齢者を抱えた世帯も、故郷に戻ることはきわめて困難である。このことは避難指示区域を解除された葛尾村で二割弱、飯舘村で一割台の人しか帰村していないこと（各村ホームページ、二〇一八年一二月一日時点）にも如実に表れている。

表1は、民間調査会社の帝国データバンクが、震災後定期的に実施してきた「東北三県・沿岸部『被害甚大地域』五〇〇〇社の追跡調査」をもとに、事業再開状況を示している。同調査は、帝国データバンク

表１　被害甚大地域5000社の事業再開状況推移　（単位；％）

		2011年6月	2012年2月	2013年2月	2015年2月	2016年2月
岩手県1224社	事業再開・継続	56.1	81.6	83.9	82.8	81.5
	休廃業	11.0	16.0	16.0	17.2	18.5
	実態判明せず	32.8	2.4	0.1	0.0	0.0
宮城県2190社	事業再開・継続	59.6	62.8	85.0	83.8	82.4
	休廃業	10.2	14.3	14.5	16.2	17.6
	実態判明せず	30.2	3.0	0.4	0.0	0.0
福島県1205社	事業再開・継続	23.7	31.3	35.5	37.4	39.6
	休廃業	13.7	58.5	62.8	62.6	60.4
	実態判明せず	62.7	10.2	1.7	0.0	0.0

出所）帝国データバンク「第５回　東北３県・沿岸部『被害甚大地域』5000社の追跡調査」（2016年３月２日）。

が、岩手、宮城、福島三県沿岸部の「津波被害が特に大きかった地域」と「原発事故による警戒区域・計画的避難区域（当時）」に本社をおいていた五〇〇四社について追跡調査を行っているものである。帝国データバンクが捕捉している企業であるので、各地域における比較的規模の大きな企業群を対象としていると考えられるが、大方の傾向を探ることができる。

同表によると、二〇一六年二月時点で事業再開をしている企業の比率は、岩手県と宮城県では八〇％程度であるのに対し、福島県企業の場合四〇％弱にとどまっていることがわかる。また、表２で業種別事業継続（再開）率を見ると、運輸・通信業が最も高い八六％となっているが、建設業で七一％、小売業にいたっては六三％と最も低い水準になっている。福島県では多くの住民が長期にわたる避難を余儀なくされているうえ、宮城、岩手の両県の津波被災地も含めて住宅建設が遅れていることの反映であると言える。そのため人口とともに顧客が大幅に減少した地域で小売業の再開が困難な

表２　業種別事業再開・継続状況（2016年２月時）

	調査会社数	事業継続数	事業継続率
建設業	1742	1238	71.1%
製造業	614	456	74.3%
卸売業	601	470	78.2%
小売業	770	488	63.4%
運輸・通信業	244	209	85.7%
サービス業	807	579	71.7%
不動産業	85	58	68.2%
その他	141	100	70.9%
合計	5004	3598	71.9%

出所）帝国データバンク「第５回　東北３県・沿岸部『被害甚大地域』5000社の追跡調査」（2016年３月２日）。

状況が広がっていることを示している。

もっとも事業を再開したとしても、売上や利益が震災前の水準にまで回復したわけではない。同調査によると、二〇一四年度の売上高が震災前の二〇〇九年度水準以上に回復したとする企業の比率は平均で五四％であった。ただし福島県企業は、四九％にとどまっている。しかも、五〇〇〇社を業種別に見ると、増収企業では建設業の七四％が突出しており、事業再開率が高かった運輸・通信業でも四〇％、卸売業で四三％にとどまっているほか、不動産業で三七％、製造業で四三％、小売業で三九％となっており、復旧・復興の波及効果が限られ、かつ生活再建による回復力の弱さが響いていることがわかる。

（3）災害で露出した歴史の地層

災害は、被災の客観的現象形態としても、被災地論や復興論における主観的な言説としても、歴史的に堆積してきた社会的地層や岩盤を露わにする。福島県で震災後七年を経ても復興が進まないのは、明らかに福島第一原発事故による放射能被害の深刻さからであり、同原発が東京圏への電力移出を担っていたからこそ、首都圏の電力需給は不安定化し計画停電を余儀なくされた。東京の経済は、福島県内からの電力融通なしには成り立ちえない構造であった。

同様に、福島県から岩手県にいたる東北自動車道沿いに立地する部品供給工場や高速道路等のインフラが破壊されたことによる「サプライチェーン」の寸断は、政府の復旧・復興構想の重要な柱に、サプライチェーンの再建を位置づけさせることになった。

以上のように、東日本大震災は、ひとまず中央政府・東京の大企業から見た、エネルギー・原材料供給市場としての「東北」を浮き立たせた。それは同時に、中心としての東京と周辺としての「東北」という典型的な地域像である。

さらに、時代をさかのぼれば、このような資本主義の再生産構造における「中心—周辺」関係は、一九三〇年代の東北振興事業において形成されていたこともすでに見たとおりである。歴史の地層をさらに深く掘り下げると、一九一〇年代以降における東北地域での寄生地主制度の発達による小作米の東京移出構造の形成と小作農の貧困化に示されるような、東北地域の全般的「後進地域化」の定着期を見出すことができる［岡田　一九八九］。

では、なぜ一九一〇年代に東北地域が「国内植民地」とも表現されるような空間となり、東京から隔絶した九州地域はそのような表現がなされることがなかったのか。その第一の原因は、明治維新期の政治的対立に求めることができる。周知のように、討幕運動を率いたのは薩長土佐といった九州・中国・四国の諸藩であり、これと対抗して佐幕派として抵抗したのは会津藩を中心とした奥羽越列藩同盟であった。維新政府発足後、薩長政権は東北各藩に対して、のちに述べるような藩領の没収や共有地の官有地化率の高さに示される「行政上」の差別を行ったのである〔岡田　一九八九〕。その外周には、さらにアイヌを征服しての軍事力による北海道拓殖、さらに琉球王国を従属化させた沖縄処分と「皇国化」があったことも近代国家日本の地政学上、忘れてはならないことである。

第二に、近代日本の地域経済構造上の東北の位置がある。東北は東京圏に連続する関東と隣接する位置にあり、それだけ東京市場に近接し、輸送コストもかからないため米をはじめとする食料や原材料の移出拠点になりやすい条件にあった。深川米市場では当初海路で運ばれていた九州米が有力であったが、東北本線や奥羽本線の開通によって東北の大規模地主が出荷する東北米が市場を制覇することになる〔持田　一九七〇〕。この寄生地主の経済的・政治的な力の強さが工業化に象徴される東北地方における資本主義化を遅らせてしまい、かつて講座派の旗手である山田盛太郎が「半隷農主的巨大地主」と呼んだ「半封建的」農業構造が牢固として存在しつづけるのである〔山田　一九三四〕。資本主義発展の中心となる近代都市の周辺部に、封建的な地域が残ることは、レーニンがロシアの地域構造を研究し指摘していたことでもあった。ロシアにおいても「ずっと以前から人の住んでいる古い地域における資本主義の内包的発展は、辺境の植民地化の結果、阻止される。資本主義に固有な、そして資本主義によって生み出される諸矛盾の解決は、資本主義がたやすく外延的に発展できる結果として、一時延期される」〔レーニン　一九五四〕としたのである。日本の場合、辺境は北海道であり、北海道への移民がなされることにより、むしろ東北地域での資本主義の内包的発展が抑えられることになったと考えられる。

ただし、これは「一時的」なものであり、山田盛太郎ら講座派の論者が述べたように固定化されたものではなかった。ここで問題になるのは、その内包的発展の主体が、歴史的にどのように存在し、災害や戦争といった危機局面も乗り越えて、いかなる自律的な発展を遂げてきたかである。この点を、激甚被災地である陸前高田と福島県浜通り地域を事例に追跡していきたい。これらの歴史を知ることで、今後の復興に向けた教訓やヒントを得ることができるのではないかと考える。

2　陸前高田の内包的発展と災害・開発圧力との対抗

(1)　仙台藩から宮城県・岩手県へ

現在の岩手県陸前高田市域は、近世においては仙台藩に属していた。気仙郡として、現宮城県気仙沼市域と一体となっていたのである。戊辰戦争の敗戦で維新政府によって領地を削減されるまで、仙台藩は現岩手県にあたる胆沢郡や江刺郡も含んでいた。しかも、藩主の伊達家は、仙台の遠隔地にあたる気仙郡においては、大庄屋（大肝煎）による地域自治を認めていた。また、東日本大震災まで高田松原として景勝地となっていた防潮林は、仙台藩の後押しのもと高田の豪商・菅野杢之助らによって造成されたものであり、その後の新田開発も進んだ。幕藩時代後期において養蚕・製糸業の育成がなされる一方で、気仙大工と気仙壁で有名な建築職人集団も台頭してくる。

ところが、戊辰戦争が勃発し奥羽越列藩同盟に参画した伊達家は、領地削減の処分を受ける。この結果、仙台藩は六二万石から二八万石に減封されることになり、領地は半減する。気仙郡は新政府直轄領となり、取締役として松代藩と松本藩が任命され、のちに松本藩が単独で所管した。一八六九（明治二）年には全国的な廃藩置県に先立ち、「三治の制」によって花巻県の下におかれる。その後、江刺県、一ノ関県、水沢県、磐井県と変遷し、七六（明治九）年四月には気仙郡をはじめとする陸前国の諸郡は宮城県に属することになる。ところがそれから一か月余り経過した同年五月、陸前に属する気仙郡（陸前高田地域）は、宮城県に属する本吉郡気仙沼地域や桑折地域と切り離され、岩手県管轄に編入されて、現在にいたることになる［陸前高田市史編集委員会　一九九六］。

このように戊辰戦争を挟んで、陸前高田の統治機構は大きく揺らぐことになったが、当地では幕藩時代以来仙台藩による奨励策もあって、「奥仙」と呼ばれる生糸と蚕卵紙の生産が農村家内工業として盛んに行われていた。明治初期において、気仙だけでも二〇人くらいの生糸買商人がいたとされ、東京や京都方面へと移出されていた。その輸送手段は船であった。だが当時は、東京湾汽船（東京資本）に依存せざるをえなかったという［陸前高田市史編集委員会　一九九六］。

（2）　明治三陸津波（一八九六年）後の陸前高田地域での内発的な「産業革命」

一八九六（明治二九）年六月一五日午後七時三二分頃、三陸沖海底を震源とするマグニチュード七・六の大地震による大津波が三陸海岸を襲った。広田村で二六・七メートルにも達する津波であり、現陸前高田市域での犠牲者は八一七人、全壊・流出家屋数は二八四戸に達した。犠牲者は、外海に面した広田、小友村に集中しており、漁船もほとんど流出したという〔陸前高田市史編集委員会 一九九九〕。

その後の陸前高田の復興は特筆すべきものがあった。一九〇〇年に製糸業・生糸商を基盤にした気仙銀行が創設される。気仙郡では、器械製糸の台頭が目覚ましく、〇三年には岩手県内の七〇工場のうち二二が気仙郡にあった。〇一年には激甚被災地の小友村で県下初の産業組合（小友信用組合）による製糸工場もできている。

また、一九〇九年には広田村で岩手県初となる動力船の建造が佐々木大三郎の手で行われ、小型動力船の普及が進み、遠洋漁業に展開するきっかけとなる。ちなみに、日本初の動力船は〇六年に静岡県水産試験所で建造されたものであり、同年には気仙沼でも動力船が建造されていた。

さらに、域内での物産を移出するためには地元海運会社の設立が必要とされ、創立事務所を気仙銀行内においた三陸汽船が一九〇八年に設立された。

他方、水産加工業の発展も見られ、養殖業育成のための岩手県水産組合が、気仙郡の全漁業組合が参画するなかで設立され、広田村で竹輪・蒲鉾・缶詰といった水産加工事業を開始したのも一九〇七年のことであった。

一九一三年には、戸羽一、鈴木幸太郎らの発起により気仙水力発電株式会社が設立され、現大船渡市内に日頃市村発電所を建設、陸前高田地域には一六年に電気が点灯することになった。こうして、明治三陸津波の被害から立ち直り、地元の資本家や農漁業者が内発的に近代社会の基盤をつくったのである〔陸前高田市史編集委員会　一九九六]。

(3) 昭和三陸津波(一九三三年)・東北大冷害(一九三四年)と東北振興事業

一九三三(昭和八)年三月三日午前二時三一分頃、釜石沖を震源地とするマグニチュード八・三の巨大地震と大津波が発生し、またもや三陸海岸が襲われた。このときの陸前高田地域の死者・行方不明者は一〇六名、全壊・流出住家数は二二三戸に達した。翌年には大冷害が東北六県を襲い、気仙郡では米が七割以上の減収を記録した。政府は、東北振興事業によって、国家総動員資源政策の一環として東北被災地での電源開発と重化学工業化を、東北振興電力株式会社と東北興業株式会社を設立することにより推進する[岡田　一九八九]。

この事業の一環として、気仙地域では、現住田町下有住に八鉢鉱業所(東北興業直営・金銀採掘)が設置されたほか、大船渡の東北セメント(現・太平洋セメント)にセメント原石を輸送するために岩手県主導で岩手開発鉄道株式会社を設立する(盛~日頃市村~遠野連絡)。また、経営危機に陥った三陸汽船救済のため東北船渠鉄工株式会社を設立する。ただし、同社の本社工場は、釜石から塩釜へ移ることになり三陸海岸から離れた。

一九三〇年代半ばに入ると、被災した地元資本の弱体化を横目に、東京に本拠をおく大企業の進出や県内資本の集中が目につくようになる。すでに、二八年には金融恐慌によって気仙銀行は岩手銀行に吸収合併されていたが、地域の基幹産業であった製糸業では、片倉製糸が進出し、産組製糸の合併吸収を進め高田工場は廃止となった。また、三陸汽船は大船渡線の開通（三五年）による輸送量減少で航路廃止（四三年）となる。さらに、気仙水力電気も、三六年に三陸水電に合併されたのに続き、四二年には東北配電への吸収によって、三陸での本社機能が消滅する。このように、戦時下に入るにしたがい、陸前高田における地元資本の自律的再建の道は困難化したのである［陸前高田市史編集委員会　一九九六］。

（4）陸前高田市の誕生と企業誘致

アジア・太平洋戦争後の一九四八（昭和二三）年に、地方自治制度改革がなされるなかで、岩手県気仙郡下では再び宮城県編入論が台頭し、宮城・岩手両県議会をまたぐ問題に発展するが、結局宮城県への移管は実現しなかった。

かわって一九五〇年代には「昭和の大合併」が地域の中心問題となる。陸前高田地域では、高田町・気仙町・広田町・小友村・竹駒村・矢作《やはぎ》村・横田村・米崎村が対等合併し、陸前高田市が五五（昭和三〇）年に発足する。

ここで注目したいのは、同合併時に策定された「新市建設計画」に示された基本方針である。そこでは同市域が国土総合開発法によって北上川特定地域総合開発地域に入っていたことから、工業化による「総合的な産業都市」づくりがめざされていた。その一環として、同年には陸前高田市工場誘致条例が制定されている。

だが、結果的に市制施行後の一〇年間、一社も誘致できずに終わる。他方で、県立高田病院（一九五六年）、市立博物館（五九年）、市立図書館（六七年）など医療、社会教育施設の充実が進み、地区・中央公民館の整備も進んだ［陸前高田市史編集委員会　一九九六］。

（5）広田湾開発構想・リゾート開発構想をめぐる対立

高度経済成長の絶頂期にあたる一九七〇年、当時の熊谷喜一郎市政下で広田湾開発構想が浮上する。熊谷市長は「新市総合開発計画（基本構想）」のなかに広田湾工業開発を掲げ、「船舶の大型化、専用化に対応できる大型工業港が広田湾に築造され、鉄鋼・船舶・食品などの大規模な臨海工業地帯が開発され、大船渡木材工業港とともに、三陸臨海大規模工業地帯を形成し、岩手県全域の発展進度を強める大きな役割を果たす」としたのである。このような臨海工業地帯構想に対し、漁業関係者による反対運動、市民による公害反対運動が起こり、結局広田湾開発構想は挫折する。ちなみに、同構想に対して最初に反対の声をあげたのは米崎町漁業協同組合であり、同組合は「同計画は漁業者の生活権を奪い、生産向上をめざす漁民の夢と希望を失わせる施策であり、断固反対する」としたのである［陸前高田市史編集委員会　一九九六］。さらに、この漁業関係者とともに地元醸造業の代表でもある八木澤商店の河野道義社長とその息子である和義・正義も、公害問題研究者の宇井純との親交を深めながら広田湾開発構想反対運動に取り組んだ［友澤　二〇一四］。

市当局による企業誘致による臨海開発構想と漁民、市民の「生存の条件」をめぐる対立は、一九八〇年代半ばのリゾート開発構想まで及ぶ。当時、政府は、第四次全国総合開発計画の一環としてリゾート開発を推進していた。八七年にはリゾート法が制定され、国と岩手県主導で広田湾工業開発にかわるリゾート開発構想が浮上していた。八九年には、三陸海岸地域が「さんりく・リアス・リゾート地区」として指定され、そのなかにあって陸前高田市は「海洋性レクレーション」の重点整備地域とされ、野外活動センター等の整備が計画された。

当時の菅野俊吾市長は、この構想を推進し、一九八九年にはリゾートホテル（キャピタルホテル１００）を建設、開業する。しかし、バブルが崩壊することで、ホテルの経営破たんと市による第三セクターへの公的資金投入問題が発覚し、市政の重大問題となる。

これに対して、市民の間で「陸前高田市政を考える市民の会」が結成され、その中心に中里長門市議（共産党）と戸羽太《ふとし》市議（自民党）が座り、リゾート開発反対の市民運動が展開する。二〇〇三年には、その運動の帰結として中里長門市政が誕生することになる［中里　二〇〇三］。

（6）内発的な地域産業づくりと津波災害

中里市政は、これまでの企業誘致によるリゾート開発から、地域産業・医療福祉重視の政策へと転換し、タラソテラピーの建設中止、県立病院診療科充実、乳幼児医療費無料化、国保税引き下げを公約し、実現していく。また、政府や岩手県による「平成の大合併」推進圧力に抗して、合併せずに自立の道を選択する。

地域産業政策の面では、農林漁業を基盤とし地域資源を生かした地域循環型の内発的産業形成への支援を強める。たとえば、農林水産業支援策として、造林から木材加工を一体化した気仙木材加工協同組合連合会の団地形成を支援し、天皇賞を受賞する。また、農協、県農業普及センターと連携した農業振興対策室を設置し、大手食品会社とのトマト契約生産も実現する。また、生活基盤である市営住宅・学校・保育所・公民館の建設・改築にあたっては、地元材を活用し分割発注することで、市内大工・業者の活用をはかる。道路・下水道工事も地元発注を優先した〔藤倉 二〇〇六、下机 二〇〇七〕。

このような地域資源を活かした六次産業化は、行政が一方的に推進したものではなく、地域経済における主体形成があってはじめて実行しえたものである。その代表的企業の一つが、前述の八木澤商店である。広田湾開発構想反対運動をしながら、河野道義・和義親子は、有機大豆の契約生産による味噌・醤油製造を行い、「大地を守る醸造業」と自ら表現していた。文字通りの六次産業化を自覚的に追求していたのである。

その思いは、東日本大震災直後に事業を継承した河野通洋社長にも引き継がれた。河野通洋社長は、専務時代から気仙沼市の清水敏也・八葉水産社長の指導を受けて宮城県中小企業家同友会に参加し、二〇〇七年には陸前高田で自動車学校を経営していた田村満社長とともに岩手県中小企業家同友会気仙支部を設立した人物でもある。被災直後に、陸前高田市役所も大きな被害を受けるなかで、気仙支部では「一社もつぶさせない」をスローガンに相互に助け合いながら事業再開を追求する一方で、被災住民のための支援物資の配給や復興事業に積極的に取り組み、全国的に注目された企業である〔岡田・秋山 二〇一六〕。

陸前高田では、このような中小企業経営者運動とともに、医療や福祉の充実を求める社会運動の蓄積があったことも見逃せない。たとえば、民間の法人立保育園の存続が厳しくなった際に、父母の会、市職労保育所分会、法人職員連絡会の三者による共同運動で陸前高田市保育をよりよくする会が結成される。同会では、設置形態を超えて保育園のあり方を保護者と保育士が一緒に考える取り組みが長期にわたってなされ、法人立保育園を公立保育園に統合することに成功するとともに、保育条件の改善と労働条件の引き上げを同時に実現したのである［阿部　二〇〇四］。

また、岩手県が県立病院の再編を計画し、県立高田病院の存続が困難になった局面で、県立高田病院を守る会が結成され、市民と石木幹人病院長（当時）や病院関係者との交流のなかで病院の必要性が再確認され、県への存続要請が行われた［岩手地域総合研究所　二〇一〇］。この運動があったからこそ、東日本大震災の被災後の地域医療において県立高田病院は決定的な役割を果たすのである。

実は、中里市政下において陸前高田市は、二〇〇三年と一〇年の二度にわたる津波被害を受けている。このとき、養殖施設はじめ水産関連施設に被害があり、市単独事業での津波救援・復興対策が実施されている。〇三年には、個人の養殖施設復旧への補助、特定漁業共済掛金補助を県に要請し実現している。また、一〇年には養殖業被災施設撤去全額補助、共済対象外施設復旧費半額補助を実行に移していた［藤倉二〇一〇］。この経験が、東日本大震災時の市独自の事業に結びついていく。

中里市長が病気引退するなかで、二〇一一年二月六日に自民党籍のある戸羽太が中里を推した選挙母体から推薦されて市長に就任する。その翌月に陸前高田市は東日本大震災と津波に襲われ、「壊滅的打撃」と報じられるほどの犠牲を払うことになる。被害が大きかっただけに住宅地の高台移転や土地区画整理事業、巨大な防潮堤建設といったプロジェクトが国の主導でなされる一方、関東に本社をおく大型店の進出もあり、地域循環型経済の再構築にとって障害となる事態も生まれる。さらに、復興の生命線とも言える大船渡線の鉄路での再建は採算の見通しがつかないという理由でJR東日本および国土交通省によって拒否されている［藤倉　二〇一六］。

そのような逆境のなかでも戸羽市政は「誰にもやさしいまち」を目標に、住民の生活・生業再建のために独自施策を多数展開してきた。市では復興基金を財源に水道工事費、浄化槽設備費等、宅地まわりの補助金をつくり全壊世帯で最大二三〇〇万円を支援する制度をつくりだし、生業再建についても国の制度の対象外となる事業所を対象とした被災事業所再建事業費五〇万円を制度化している［伊勢　二〇一三］。

これらの陸前高田方式とも言える独創的な復興施策はこれまでの津波災害対策の延長線上にあるが、それらを要求してきた市民や漁民、中小企業経営者の取り組みが土台にある。前述の八木澤商店に代表される六次産業化の取り組み、同じく合宿方式の自動車免許取得事業を行っている高田ドライビングスクールの田村満社長らによる地元食材の調達に見られるように、農業林漁業と工業、サービス業をつなぐ試みが広がっている。地域の自然や資源を活かした内発的な地域産業、生業の再建を行う多数の経済主体が地域内経済循環をつくりながら地域経済・社会の再構築にかかわっている。

本書で陸前高田市の阿部勝建設部長が語っているように（対話5参照）、同市では嵩上げ工事によって形成された新市街地での地元店中心の商業施設づくりや防災集団移転において、商工会や地元自治会の意向を尊重しながら、市役所がUR（都市再生機構）とも協議して、地域内経済循環を重視した復興政策を展開してきた。住民の自発性を尊重するという点では、国保二又診療所で地域医療に取り組んでいる石木幹人所長も共通している（対話4参照）。しかも、この二人だけでなく、市立博物館の熊谷賢が語るように、多くの市民が陸前高田の自然史や先人の歴史を学びながら、地域を誇りに思い、その再生をはかる取り組みに参加していることが注目される（対話1参照）。

3　福島・浜通りにおける「生存」の歴史と現在

(1)　幕藩時代の福島県域と浜通りの原経済

近現代の福島・浜通りの地域経済の歴史を探ろうとした場合、陸前高田の場合と同様、幕藩時代にさかのぼる必要がある。現在の福島県域は、北海道、岩手県に続いて三番目に大きな面積を擁する。その領域が確定したのは、一八七六（明治九）年の廃藩置県で、旧福島県と会津県、磐前県が合併するとともに、戊辰戦争後仙台藩から切り離された刈田郡、伊具郡、亘理郡が宮城県に編入されたことによる。

福島県域の地政学的重要性は、徳川幕府も認めていたことであった。徳川幕府は当地を「奥州のおさえ」として位置づけ、中央権力に近い譜代の大名による一一の本藩および飛び地領・天領を配置し、その北側に外様の大藩を配置したのである。このため福島県域は、封建領主支配と規制が相対的に緩やかだったことから、「比較的順調な産業発達を享受することができた」と言われる。とりわけ信達（信夫・伊達）

地方の養蚕・製糸・絹織物業の発達は目覚ましいものがあった［小林・山田　一九七〇］。

　福島第一原発が立地し、東日本大震災による原発事故で多大な被害を受けた福島県浜通りの北部地域は、幕藩時代は相馬中村藩の領地であった。すなわち現在の相馬市、南相馬市、大熊町、浪江町、双葉町、葛尾村、飯舘村に相当する。ちなみに、浜通り地域最北部に位置する新地町は仙台藩領であり、廃藩置県で福島県側に編入された土地である。

　相馬中村藩は六万石であり、第七代藩主以後、譜代大名となる。同藩は、宝暦年間および天明年間にたびたび凶作に襲われ、餓死による人口減少、年貢の大幅減収問題に直面する。そこで一八世紀末から、越中の浄土真宗農民を中心に移民政策をとるようになり、一八四〇年代から二宮尊徳の指導による報徳仕法による藩財政の立て直しと農村復興事業を推進する。その「富国安民」政策は、各村の実態調査をふまえて実施され、戊辰戦争勃発までは財政再建面でも年貢や農民生活の向上という点でも顕著な成果をあげ、報徳仕法による成功事例として位置づけられるものになる。この報徳仕法の原理は、領主自らが年間予算を立てて上限となる「分度」を決め、「それを超える収入を窮民救済、荒地開発、治水や用水・排水の施設整備などの農村復興事業に推譲する」［大藤　二〇一四］というものであり、現代で言えば自治体による地域内再投資力と地域内経済循環を構築する方法と酷似したものである。

　相馬中村藩時代に形成された地域構造は、現代の基盤ともなっている。それは、城下町中村を中心とした商工業・職人の集積、交通の要衝での町場（原の町、小高坊、権現堂＝現・浪江等）の配置、さらに東廻り航路寄港地である原釜港、請戸港の形成というかたちをとって表れている。さらに、農林水産物や土といった地域の資源を生かした地場産業が形成されたのも幕藩時代である。岩本由輝［一九八〇］によれば、近世に興った地場産業のうち、土木建築、林産木工、竹細工雑貨、金属加工、紙、窯業（相馬焼、相馬駒焼等）、武具、農具、漁具、皮革細工、染色衣料、食品、工芸等約九〇の諸職が、一九七〇年代後半にも存続していたという。

(2) 地域資源を活用した近代産業の形成と中央資本による包摂・資源流出

戊辰戦争の際、相馬中村藩はいち早く官軍に降伏し、その戦線の一端を担った。このため明治維新後も藩領が安堵され、しばらく存続したが、前述の廃藩置県で福島県に糾合されることとなった。戦乱の地となった福島県域でも、以後、地域産業およびそれを担う資本家の台頭が見られるようになる。注目されるのは、近世以来の信達地方における養蚕・製糸・絹織物業の発展であった。とりわけ川俣では力織機化が電化と相まって急速に進み、二〇世紀初頭には小高（現・南相馬市）も機業地化することになる。一方、会津では、岩越鉄道（のちの磐越西線）の開通を機に酒造業、漆器業、陶磁器業の発展が見られるようになる。

電力会社も、県内資本による設立が相次いだ。一八九五年に開業した福島電燈株式会社（庭坂発電所の出力は三〇キロワット）、九九年開業の郡山絹糸紡績株式会社沼上発電所（三〇〇キロワット）がその例であり、いずれも県内の水資源を活用した水力発電であった［大石編　一九九二］。

もっとも福島県の包蔵する水資源や石炭資源に着目したのは、地元資本だけではなかった。東京資本によって、早くから注目されたのは常磐地域の炭田であった。一八八三（明治一六）年に、浅野総一郎・渋沢栄一・大倉喜八郎らが地元資本家の山崎藤太郎らの協力を得て、磐城炭礦社を設立し採炭事業を開始し、以後中央資本主導での炭田開発が進む。とくに、九八（明治三一）年以後、飛躍的な発展を遂げる。常磐地方は、「東京＝中央に最も近いエネルギー資源供給地として、中央から位置付けられた」［中武　二〇一四］のである。

東京資本が注目したのは石炭だけではなかった。京浜地方での急増する電力需要に応えるために、渋沢栄一らが遠隔地での大規模発電と遠距離送電計画をつくり、その最初の事業として猪苗代湖での電源開発を開始する。一九一一（明治四四）年に猪苗代水力電気株式会社が設立され、一五年に猪苗代第一発電所（三万七五〇〇キロワット）が完成し、二二五キロメートルも離れた東京に送電された。売電先は東京電燈であった。この送電距離は、当時世界第三位と言われ、電力の地産地消よりも、生産と消費の空間的分離が決定的なものとなった。そして、二三年には猪苗代電気は、東京電燈に吸収合併されることになり、福島県の大電源地域は中央資本のもとに包摂されることになったのである。なお、この猪苗代湖での電源開発は取水による水位低下問題を引き起こし、地元農業との利害対立を生み出したことに留意しなければならない［北村　一九八〇］。東京資本による電源開発は電力資源の域外流出だけでなく、地元農業の阻害要因にもなったのである。

さらに、県外資本の福島県への進出は、中通りの製糸業地域でも見られるようになる。前述した郡山絹糸紡績会社には渋沢栄一、大倉喜八郎らが発起人として参画しているほか、一九一二（明治四五）年には片倉組岩代製糸場がはじめて郡山に進出しており、その後も鐘紡などの県外資本の参入が相次ぐ。昭和恐慌後、弱体化した県内製糸業界に追い打ちをかけるかのように郡是《ぐんぜ》製糸も進出し、一九三四年には片倉・郡是など県外大手資本との特約取引量は県内繭生産量の七割に達した［大石編　一九九二］。

一九二七（昭和二）年の金融恐慌を機に、福島県の地域金融市場も一変する。それまで福島県の地域金融機関は、生糸金融から発展し、多数の設立をみていた。日本銀行は、一八九九（明治三二）年に生糸金融の中心地という理由で、北海道を除けば全国五番目の出張所として福島出張所をおいた（一九一一年に支店昇格）。当時の金融センターとしての福島に注目し、安田銀行、第一銀行、三井銀行といった県外銀行の進出もなされた。しかし、昭和の金融恐慌そして生糸価格の大暴落をともなった昭和恐慌によって、福島県内の地元銀行は次々と破綻していった［下平尾　一九八〇］。結局、福島商業銀行、福島銀行、第百七銀行、郡山合同銀行といった中通りの中堅銀行だけでなく、浜通り地域の相馬銀行、四倉銀行、浪江銀行、平銀行なども相次いで休業、破産に追い込まれていく。恐慌前に四四行であった地方銀行は一一行に集約され、逆に茨城県から常磐銀行（現・常陽銀行）が進出して平銀行を吸収合併したほか、山八銀行を合併し、桑折等の県北地域に進出した。また、仙台からは七十七銀行が、大正期に支店展開をしていた浜通りの中村や平に加え、恐慌後浪江銀行と原町銀行を買収、小名浜にも進出するなど浜通りに強力な地盤を築いた［大石編　一九九二］。このほか秋田銀行も恐慌後、福島県知事や郡山・福島両市長の要請を受け中通りに進出し、安田銀行など財閥系銀行も合わせた県外銀行の預金高は、二七年の一一％から三一年には五〇％超にもなったのである。他方、金融恐慌ののち地元資本で生き残ったのは郡山商業銀行や会津銀行、そして白河瀬谷銀行の三行であり、戦時下の一県一行政策のもとで合併して東邦銀行となり福島県の地域金融を支えていくことになる［大石編　一九九二］。とはいえ、福島県内の資金の地域内再投資力は三〇年代に入り、著しく弱体化したのである。

（3）戦時・戦後国土開発のもとでの福島

一九三三年の昭和三陸津波災害に続いて三四年に東北地方一帯を冷害凶作が襲う。これを機に国策として開始されたのが東北振興事業である。とはいえ、同事業が国策として遂行されたのは、決して東北被災地の復興のためではなく、国家総動員資源政策の一環であったことは、すでに繰り返し指摘してきたことである［岡田　一九八九］。

ちなみに、国家総動員資源政策の中枢機関である内閣資源局長官と東北振興局長を兼任した松井春生は、その著作のなかで、東北振興事業の「根本方針」は、「東北地方の疲弊を改善して国内の他の地方と略々同一の水準にし、其の経済生活・社会生活を引上ぐること」にあるのではなく「国運進展の重大時機に於て」「其の域内に包蔵する人的・物的資源の利用開発を企図」するところにあると明言していた［松井　一九三八］。

同事業は、投資会社である東北興業株式会社と東北振興電力株式会社（現・東北電力）の二つの会社を設立し、政府が立案した東北振興綜合五カ年計画との連携のもとに実施された。しかし、その実績を見ると、三井系資本の進出と、電力の独占、東京への売電の多さという帰結をともなった［岡田　一九八九］。

福島県に即して見るならば、東北興業株式会社が投資した合弁会社として、郡山に東北振興アルミニウム株式会社、福島に東北興業福島製作所が設立された。前者は、三井系の日満アルミニウム株式会社との合弁会社であった。

一方、東北振興電力株式会社は、阿武隈水系に蓬莱発電所と信夫発電所を建設する。だが、同会社の事業については、発電所建設段階から地元経済界との軋轢が存在していた。たとえば、福島商工会議所は発電所や送電線建設事業において被災地である東北各地の事業者への発注が少ないことを問題視して、一九三五年に「近時、奥入瀬発電所工事に関し、東北各地業者は大いに憤慨致居る実例を仄聞し、東北振興の見地より甚だ遺憾に存候、切に望くは両会社工事施工に当り、是非共地元業者をして御下命の恩恵に浴せらるる様、御詮議賜わらんことを重ねて要望」するとした文書を、知事・市長宛に提出している［福島商工会議所　一九六八］。さらに、発電所が完成し、運用されるようになった一九四二年一〇月の臨時東北地方振興計画調査会第二特別委員会において、川越東北興業株式会社総裁が「東北振電が出来て以来開発された電力の大部分は福島県であるが、其の三分の二は、東京地方に送電されて東北自体に使われるものは僅かだ。将来半分だ何割とは言わないがいくらか地方に残して貰いたいという希望がある」と発言し、福島県内で発電された電力エネルギーの三分の二が東京地方に流出していることに不満を表明していることが確認できる［岡田　一九八九］。

戦後、福島県は「産業綜合振興の構想と計画」（一九五〇年）を策定し、国が進める国土総合開発の一環としての只見特定地域開発に反映させようとしたが、岡田［二〇一三］でも指摘したように、地元の農家や農地を水没させて建設された田子倉ダムおよび奥只見ダムによって生み出された電力は、開発主体の電源開発株式会社を通して、東京へと送電されることとなった。結局、一九六七年度時点で、福島県内で開発された電力の四割が東京へと送電されたのである［福島県　一九七〇］。

奥会津での電源開発が進むなかで、当時「福島県のチベット」と言われた浜通りの大熊町・双葉町で、佐藤嘉一郎福島県知事が介在し、東京電力の原子力発電所誘致運動が開始される。一九六〇年に福島県が原子力発電所誘致計画を発表したのに続き、翌年には大熊町・双葉町が全町議同意のもとに全面協力を表明する。同地域は、戦後開拓農家が主力で、見るべき産業がなく、県内でも最も貧困と過疎に悩む地域であったことが、その背景にあった。ちなみに、福島第一原発に隣接する東北電力浪江・小高原発構想については、住民の粘り強い反対運動で計画通りには進まなかった。この地域では、水田農業を営む精農家たちを中心にした反対同盟による反発があったからである［中嶋　二〇一四］。地域農業の自律的発展を阻む原子力発電所は、とくに精農家にとっては受け入れられない存在であった。

（4）　原発をめぐるリターン（便益）とリスクの空間的乖離・分断

東京電力福島第一原発一号機が一九六七年九月に着工されて以来、大熊・双葉地域には七九年一〇月の六号機の運転開始まで合計六つ、総出力四七〇万キロワットの原発が集中立地する。いずれもアメリカのGE製の沸騰水型軽水炉である。また、七三年の石油ショックのあと、福島第二原発が、楢葉、富岡両町および町議会の誘致促進運動によって合計四基、総出力四四〇万キロワットの沸騰水型軽水炉が建設された。この間、田中角栄内閣のもとで、反対運動に阻止されていた東京電力柏崎・刈羽原発の立地を促進するために、電源三法が制定され、電源立地交付金制度が整備されたこともあり、立地自治体への金銭的便益の配分が、リスクと隣り合わせで行われることになる［岡田・川瀬ほか　二〇一三、岡田　二〇一六］。

以上のような浜通り地域への原発の集中立地は、リターン（税収、交付金等）とリスクの交換関係によって説明もできるが、この交換関係は同じ領域内での取引でも、金銭面での取引関係に単純に還元できないことを見ておく必要がある。

つまり、原発立地にともなうリターン（便益）は地元自治体や企業・地主に還流するだけではない。原子力発電所を建設する原子力産業、そして電力を売電して収益を得る電力産業、さらに政策的に安価にされた電力を購入する首都圏の事業者や消費者も、その利害関係にかかわる。ここで留意しなければならない点は、原子力産業が財閥再結集政策の一環として育成された歴史的経過からもわかるように、原発が独占体の商品である以上、原発立地点の地元企業への発注はきわめて限られたものであり、原発運転段階においても大量の域外下請け労働者を雇用する特殊な労働市場を形成していたことであり、固定資産税と同様、初期の電源立地交付金も運転期間が長くなるとその金額が逓減する仕組みになっていたことである。このために、新たな財源ほしさのために「麻薬効果」と比喩されるように、原発立地点では原発誘致が断続的になされることになったのである［北村　一九八〇、岡田　二〇一二、岡田・川瀬ほか　二〇一三］。

他方、貨幣的側面を除くと、原子力発電のメカニズムは、地域の固有の自然条件とは切り離された海外産放射性物質の核分裂反応によって生み出された熱エネルギーを電力に転換するものであり、そのプロセスのなかで平常時でも海洋には温排水、大気中には微量の放射性物質を放出する存在である。しかも、放射性廃棄物を再処理して、完全にリサイクルする仕組みは完成していない。つまり、平時でも、原発によるエネルギー創出は地域の自然資源から分断されたものであり、むしろ自然の物質代謝循環を撹乱する存在であると言える。

(5) 原発事故によるリスクの顕在化

福島第一原発事故は、地震・津波によるリスクが指摘されていたなかで発生し、三つの原子炉がメルトダウンして水蒸気爆発を起こしただけでなく、四つの原子炉で使用済核燃料棒の冷却機能が失われた。この結果、少なくとも大気中に九〇京ベクレル（ヨウ素一三一とヨウ素一三一に換算したセシウム一三七の合計。一京は一兆の一万倍）の放射性物質が放出されたほか、海洋中には四七〇〇兆ベクレル以上の汚染水が流出し、それらは国境を越えて地球を汚染することになったのである。また、土壌汚染も深刻で、チェルノブイリ事故で高汚染ゾーンとされた一八・五万ベクレル／㎡以上の地域は、福島県内だけでなく宮城、栃木、群馬、千葉の各県にも広がったのである［大島・除本 二〇一二、宮本 二〇一四］。ヨウ素一三一の半減期は八日間であるが、セシウム一三七、ストロンチウム九〇のそれは三〇年を要する。それだけに、いったん汚染された土地での生活の再開も、農林漁業などの生業の事業再開も通常の地震・津波被害地とは異なり一世代をはるかに超える時間を必要とする。したがって、生存の条件が長期にわたり失われた福島県被災者は、他県と比べ長期の避難生活と健康不安を抱えることになったのである。

しかも、住民の福祉や生存権を保障すべき基礎自治体も、最大時で七町村役場が地域外に移転せざるをえなかった。このような災害は、日本史上はじめてのことである。

二〇一七年三月末に、多くの避難指示区域が解除されたが、地元に戻って生活する人びとはわずかであり、住民相手の仕事である小売業や個人サービス業、個人病院・診療所も成り立たない状況にある。『京都新聞』一八年二月一二日の報道によれば、二月一一日時点で解除地域の九市町村に住民票のある住民は約四万九〇〇〇人であるが、実際に居住しているのは、その一五％にあたる約七三〇〇人にとどまる。また、一七年一二月に調査された「住民意向調査速報版（双葉町・浪江町）の公表について」［復興庁　二〇一八c］によると、浪江町ではすでに帰還した人が三・三％、「帰還したい」と答えた人が一三・五％、「帰還しない」人が四九・五％となった。三一・六％の被災者は「まだ判断がつかない」と答えている。「帰還するための条件」として『医療・介護などが整うこと』「商業やサービス業などの施設が整うこと」がそれぞれ六割を超える。

福島第一原発事故の原因は、七年以上経過した今も、現場検証ができないために厳密に解明されたわけではないが、地震動と津波被害の複合であることは否定しがたい事実であろう。これに加えて、被害を大きくした人為的要素があることを指摘しておかなければならない。馬場有・前浪江町長（故人）が指摘しているように、安全協定があったにもかかわらず東京電力が周辺自治体に過酷事故があったことを連絡しなかったこと、そして国と福島県が緊急時迅速放射能影響予測ネットワークシステム（ＳＰＥＥＤＩ）の情報を一切伝えなかったことである。このことによって町民の避難が遅れただけでなく、ホットスポットであった津島地区に移動し子どもたちを含む多くの町民が無用の被曝を強いられたのである［馬場　二〇一三］。

浪江町の場合、地震と津波で一八二人が犠牲になったが、その後二〇一八年三月末日までに四一九人が震災関連死を遂げた［復興庁　二〇一八b］。一六年三月末時点で、町が把握していた二万八六九人のうち一万四四四二人が県内三〇か所の仮設住宅をはじめとする福島県下四九市町村に、六四三七人が北海道から沖縄県までの県外四四都道府県に分散して避難している状況であった。原発事故による世帯分割、健康不安、生活不安などが重なり、文字通りの人間の生存条件の長期にわたる物理的・社会的破壊、さらに人間関係の分断と対立が凝縮されていると言える。しかも、原発事故は完全に収束しているわけではなく、放射性物質による健康被害や環境汚染は、時間経過とともに表面化する可能性がある。

リスクとリターンという尺度で言えば、福島第一原発の場合、原発総建設費が四兆円前後、電源立地交付金の累積額で二七〇〇億円の「経済的利益」があったにもかかわらず、原発事故によってかけがえのない命や健康を奪っただけでなく、少なくとも経済的には数十兆円に及ぶ被害や賠償金を必要とするにいたったのである。明らかに金銭的便益をはるかに超えるリスクが顕在化したと言える。しかも、人びとの健康破壊や自然の破壊の範囲は、原発立地地域にとどまらず、日本列島を越え、グローバルな規模に広がり、時間的にも長期にわたることが明白となっている。

（6）分断を越えた地域産業の再構築の試み

過去最悪の地震・津波・原発事故の複合災害を受けた福島県では、これまでの原発に依存した地域経済、社会、自治体のあり方からの大きな転換を県民の総意で行う。福島県は、震災から五か月後の二〇一一年八月一一日、「脱原発の基本方針のもと、原子力に依存しない、安全・安心で持続的に発展可能な社会づくり」を基本理念の第一に掲げた「福島県復興ビジョン」を決定し、一〇月には福島県議会が県内の全原発一〇基の廃炉を全会一致で決議し、翌月には知事も同様の方針を表明した［鈴木 二〇一三］。

原発災害を受けた地において「持続的に発展可能な」地域づくりを行うことは、放射能汚染という実害だけでなく風評被害による農産物価格の低落や販売不振など、想像を絶する困難を福島県の生産者に強いた。しかし、居住困難となった計画的避難区域以外で、被災者と彼らを支援する諸団体や大学との連携によって地域再生の取り組みが開始された。それは、原発依存によって断たれてしまった人間と自然の物質代謝関係の再建の試みとも言える。

農業分野では、小山良太が本書第7章でも述べているように、ベラルーシでの経験に学び、住民とともに圃場の汚染状況を一筆ごとに調査で明らかにして、除染作業を行い、農業再開への道を模索するとともに、福島県全体で米の全袋検査を実施し、安全確認したうえで販売を再開したり、農協と生協との協同組合間共同を実現して生産者と消費者を結ぶ取り組みが広がっている。安全性の科学的根拠を明確にした着実な農業再建の試みとして大いに注目されるものである。また、有機農業の実践家と研究者による「農と土のある暮らし」の再建の取り組みも、広がりつつある［菅野・原田 二〇一八］。

もとより、すぐに販売用農産物を栽培できない農地も多い。そこでは、太陽光パネルによる所得と仕事を創出し、脱原発を再生可能エネルギーによって実現するという試みが広がっている。たとえば、福島県農民連は、震災後、チェルノブイリ後のエネルギーシフトを実践したベラルーシやドイツの調査を経て、国や東京電力に対して損害賠償要求運動をする一方で、「地域分散型自然エネルギー」事業への参入を行っている。これによって、将来の「百姓」の担い手の育成も視野においているという［岡田 二〇一三］。

会津の喜多方では老舗の酒蔵を経営している佐藤彌右衛門社長が中心となって再生可能エネルギーの地産地消をめざし会津電力が設立され、その協力で全村避難を強いられた飯舘村には飯舘電力も設立されている。さらに、二〇一六年三月には「ふくしま自然エネルギー基金」を設立し、福島県内の自然エネルギー事業や教育などへの出資や助成を進めようとしている。また、福島市の土湯温泉では地熱発電と小水力発電を一五年から開始しているほか、浜通りの南相馬市では市も共同して太陽光発電所を開業した。福島県ではこのような取り組みを全県に広げて四〇年までにすべてのエネルギーを再生可能エネルギーで賄う計画を立てている（『東京新聞』二〇一六年五月一日）。エネルギーの地域内循環と資金と所得の循環をともに再結合する挑戦が着実に広がっているのである。

地方自治体が中心となって、地域内経済循環の再構築によって復興を進める動きは、岡田［二〇一三］でも紹介したように、応急仮設住宅、復興住宅建設における地元産材の活用というかたちで具体化している。また、二本松市復興支援事業協同組合のように、市内の一五〇の中小企業が事業協同組合をつくり、市の発注する除染事業および復興事業を、地域経済循環の再構築という視点から中小企業が共同で受注する取り組みが展開されている。

ここで注目したいのは、本書で福島大学の阿部浩一や双葉町の吉野高光が語っているように、福島の浜通りの被災地においても、歴史資料の保存やアーカイブ活動を通した復興の重要性が広く認識されてきているということである（第2章・対話2参照）。しかも、双葉町では次代を担う中学生も参加している。

おわりに

人が人として人間らしく生きること。これは、人びとが生死を分ける災害にあってあらためてかけがえのない価値として確認されたことではないだろうか。そして、災害の復興もまた、この「人間の復興」をめざすべきだという声は、時間経過とともに大きくなっている。

この思いは、陸前高田でも、浜通りでも、地元の中小企業経営者自身が語っていることである。陸前高田の八木澤商店の河野通洋社長は、震災直後、経営理念を「生きる　暮らしを守る　人間らしく生きる」という言葉に凝縮し、社員と共有しながら幾多の障害を乗り切ってきた。また、浜通りの経営者たちのなかには、価値観を変えた人が多い。お金があっても店が閉まったり破壊された場合何も買えないことを痛感し、地産地消や地域内での取り引き、地域内経済循環の取り組みの重要性を自覚し、「生存の条件」の再構築をめざして地域で実践しはじめている経営者が複数存在しているのである［岡田・秋山　二〇一六、

福島県中小企業家同友会相双地区 二〇一三〕。

彼らだけでなく、岡田〔二〇一二、二〇一三〕や岡田・秋山〔二〇一六〕で紹介した宮城、岩手、福島の被災地の足元で復興に取り組んできた人たちは、同様の価値観をもつにいたっており、それらは「人間性の復興」と表現できるものである。重要なことは、それらが個々の地域の自然条件や歴史に学びながら地域産業や社会の再構築に結びついている点である。福島県では、それが典型的に表れていた。東京への売電のための原発への経済的依存を断ち切り、自然と人間社会の正常な物質代謝とエネルギー循環を、現代の技術も応用した再生可能エネルギーに転換し、被災地での仕事と所得の創出につなぐ試みである。

この福島で、かつては原発推進の立場をとっていた馬場有・前浪江町長が、震災と原発事故を経験するなかで深く反省し、一方で国や東京電力の責任を追及しながら、他方で日本国憲法を座右の書として、住民の幸福追求権（第一三条）、生存権（第二五条）、生存のための財産権（第二九条）の保障を具体化しようとしていたことは注目に値する。これは、決して突飛な考え方ではなく、原発事故とそれにともなう自然、人間社会の破壊から得た普遍的な考え方であると言える。

というのも、二〇一四年五月二一日に出された福井地方裁判所の大飯原発運転差し止め訴訟判決において、現行憲法にもとづく人格権こそ最高の価値を有すると宣言し、「豊かな国土とそこに国民が根を下ろして生活していることが国富であり、これを取り戻すことができなくなることが国富の喪失である」として、運転差止めを命じたからである。

周知のように司法による原発再稼働をめぐる判断は分かれている。二〇一六年四月一四日に発災した熊本・大分大地震により川内原発や伊方原発の安全性も懸念されており、再び地震大国日本における原発立地の問題性が注目を浴びている。だが、「生存の条件」をつくりだすのは司法だけではない。国、地方自治体と、現に地域経済・社会を担う中小企業、農家、協同組合、NPOや大学といった団体、そしてそれを担う一人ひとりの住民の力こそ最も重要なのである。その際に、個々の地域の歴史を知ることこそが、地域再生の重要な指針であり、原動力になっていると言える。それは、大人だけでなく、これからの地域社会を担う子どもたちにとって、より大きな意味をもつ［徳水　二〇一八］。その学びを通して、子どもも大人も、格差と分断を、空間的にも時間的にも乗り越える力を育むのである。大災害の時代において、どの地域でも安心、安全に人間らしい生活を維持するために、東日本大震災被災地の歴史と現状から学ぶべき点は実に多いと言えよう。

文献一覧
阿部勝「10数年にわたる父母と保育労働者による住民運動」『住民と自治』二〇〇四年六月号
伊勢純「国の支援制度を超える独自住宅再建支援策を拡充　岩手・陸前高田市」『議会と自治体』二〇一三年一〇月
岩手地域総合研究所『岩手県地域医療研究プロジェクト報告書（岩手の地域医療をまもるために）――気仙医療圏からの提案』二〇一〇年
岩本由輝『きき書き　六万石の職人衆――相馬の社会史』刀水書房、一九八〇年
大石嘉一郎編『福島県の百年』山川出版社、一九九二年
大島堅一・除本理史『原発事故の被害と補償――フクシマと「人間の復興」』大月書店、二〇一二年
大藤修「二宮尊徳と中村藩の報徳仕法」平川新・千葉正樹編『講座　東北の歴史』第二巻、二〇一四年

岡田知弘『日本資本主義と農村開発』法律文化社、一九八九年
――『震災からの地域再生――人間の復興か惨事便乗型「構造改革」か』新日本出版社、二〇一二年
――「災害と開発から見た東北史」大門正克・岡田知弘・河西英通・川内淳史・高岡裕之編『「生存」の東北史――歴史から問う3・11』大月書店、二〇一三年
――「原発立地政策の形成過程と地域」小路田泰直・岡田知弘・住友陽文・田中希生『核の世紀――日本原子力開発史』東京堂出版、二〇一六年
岡田知弘・秋山いつき『災害の時代に立ち向かう――中小企業家と自治体の役割』自治体研究社、二〇一六年
岡田知弘・川瀬光義ほか『原発に依存しない地域づくりへの展望――柏崎市の地域経済と自治体財政』自治体研究社、二〇一三年
河西英通『東北――つくられた異境』中公新書、二〇〇一年
北村洋基「電源開発と福島県」山田舜編『福島県の産業と経済――その歴史と現状』一九八〇年
小林清治・山田舜『福島県の歴史』山川出版社、一九七〇年
下机都美子「中小業者の願いが実現された陸前高田市」『月刊民商』二〇〇七年三月号
下平尾勲「福島県の産業と金融」山田舜編『福島県の産業と経済――その歴史と現状』一九八〇年
菅野正寿・原田直樹『農と土のある暮らしを次世代へ――原発事故からの農村の再生』コモンズ、二〇一八年
鈴木浩「原発災害と復興政策のあり方」岡田知弘・自治体問題研究所編『震災復興と自治体――「人間の復興」へのみち』自治体研究社、二〇一三年
徳水博志『震災と向き合う子どもたち――心のケアと地域づくりの記録』新日本出版社、二〇一八年
友澤悠季「広田湾埋め立て開発計画をめぐる人びとの記憶――岩手県陸前高田市を中心として」中央大学文学部『紀要社会学・社会情報学』第二四号、二〇一四年
中里長門「陸前高田新市長・中里長門氏、大いに語る」『議会と自治体』二〇〇三年三月号
中嶋久人『戦後史のなかの福島原発――開発政策と地域社会』大月書店、二〇一四年
中武敏彦「常磐地方の形成と『東北』」熊谷公男・入間田宣夫・柳原敏昭編『講座　東北の歴史』第三巻、二〇一三年
農林水産省「二〇一五年農林業センサス結果における被災三県の概要」二〇一六年

馬場有「原発災害と自治体――浪江町」岡田知弘・自治体問題研究所編『震災復興と自治体――「人間の復興」へのみち』自治体研究社、二〇一三年
濱田武士・小山良太・早尻正宏『福島に農林漁業をとり戻す』みすず書房、二〇一五年
福島県『福島県史』第一八巻、一九七〇年
福島県中小企業家同友会相双地区『逆境に立ち向かう企業家たち』二〇一三年
福島商工会議所『福島商工会議所五十年史』福島商工会議所、一九六八年
藤倉泰治「中里市政がめざす産業振興」『議会と自治体』二〇〇六年一〇月号
――「被災漁民を励まし養殖漁業を守る中里市政」『議会と自治体』二〇一〇年五月号
――「つらい経験した市民として『誰にもやさしいまち』へ」『議会と自治体』二〇一六年五月
復興庁「復興の現状」二〇一六年三月四日
――「復興の現状」二〇一八年六月八日a
――「東日本大震災における震災関連死の死者数（平成三〇年三月三一日現在調査結果）」二〇一八年六月二九日b
――「住民意向調査速報版（双葉町・浪江町）の公表について」二〇一八年二月一三日c
松井春生『日本資源政策』千倉書房、一九三八年
宮本憲一『戦後日本公害史論』岩波書店、二〇一四年
持田恵三『米穀市場の展開過程』東京大学出版会、一九七〇年
柳原敏昭「はじめに」東北史学会・福島大学史学会・公共財団法人史学会編『東北史を開く』山川出版社、二〇一五年
山田盛太郎『日本資本主義分析』岩波書店、一九三四年
陸前高田市史編集委員会『陸前高田市史』第四巻（沿革編・下）、一九九六年
陸前高田市史編集委員会『陸前高田市史』第八巻（治安・戦役・災害・厚生編）、一九九九年
レーニン『ロシアにおける資本主義の発展』（『レーニン全集』第三巻）、大月書店、一九五四年（原著一八八九年）

第5章 原子力発電所と地域社会
——福島県双葉地域に関する統計的考察——

高岡裕之

東日本大震災がもたらした被害のなかで、東京電力福島第一原子力発電所事故が特異な位置を占めることは言うまでもない。震災当時、首都圏をも含む広範なエリアで、放射性物質の影響が憂慮されたのみならず、二〇一八年現在でも、第一原発の所在地である双葉郡大熊町・双葉町を中心とする六町村に帰還困難地域が設定され、多くの住民が避難を余儀なくされている。福島原発事故は、原子力発電というテクノロジーがはらむ巨大なリスクを白日のもとにさらし、そのあり方が根本的に問い直される転機となったと言える。

原発への問いは、福島県浜通りが「原発銀座」となるにいたった歴史への問いへとつながり、すでにいくつもの優れた研究が発表されている。たとえば中嶋久人は、戦後の原子力政策と地域開発の二つの視点からこの問題を検討し、政府・県の政策の批判的検討と同時に、原発が地域社会にもたらしたメリットについても論及している。すなわち、原発立地町村がいわゆる電源三法などにより財政面で原発の「恩恵」を被ったばかりでなく、雇用などを通じて地域社会全体が「原発に依存した地域社会」へと変容したと言うのである［中嶋　二〇一四］。このような地域社会の原発への依存（東京電力広野火力発電所を含めれば発電所への依存）は、早くから双葉地域への原発立地に注目してきた山川充夫が、強調している問題でもある［山川　二〇一二、二〇一五］。筆者は、原発問題の歴史を考えるうえで、このような「原発に依存した地域社会」という問題は、より具体的に明らかにされねばならないと考える。ただこれまで筆者は当該地域の研究を行ってきたわけではないので、本章では主として統計資料を手がかりとしながら、「原発に依存した地域社会」の特徴について、若干の検討を行ってみたい。

1　「電源地帯」の建設と双葉地域

双葉地域には、大熊町・双葉町に立地する福島第一原発のほか、楢葉町・富岡町に福島第二原発、広野町に広野火力発電所という三つの東京電力の発電所が存在する。双葉郡六町二村のうち、浪江町・川内村・葛尾村を除く五町に発電所が立地するこの「電源地帯」は、長期にわたる発電所建設により形成された。第一原発の建設工事は、一九六七年九月の一号機着工から六号機が運転開始した七九年一〇月までほぼ一二年、第二原発も七五年一一月の一号機着工から八七年八月の四号機運転開始まで約一二年、広野火力には七七年一〇月の一・二号機着工から九三年一月の四号機運転開始まで一五年強が費やされた[1]（表1）。地域社会にとっての発電所のインパクトは、まずは長期にわたるこれら発電所群の建設工事であった。

表１　双葉地域における発電所建設

		所在地	工事開始	運転開始	工事費概算
福島第一	1号機	大熊町	1967年9月	1971年3月	391億円
	2号機		1969年5月	1974年7月	562億円
	3号機		1970年10月	1976年3月	624億円
	4号機		1972年9月	1978年10月	803億円
	5号機	双葉町	1971年12月	1978年4月	905億円
	6号機		1973年5月	1979年10月	1,754億円
福島第二	1号機	楢葉町	1975年11月	1982年4月	3,650億円
	2号機		1979年2月	1984年2月	2,763億円
	3号機	富岡町	1980年12月	1985年6月	3,146億円
	4号機		1980年12月	1987年8月	2,914億円
広野火力	1号機	広野町	1977年10月	1980年4月	1,104億円
	2号機		1977年10月	1980年7月	473億円
	3号機		1981年12月	1989年6月	1,380億円
	4号機		1989年8月	1993年1月	1,288億円

出所）下平尾［1994］より筆者作成。

第一原発の建設が始まる以前の双葉地域は、農林業を基幹産業とする農山村地域であり、しばしば「福島県のチベット」と称される「後進地域」であった。そのため高度経済成長期には農家の出稼ぎが広まり、住民人口の流出も進行した。国勢調査報告により双葉郡人口の推移を見ると、一九五五年から六五年にかけて一六ポイントの減少があったことがわかる。この時期の双葉郡は会津地域の諸郡と並び、福島県内で最も急激に人口が減少した地域であった。

ところが会津地域の人口減少がその後も継続したのに対して、双葉郡の人口減少は六〇年代後半から歯止めがかかり、七〇年代後半には増加に転じている（図1）。この変化をもたらしたのが、六七年から着手された発電所群の建設工事であった。福島県のまとめによれば、発電所建設による臨時雇用者は七〇年代初頭で三〇〇〇人規模、第二原発の建設が開始された七〇年代半ばには五〇〇〇人規模、第

図１　双葉郡と会津地方諸郡の人口推移

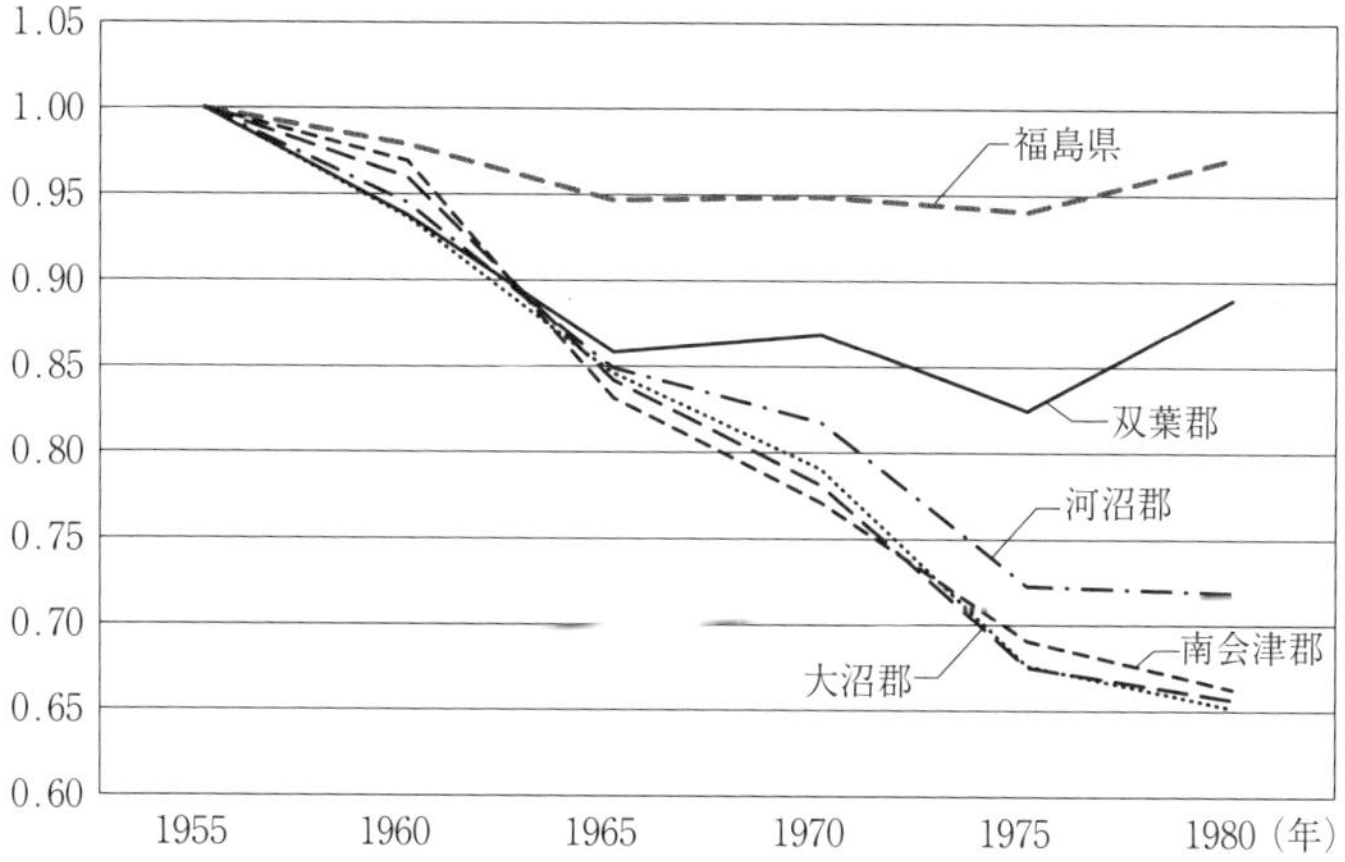

出所）国勢調査報告より筆者作成。

一・第二原発工事に広野火力の建設も加わった七八〜七九年には九〇〇〇人規模に達し、地元（この場合は相馬地域を含む）以外からの就労者は七〇年代末には六〇〇〇人近くに及んだ（表２）。双葉郡の人口減少地域から増加地域への転換の要因の一つは、こうした建設労働者の来訪であったと考えられる。ただし、大熊町長を務めた遠藤正（在任一九七九〜八七年）は、第一原発建設のため、「住民登録はしませんが、長期滞在下宿等の消費人口として町内に留まった」「浮動人口」（＝他地域からの出稼ぎ就労者）が「約三千名おった」とし、「大熊町人口は原発建設以来、常時一万人を超えていた」と述べている［遠藤　一九八二］。国勢調査による大熊町の七〇年人口は七七五〇人であり、それが九〇〇〇人を超えるのは八〇年代に入ってのことなので、実際の地域人口は国勢調査人口をかなり上回るものであったと見なければならない。

人口増加の第二の要因は、地元に対する雇用の提供

表**2**　発電所建設関連の臨時雇用

	臨時雇用総数	うち地元外就労者	うち地元就労者	地元就労率
1972年	2,946	1,471	1,475	50.1%
73年	3,475	1,706	1,769	50.9%
74年	5,160	3,010	2,150	41.7%
75年	5,266	3,049	2,217	42.1%
76年	5,276	3,059	2,217	42.0%
77年	7,217	4,786	2,431	33.7%
78年	8,862	5,529	3,333	37.6%
79年	9,505	5,941	3,564	37.5%
80年	7,732	5,249	2,483	32.1%

出所）福島県 [1981] 表2・表3より筆者作成。

である。表2に見られるように、一九七〇年代の原発建設関連臨時雇用者のうち、地元からの就労者も一五〇〇〜三五〇〇人に及んでいた。遠藤によれば、「町内の原発〔第一原発〕建設に従事したのは約一千名、双葉郡から一千名、つまり地元の人は二千名が従事していた」という〔遠藤　一九八二〕。福島県のまとめによると、第一原発建設による地元雇用者数のピークは七三年の一七六九人なので、遠藤の証言はこの頃の状況を指していると思われるが、いずれにせよ発電所建設工事が立地町以外も含め、双葉地域に相当数の臨時雇用をもたらしたことは間違いない。このことは、何より出稼ぎの減少につながった。出稼ぎの減少が原発立地の成果の一つであることは広く承認されており、福島民報社のルポルタージュも、「出稼ぎをやめて農業の合間に建設現場で働いた」大熊町のT氏による「昭和三十四年に高校を卒業して地方の土木工事に行ったときは日当が二百七十円、原発工事は、家から通って東京の出稼ぎと同じ四百円がもらえるんだから、うれしかった」という証言を紹介している〔福島民報社編集局編　二〇一三：一四五―一四六〕。出稼ぎ者に関する統計はなく、その実数を把握することは困難であるが、八〇年代に山川充夫が地元町村で行ったヒアリングによれば、葛尾村の場合、「昭和四七年以前はダム工事などで長野や東京」への「周年出稼ぎが二三〇人ほどいた」が、その後は第一原発

図２　双葉郡の産業別人口①

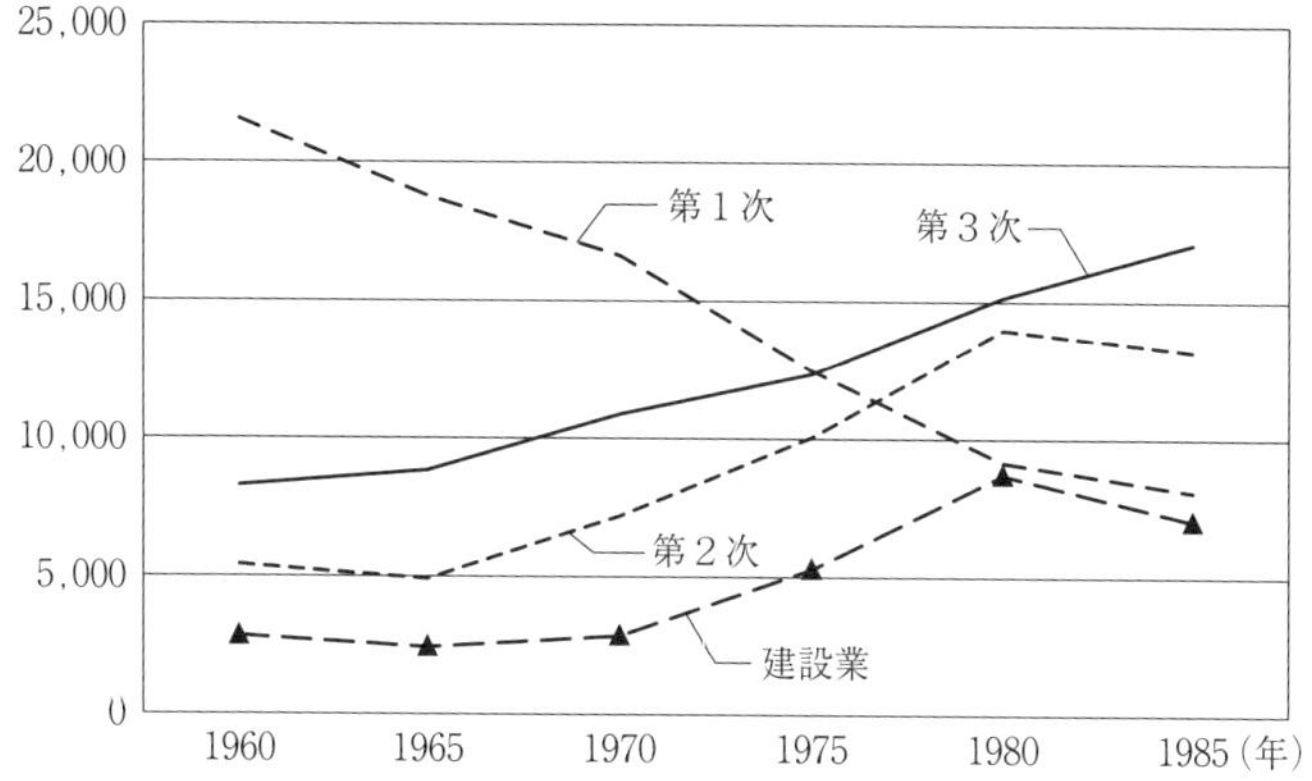

出所）国勢調査報告より筆者作成。

の建設工事に「都路村経由で二〇〇人くらいは働きに行くようになったとされ〔山川　一九八七〕、出稼ぎ者の多くが原発工事に就労先を切り替えたことがうかがえる。また九四年に刊行された調査報告書は、農林業センサスを根拠として、「発電所の立地によって、昭和四〇年には一六九五人いた〔双葉郡の〕出稼ぎ者は、平成二年には一〇〇人余りとなった」〔下平尾編　一九九四：七二〕と述べているが、この一六九五人という数字は表２に見られる七〇年代はじめの地元就労者数と大差ない。これらの点からすれば、初期の原発建設工事に従事した地元就労者の多くは、元出稼ぎ者であったと考えて大過ないであろう。

しかし発電所建設がもたらした雇用は、出稼ぎ者を減少させたのみではなく、地元の就業構造を変容させるインパクトをもつものであった。双葉郡で発電所群の建設が進行した一九七〇年代には、図２に見られるように、第一次産業人口（その大部分は農業）の減少が加速し、かわって建設業を中心とする第二次産業人口と商業・サービス業を中心とする第三次産業人口が増大した。このうち第三次産業の内訳については、「発電所建設工事の進行にともない、消費購買力が増加し、商店数の増加が見られるが、そのうち多くは弁当仕出し、食堂、バー、酒場等の飲食業であり、商業内の構造が偏っている」ことが問題とされていた〔双葉地方広域市町村圏組合一九八一：一六〕が、いずれにせよこれらは、発電所建設が間接的にもたらした雇用機会であった。そして双葉地域の発電所立地町村の人口は、このような内部構造の変化をともないながら、いずれも建設工事の着工を転機として増加に転じていった（図3）。なお発電所立地町村ではない浪江町で人口が増加に転じた理由については、「東電の宿舎や寮が作られたことによる」ものと説明されている〔山川　一九八七〕。

こうして地域人口が増加に転じるなかで、人口の年齢構成にも変化が生じた。一九六〇年代の双葉郡では、学校卒業後の若年労働力、とくに男性労働力の流出が顕著であった。しかし八〇年代になると、「発電所建設にともなう関連雇用が職場の拡大をもたらしたため、男子を中心とした二〇～三四才階層の人口増加がみられ、人口構成の不均衡は是正されつつある」ことが確認されている〔双葉地方広域市町村圏組合一九八一：九〕。これは学校卒業後も地元にとどまる若者が増えたことを意味する。双葉地域における発電所建設は、立地町村における人口増加とともに、地域人口の若返りをもたらすものでもあった。

ところで、前述のような第一次産業中心の産業構造から、第二次、第三次産業を中心とする構造への転換は、住民所得の向上を必然的に導く。双葉地域の所得構造については、生産所得・分配所得と個人所得の落差の大きさ（生産額の多くが地元に還元されない）が強調される傾向にある。しかし、「それまで福島県下で後から数えて二、三番目だった〔大熊〕町民の分配所得が、四五年を契機としまして、県下一とな

図３　双葉地域町村の人口（1955年＝1）

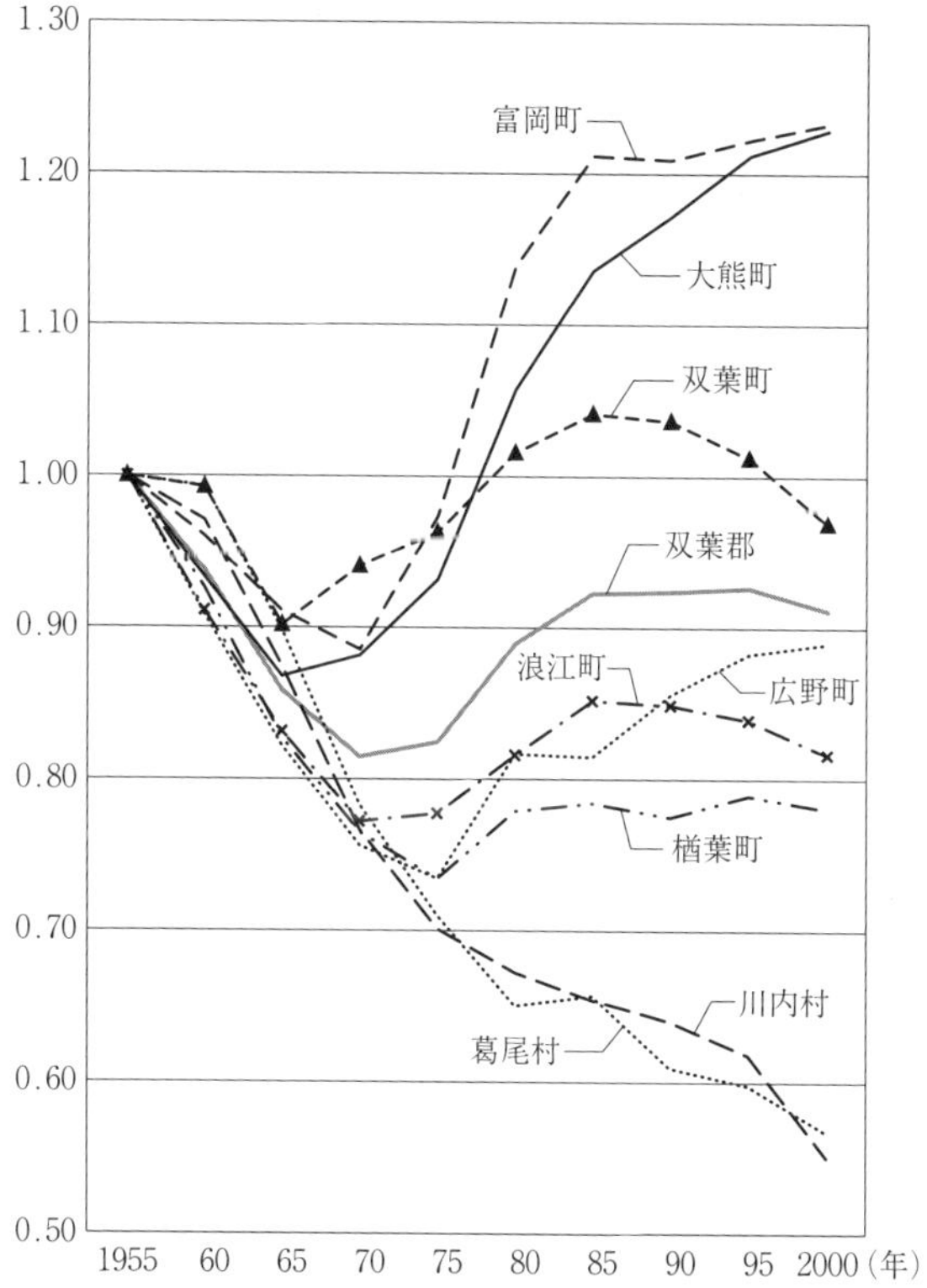

出所）国勢調査報告より筆者作成。

った」ことを説明する遠藤正が、「分配所得は法人も含みますが、分配所得が多ければ個人の所得もそれなりに増えます」［遠藤　一九八一］と述べていることも事実である。

問題は増大した個人所得が、どのような水準だったのかであり、このことを検証するため、『福島県統計年鑑』が掲載する統計をもとに、市町村別住民一人当たり個人所得（個人所得の掲載がない年は、分配所得から法人所得を差し引いたものを人口で除した）を、福島県全体の一人当たり個人所得を一とする指数に換算し、その推移を示したのが図4である。なおデータの判別が困難になるため、中間的位置を占める楢葉町・浪江町・広野町・川内村のデータは省略し、また比較のため、多くの年において福島県内の最上位を占める福島市のデータを加えた。

この図4に明らかなように、一九六四年当時における双葉郡町村の個人所得は県平均を大きく下回っており、最大の双葉町で〇・八〇三（九〇市町村中四一位）[2]、大熊町は〇・七二（六六位）、最小の葛尾村は〇・五四六（八九位）、双葉郡全体では〇・七二で二四市郡中二四位であった。六〇年代前半の双葉郡は、福島県で最も貧しい地域であったと言ってよい。しかし、第一原発の建設開始後、まず大熊町の所得が急激に増加して県平均を超え、富岡町・双葉町がそれに続き、七七年には双葉郡も県平均を上回った。各町の指数は変動も大きいが、八〇年前後の双葉町の個人所得は県平均に対して一・四、富岡町・大熊町も一・二程度の水準となり、福島市を超えて県内最高水準となっている。ちなみに八〇年の市町村別一人当たり個人所得の順位は、一位が双葉町、二位が富岡町、三位が大熊町、四位が福島市、五位が広野町であり、浪江町・楢葉町もそれぞれ一四位・一五位に位置する。市郡別に見れば、双葉郡は福島市に次ぐ二位となる。八〇年前後の双葉郡は、個人所得の面では福島県の最上位に位置する地域へと変貌していたと言える。

とはいえ、この段階での双葉地域では解決を要する問題が二つあると認識されていた。その一つは、発電所が立地する海岸部と異なり、山間部の川内村・葛尾村の所得が停滞していたことである。図4に示したように、とくに葛尾村の所得水準は〇・七から〇・九の間を上下し、双葉郡全体の動きから取り残され

図４　双葉郡町村の個人所得①

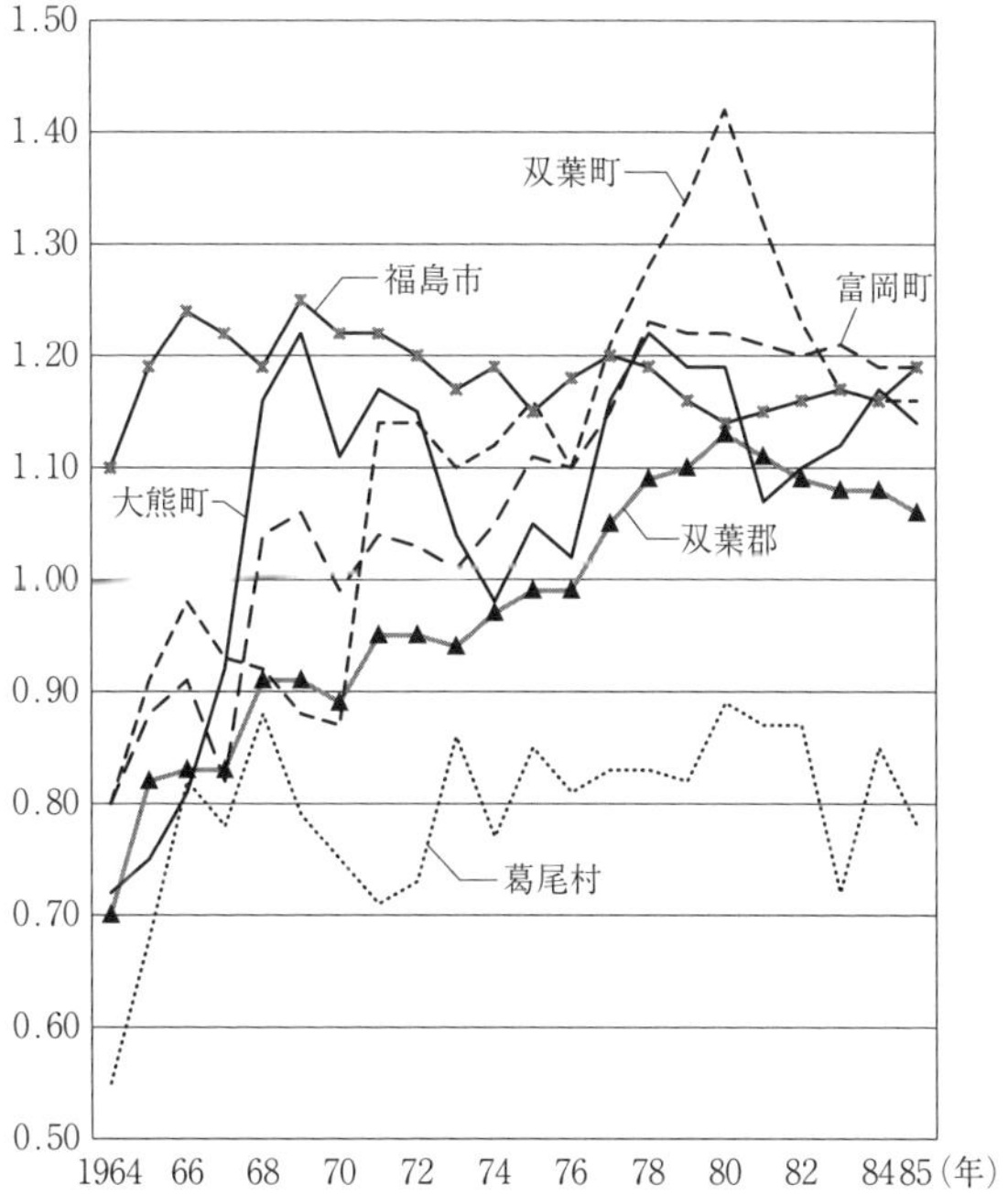

出所）『福島県統計年鑑』掲載「市町村民個人所得」（1987年以降は「市町村民家計所得」）より筆者作成。1964年，1968～72年は「市町村民分配所得」より算出。

ていたことが明らかであり、このような地域内の所得格差をいかに是正するかが問題となったのである。しかし、より大きな問題は、双葉地域の所得上昇が、もっぱら発電所建設工事によってもたらされていたという点にあった。双葉地域の発電所建設は、三つの発電所の建設が継起的に行われたため、地域内における臨時雇用は工事現場を移動しながら継続してきたが、建設はやがて終了する。その時点で臨時雇用が消滅すれば、双葉地域は雇用の危機に直面することになる。このような見通しのもとに、一九八〇年前後の双葉地域では「ポスト原発」に備えるべく、発電所関連以外の企業誘致をはじめとするさまざまな地域振興策が模索されたのである。

2 「原発に依存した地域社会」の成立

表1に示したように、双葉地域における発電所建設は、第一原発が一九七〇年代、第二原発が八〇年代に終了し、最後に残った広野火力四号機の工事も九三年一月に終了した。しかし、発電所建設の終了によっても、八〇年前後の時期に予想されたような雇用の危機が生じることはなかった。図5に見られるように、七〇年代に急増した双葉地域の建設業従業者は、八〇年代半ばに若干の減少をみたが、九〇年代には八〇年頃の水準を回復している。こうした事態の背景には、七〇年代以降、相次いで運転を開始した発電所群が、発電所の運転保守・定期点検などに関連する新たな雇用を提供するようになったという状況があった。

発電所の維持・管理にかかわる業務への従事者は、もちろん発電所が運転を開始した当初から存在したが、その人数は第一原発の全号機と広野火力一・二号機が稼働していた一九八〇年八月の時点で一九三三人（うち東京電力一四五五人、関連企業四七八人）と臨時雇用者に比べてはるかに少なかった（表3）。しかもその半数は県外の住民で占められており、地元双葉郡の居住者は五七二人（二九・六％）にとどまっていた。このような実態が、発電所の雇用＝建設工事という発想の根拠であった。

図5　双葉郡の産業別人口②

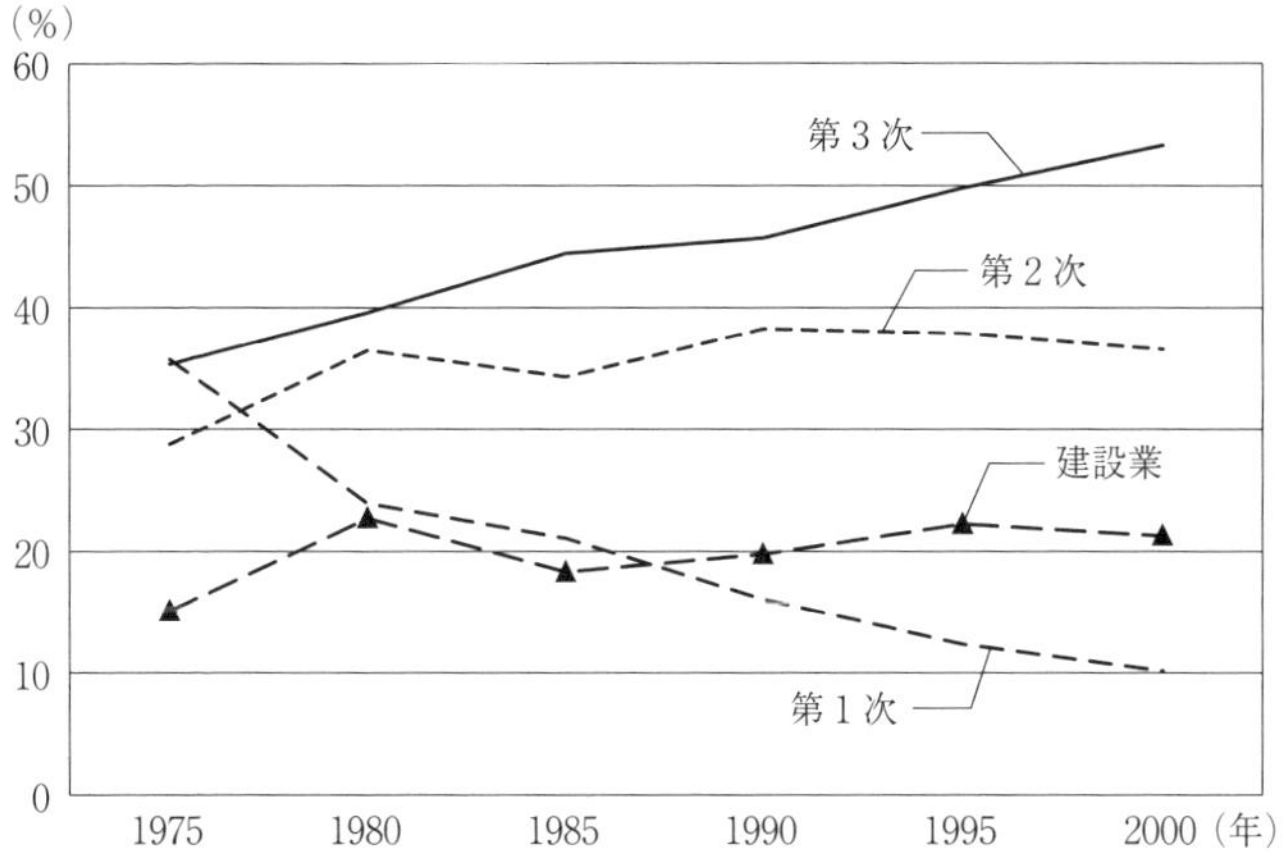

出所）国勢調査報告より筆者作成。

ところがその後、発電所をめぐる雇用関係は大きく変化していった。発電所建設工事の終了を目前に控えた一九九二年七月の時点における三つの発電所をめぐる雇用は、東京電力が一六八九人、関連企業が三〇一八人、協力企業が六〇八〇人の計一万七八七人へと膨れ上がっており、そのうち七〇七〇人（六五・五％）が双葉地域の住民であった（表2・3）。七〇七〇人という就業者数は、双葉地域全体の就業者総数（一九九〇年国勢調査）の一八・四％に相当する大きなものであるが、大熊町・富岡町・双葉町では二〇％を超えている（表4）。また総世帯数（一九九〇年国勢調査）を母数にとれば、双葉地域平均で三世帯に一人、大熊町・富岡町・双葉町では二世帯に一人が発電所関連の仕事をしていたこととなる（同）。このように八〇年代から九〇年代にかけての東京電力発電所群は、関連企業・協力企業を媒介として、双葉地域の人びととの間に「臨時雇用」ではない、より大規模な雇用関係を

表３　発電所関係雇用者の居住地

		1980年８月現在		1992年７月現在								
		雇用者数計		第一原発	第二原発	広野火力	合計					
	相馬・原町市	28	46	490	86	7	583	5.4%	991			
相馬地域	小高町	13	2.4%	275	35	18	328	3.0%	9.2%	双相地方	浜通り	福島県
	相馬その他	5		62	11	7	80	0.7%				
	浪江町	47		1,026	281	34	1,341	12.4%				
	双葉町	83		739	149	12	900	8.3%				
	大熊町	108	572	1,070	256	28	1,354	12.6%	7,070			
双葉地域	富岡町	126	29.6%	971	961	84	2,016	18.7%	65.5%	8,061	9,301	9,455
	楢葉町	91		265	338	81	684	6.3%		74.7%	86.2%	87.7%
	広野町	117		85	116	337	538	5.0%				
	双葉その他	—		141	77	19	237	2.2%				
いわき市		107	5.5%	568	384	288	1,240	11.5%				
その他県内		231	12.0%	264	133	27	424	3.9%				
県外		977	50.5%	607	208	247	1,062	9.8%				
合計		1,933		6,563	3,035	1,189	10,787					

出所）下平尾 [1994：61,72-75] より筆者作成。

表４　双葉郡の発電所関連就業者

	Ａ総世帯数(1990年)	Ｂ総就業者(1990年)	Ｃ原発関連就業者	Ｃ／Ｂ	Ｃ／Ａ
双葉郡	21,724	38,420	7,070	18.4%	32.5%
大熊町	2,882	4,935	1,354	27.4%	47.0%
富岡町	4,905	7,854	2,016	25.7%	41.1%
双葉町	2,205	3,915	900	23.0%	40.8%
広野町	1,620	2,749	538	19.6%	33.2%
楢葉町	2,266	4,212	684	16.2%	30.2%
浪江町	6,387	11,601	1,341	11.6%	21.0%

出所）Ａ・Ｂは国勢調査報告，Ｃは表３の数値。

構築するにいたったのである。

ところで、関連企業・協力企業の主要業務については、一般に発電所の運転保守・定期点検とされている。しかし一九九二年当時の関連企業・協力企業二七七社に関する調査からは、その具体的業務が実に多種多様であることが見てとれる。すなわち、比較的多い業種としては「電気工事、電気工業」五四社（二五・九％）、「大工、建築、建設」二九社（一三・九％）、「管工事」二九社（同）、「機械器具」二七社（一三・〇％）、「土木ボーリング」二三社（一一・一％）などがあげられるが、その他にも「メンテナンス」（九社）、「鉄骨・板金構造物」（七社）、「警備派遣業」（四社）、「放射線管理」（同）、「飲食・給食」（三社）、「消防設備・防災」（二社）、「造園」（同）などがあり、さらには「結婚式場」（一社）までが含まれている［下平尾編 一九九四：二九八］。発電所群の建設に臨時雇用者として従事してきた人びとは、こうした関連企業・協力企業の一環に組み入れられたのであり、また新たにさまざまな業種の人びとがそこに参入したのである。

以上のようなかたちにおいて、原発建設工事の終了後も双葉地域の雇用は確保されることとなった。だが、右の調査が関連企業・協力企業のうち「四分の三の企業は、業務の八〇％以上を発電所に依存しており、発電所あっての企業という状況下にある」［下平尾編　一九九四：二九八］と述べているように、それは地域全体が発電所に依存する社会の成立を意味するものでもあった。双葉地域における「原発に依存した地域社会」は、発電所の建設によってただちに成立したのではなく、発電所の完成後における関連企業・協力企業の広範な展開によって決定的なものとなったと言えるだろう。

では、このような「原発に依存した地域社会」の成立は、双葉地域にどのような影響をもたらしたのだろうか。まず人口については、図3に示したように、双葉地域全体としては一九八五年にかけて回復した水準をほぼ維持している。発電所立地町村について見ると、富岡町・大熊町は過去最高の更新を続け、広野町も八五年以降増勢、楢葉町は八〇年人口を維持している。双葉町の場合は、九〇年代に減少に転じているが、これは建設工事終了後の発電所関連の仕事が大熊町・富岡町に集中する傾向にあったことによる地域内移動と考えられる。ただ山間部の非立地町村である川内村・葛尾村の場合は、人口減少が止まらず、両村とも二〇〇〇年には五五年の六割を割り込んでいる。このことは、発電所群を中心とする依存関係が、双葉地域全体に及ぶものではなかったことを反映するものであろう。

次に所得については、図4と同様の方法で図6を作成した。ここから見てとれるのは、一九八〇年代半ばにひとたび頂点に達した発電所立地町村の個人所得が、その後減少に転じ、九〇年代後半に再び上昇していることである。九〇年代前半における立地町村の個人所得は、依然として上位グループには位置する

図６　双葉郡町村の個人所得②

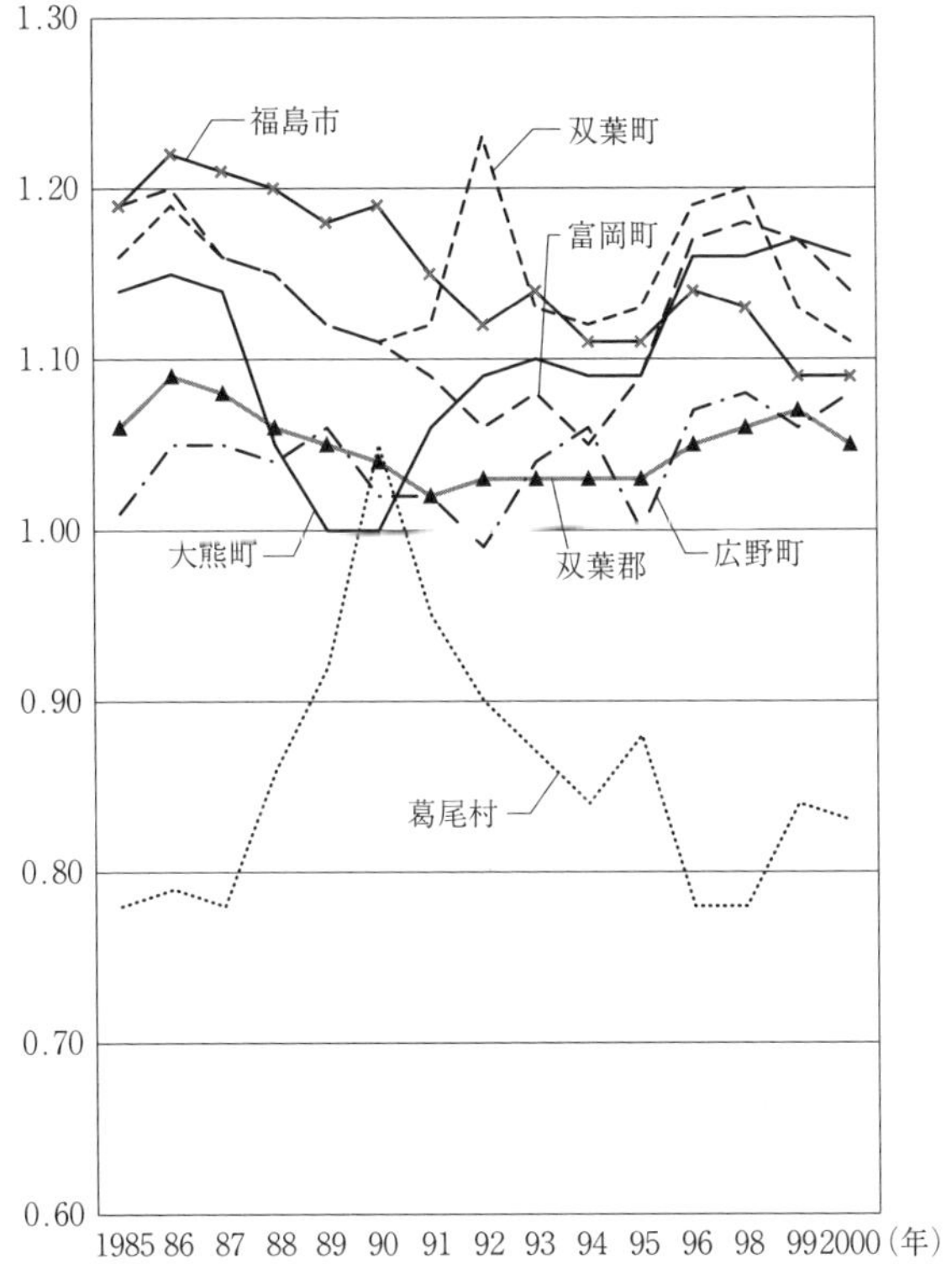

出所）『福島県統計年鑑』掲載「市町村民家計所得」より筆者作成。

ものの、八〇年代よりその順位を下げており、とくに大熊町の場合は福島県の平均にまで下がっている。ところが九〇年代後半になると、立地町村の順位は再び上昇に転じ、九六年には双葉町が一位、富岡町が二位、大熊町が三位と福島県のトップを独占、以後、この三町は連年上位五市町村に名を連ねるようになる。またこの時期には広野町も順位を上げ、上位一〇市町村に出入りするようになっている。このような動向の背景として、長期にわたったバブル経済崩壊の余波と円高を背景とした産業空洞化による地方経済の沈滞が想定できる。いずれにせよ、平成不況が長引くなかで、「原発に依存した地域社会」は、そこに包摂された人びとに対し、相対的に「豊かな社会」を提供していたと言えるだろう。

おわりに

以上、本章では、ほとんど統計のみを手がかりに、双葉地域における「原発に依存した地域社会」の成立経緯とその特徴を検討してきた。そこで重視したのは人口、雇用、所得であったが、これらは地域社会の動向を考えるうえでの基本的な指標である。その意味で本章での作業は平凡なものであるが、筆者としてはそのような平凡な作業を通じて、「原発銀座」と称されるにいたった双葉地域の歩みを特別なものとしてではなく、戦後日本において多くの地域社会が直面した課題を共有した一事例としてとらえてみたかった。その課題とは、高度経済成長期に生じた著しい産業間・地域間の格差、それを背景とした大都市部への人口流出と過疎化、さらにそれらへの対策としての地域開発などである。戦後日本の地域社会は、否応なしにこれらの課題への対処を迫られたのであり、双葉地域の辿った道もその一つのバリエーションなのである。

双葉地域で生じた原発事故は、たしかに特異な事件ではあるが、それをもたらした起点にあるのは右のような地域社会の問題ではなかろうか。その意味で、第一原発事故からの「復興」の問題は、震災前の

「原発に依存した地域社会」への復帰であってはならないだけでなく、「原発に依存した地域社会」を生み出したような日本社会のあり方そのものを問い直すという方向で議論されるべきであろう。

注

（1）広野火力はその後五・六号機の増設がなされることになり、五号機の工事は一九九九年から二〇〇四年、六号機の工事は〇三年から一三年にかけて行われている。

（2）一九六四年当時における福島県の自治体数は一四市一七郡一〇五町村であるが、集計は六八年以降長期にわたって継続した一〇市一四郡八〇町村の枠組みで統一した。それゆえ双葉郡の数値には、六六年にいわき市となり双葉郡から離脱した久之浜町・大久町は含まれていない。

文献一覧

遠藤正「原発地元町長の実感——原発誘致でプラス九五％マイナス五％」『経営コンサルタント』第三九〇号、一九八一年四月

下平尾勲編『福島県双葉地方の地域振興に関する調査』政策科学研究所、一九九四年

中嶋久人『戦後史のなかの福島原発——開発政策と地域社会』大月書店、二〇一四年

福島県『特別立法の必要性について（電源地域の恒久的な振興を目指すNo.２）』一九八一年

福島民報社編集局編『福島と原発——誘致から大震災への50年』早稲田大学出版部、二〇一三年

双葉地方広域市町村圏組合『双葉地方新広域市町村圏計画』一九八一年

山川充夫「福島県原発地帯の経済現況について」『東北経済』第八一号、一九八七年三月

——「脱原発と地域経済の展望」『地域経済学研究』第二四号、二〇一二年七月

——「高度成長期における東北地方の電源・製造業立地政策」松本武祝編『東北地方「開発」の系譜』明石書店、二〇一五年

第6章 福島県の漁業再生力と原発
――歴史のなかから考える――

濱田武士

はじめに

東日本大震災の影響で発生した東京電力福島第一原子力発電所の事故はいまだ収束していない。事故後、原発構内からは大量の高濃度の放射能汚染水が海に流れ出て、かつて経験したことがない放射能による海洋汚染となった。多くの魚介藻類から放射能物質が検出された。福島県水域の漁業はそれ以来全面自粛したままである。

二〇一二年六月からは安全性を確認しながら魚種や漁獲水域を限定して統制的に漁業を行い、販売する試験操業を行っている。徐々に参加漁業者が増え操業海域も拡大しているが、一七年の漁獲実績は震災前の一二・七％にすぎない。震災から七年が過ぎた現在、福島県の漁業がどのような生産力をもっていたのか、忘れ去られようとしている。

本章では、東日本大震災までの福島県漁業がどのような経路をたどり、原発とどのような関係を築いてきたのかを素描する。

さて、漁業は、水域に生息する資源を採取する、狩猟的な側面が強いことから、農業以上に自然依存であるとされている。一方で漁業は農業と同じく、常に自然の脅威にさらされている。そのため、そこにある自然、そしてその自然と人間の関係が漁業のあり方を決めている。

自然は海と陸上で明らかに違う。海の自然は陸のそれと比較して移り変わりが激しい。たとえば、ある年、ある魚が大量に来遊したと思えば、海流が変わって、まったく来遊しなくなったりもする。どれだけ優れた漁業者でも、自然には逆らえない。その厳しさのなかで努力した者だけが自然の恵みを享受できる。

さらに海には境界がなく、資源には所有権がないことから、採取する技術が優れて、縄張り（漁場）を広げた漁業者は勝ち残り、採取する技術が劣り、漁場範囲（縄張り）を広げられなかった漁業者は相対的に弱っていく。こうして漁業内では強者が栄え、弱者が衰える。

また、漁村は前浜の自然環境がそれぞれであることから、漁村の姿も一様ではない。隣接している漁村でもまったく異なることもある。

図1を見よう。これは福島県の海岸線と前浜の漁場を図示している。福島県の沖合は、寒流である親潮と暖流である黒潮がぶつかって形成される世界三大漁場が広がっていて、さまざまな魚が北から南から回遊し、漁場となる。そのような回遊魚の漁場ができるだけではない。図1に示すように福島県の沿岸から浅く広がる海には、カレイ・ヒラメ類などの底魚やシラス類などの漁場が入り組んでいる。単調な海岸線であっても福島県浜通りにある漁村はそれぞれの顔をもっている。

図 1　福島県の海岸線と前浜の漁場

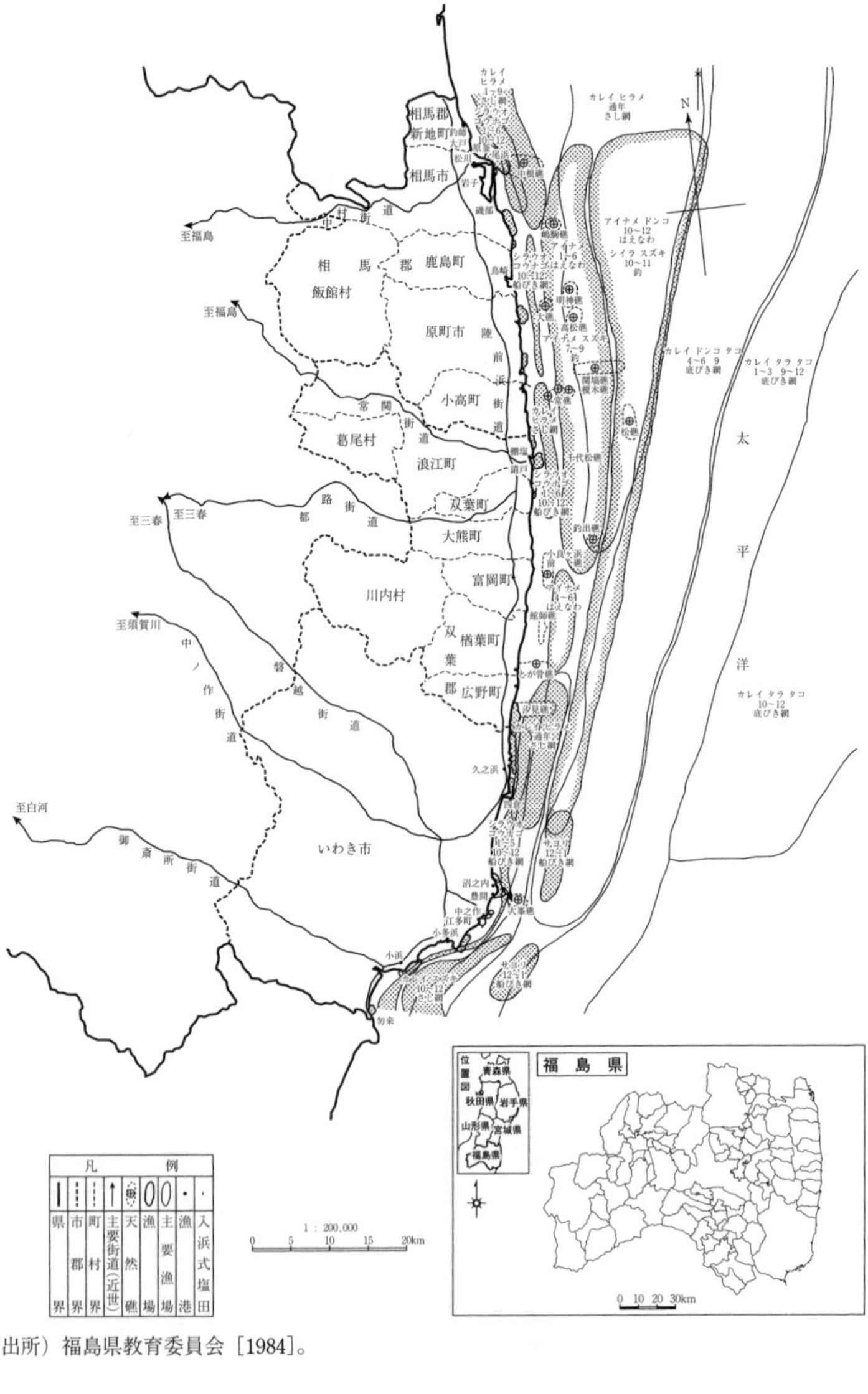

出所）福島県教育委員会［1984］。

ただ、漁村の姿は、こうした自然の変化を受け入れながらも、経済変動のなかで大きく変えられてきたことも我々は知らなければならない。いわき市の漁業基地では資本制漁業が発展するが、その一方では零細漁家で構成される漁村部は地域開発の対象になり、原発を含む電源立地が進んだことである。

以下本論は二〇一六年に脱稿したものだが、いまだ本格的な操業が見通せないなかで、あらためて福島の漁業の歴史を見直すことは、その再生に向けて意味のあることだと思われる。戦後の漁業振興と電源開発振興による地域開発との狭間のなかで、福島県漁業の生産力には、どのような特性があったのであろうか。福島県漁業がたどった道筋と、原発立地をめぐる情勢をふまえて、最後に今後の福島の漁業・漁村を考えてみたい。

1　福島県漁業の展開史

(1)　明治からの漁業近代化とカツオ産業の盛衰

近世には日本の沿岸漁業の漁法は出揃ったとされている。もちろん、それは地域ごとに異なり、または各地で創出された漁法もあれば、漁業先進地から伝播し広がった漁法もある。福島県にも、伝播してきたものもある。

近世からすでに漁業の沖合化は始まっていたが、全国的に沖合漁業が発展するのは明治期であった。

福島県では、イワシ漁、カツオ漁、マグロ漁、サンマ漁、ホッキ漁、サケマス漁、タコ漁などが栄えた〔福島県教育委員会　一九八四：二二一―二二二〕。ホッキ漁は福島ならではの漁業であるが、他の漁業種については他県でも見られた傾向である。無動力漁船を使った、地曳網漁、揚繰網、棒受網、打瀬《うたせ》網、竿釣り、壺漁業等が行われていた。これらのなかには近世に紀州から伝播した技術もある。

こうして近世から明治期にかけて、福島県漁業も他県と同様、生産力を向上させながら、多様な姿を呈していたが、福島県の戦後漁業発展の前史として、知っておくべき明治期に栄えた産業がある。カツオ産業である。

現在、県内で行われているカツオ漁についてはまき網のみで一本釣り漁船は存在しない。漁場も遠い。だが、戦前までのカツオ漁とは一本釣り漁船によるものであった。カツオ一本釣りは、餌として活きたイワシ類を用いるが、その活きたイワシ類は棒受網により獲られたものであった。当時、県下三〇余りの各漁業集落で、岸から見える範囲で行われていたという。

カツオ一本釣り漁業の発祥の地は静岡県焼津である。このカツオ一本釣り漁業と一緒に栄えたのが鰹節産業である。福島県内でも、鰹節は藩政時代から製造されており、領主の将軍家への定期献上品の一つであった。製造技術は、「土佐の製造技術が紀州に伝わり、次いで関東に入り、関東地方から伝来した」〔江名町漁業協同組合　一九六二：二〇〕という説がある。それだけでなく「かつお節製造は嘉永年間（一八四八～五三年）土佐より教師を招聘し、製造の改良をはかり、土佐節として販売された」〔江名町漁業協同組合　一九六二：二〇〕ともあり、藩政時代からカツオ産業が芽生えていたことがうかがえる。

しかし、鰹節産業が本格化するのは明治後期からである。しかも、その頃から、県産の鰹節は「磐城節」というブランドで関西方面に流通した。

日本国内の鰹節産業の近代化は、日本の漁業生産力が伸び悩むなかで農商務省の「水産巡回教師制度」のもとで進められた。

「水産巡回教師制度」は、一八八六（明治一九）年に大日本水産会が創出した制度［大日本水産会　一八八六：一五］で、九四（明治二七）年に農商務省に移管されたものであった［佐々木・宮澤　二〇〇九］。移管後、この制度のもとで、各県が静岡県焼津から鰹節の技術者を招いて製造技術指導を受けたのである。

福島県では、一九〇二（明治三五）年から焼津の技術者を招き入れ、さらに大正期に入ってからは福島県水産試験場内に「鰹節伝習所」が設置されて技術指導が行われた。「常磐節」は、「脂ののりすぎた常磐海域のかつおでは土佐産に遠く及ばなかった」ので、「原料の欠点を加工技術に於いて補給し、東京市場に於いては相当の好評を博した」［江名町漁業協同組合　一九六二：二〇］とされているが、殖産興業下での鰹節産業の育成が成果を出していたということになろう。

こうして江名、中之作、小名浜、四ツ倉においてカツオ産業が発展したのである。請戸でもその傾向が見られたが、いわき地区が中心であった。最盛期には江名だけでも約八〇軒の製造業者がいたという［草野　一九七八］。

しかし、カツオ漁船は、カツオ漁場の遠隔化によって他県の漁船との競合が激しくなり、他漁業への転換が進んだ。江名では大正初期五五隻あったが大正末期には二六隻まで減っていた。カツオの水揚げは昭和初期までしっかりとあったものの、減船にともない鰹節製造業者も徐々に減り、戦後から八〇年代まで数軒の業者が細々と続けていたようだが、震災後どのようになっているのかは確認されていない。

このように明治期から昭和初期にかけてイワシ棒受網、カツオ一本釣り漁業、鰹節産業で構成されるカツオ産業の栄枯盛衰が見られた。この動きは福島県だけの動きではなく、宮城県気仙沼市、岩手県宮古市、青森県八戸市など他県の漁港都市でも見られた現象である。

(2) 大正期から開戦までの漁業

大正期初期においてカツオ一本釣り漁業と並び、主要な漁業であったのはサンマ流し網漁業と打瀬網漁業である。

サンマ流し網は、福島県では一九〇五(明治三八)年に茨城県から伝播し、その後、いわき地区に広がった。打瀬網は、帆に風を受けた風力で網を曳く無動力の漁業帆船を使う漁法で、手繰り網から発展したものである。三河湾地方からきた漁師によって営まれていたときもあったとされている[江名町漁業協同組合 一九六二:四六]。

この時期、資本制の漁業も発展する。福島県では大正末期から機船底曳網漁業が始まった。

日本の在来底曳網漁法は、近世に開発された手繰り網や打瀬網漁法であったが、明治期後半、底曳網漁業の動力化と外来技術が同時に進んだ。それらの漁業は機船底曳網漁業と呼ばれるようになった。

通説として、その嚆矢は、一九〇三(明治三六)年に鳥取県の奥田亀蔵が大阪で建造した海光丸(一五二トン）だとされている。だが、これは木造船であった。鋼船では〇八（明治四一）年に長崎県の英国人クラバーの子息倉場富三郎が英国から輸入したトロール船（一六九トン）が最初であった。深江丸と命名されていた。英国人二人を雇い入れて操業した。

福島県では、一九二四（大正一三）年に江名出身の機関士が新潟から持ち込んだのが始まりとされているが、小名浜に茨城県磯浜の業者が持ち込んだというのもあれば、中之作の漁業家が新潟県から導入したという説もある。いずれにしても成績良好であったことから、大正末期から昭和初期にかけて福島県で機船底曳網漁船が急増した。

それ以前、打瀬網漁業が盛んであったことから、それらの担い手が転換したのであろう。一九三四（昭和九）年度には許可隻数は一二七隻になっていた。無許可船や許可申請中の隻数は八〇隻になっていたとされる［江名町漁業協同組合　一九六二：七〇］。

翻ると、大正期、全国的に機船底曳網漁船が激増していた。一九一五（大正四）年に一一隻だったのが、一七（大正七）年に二九八隻、二一（大正一〇）年には八七七隻となっていた。

底曳網漁業は機動的に漁船を運用するうえ能率漁法であるがゆえに、資源乱獲を招きやすく、沿岸漁業者との紛争が発生しやすい。それゆえ大正期は全国沿岸で漁場紛争が勃発した。このような状況に対して農商務省は一九二一年に「機船底曳網漁業取締規制」を制定し、知事許可漁業として漁業管理が行われるようになった。

言うまでもなく、福島県でも、機船底曳網漁船が激増したのだから、資源減少や沿岸漁業者との漁場紛争が絶えなかった。

それゆえ、一九三四年度に整理案が台頭した。その案は、許可されていた江名の六五隻の機船底曳網漁船を五七隻に、小名浜の三二隻を二八隻に、四ツ倉の一一隻を八隻に、豊間の八隻を六隻に、久ノ浜の九隻を七隻に、請戸の二隻はそのままにするというものだった。しかし、整理案は実現されず、漁船はさらに増えた。その後、政府が全国で急増した機船底曳網漁船を一斉に三割整理する減船案を出したが、それも実現されなかった。

昭和期に入ると、小名浜で千葉式揚繰網と呼ばれているまき網漁業が始まる。一九二七(昭和二)年のことである。先進地である千葉県から導入されたものであった。この漁業では、もっぱらイワシが漁獲された。好調であったことから隻数も著しく増加した。福島県内では、三五(昭和一〇)年に一九統(うち小名浜九統。複数の船で一つの網を運用する漁法の場合、「隻」を使わず「統」で数を表す)、三六(昭和一一)年に三四統(うち小名浜一八統)、三七(昭和一二)年には五六統(うち小名浜二九統)にいたった。三五年は大漁であったという。しかし五年後にはまったく獲れなくなった。しかも戦局が厳しくなったことで次々と漁船が戦地に徴用されていった。

イワシ漁が再開するのは戦後であり、一九四七年からであった。

(3) 戦後復興のいわき地区

太平洋戦争が勃発すると、第二次世界大戦で国内の漁船は徴用され、漁船不足になっていた。戦中の漁獲量は大きく落ち込んでいた。そのため、戦後、極端な食料難のなかで水産物供給には大きな期待がかかった。

しかし、漁船が不足しているため、すぐには生産の回復が見込めなかった。そのため、日本政府は傾斜生産方式とあわせて、一九四七年に漁船三三万トン計画を施行。漁業にも、復興金融を向けた。許認可体制が十分に整備されていないなかで、全国的に、機船底曳網漁船が急増する。福島県内でも五二年には機船底曳網漁船が一九五隻にまで達していた。

一九四八年に水産業協同組合法が制定されると、沿岸漁民で組織する沿海地区漁協が二六組合設立（二二漁業会から移行）、主に漁業家が組織する業種別漁協の設立も相次いだ。中之作機船漁協（のちに中之作漁協に名称変更）、江名機船漁協（のちに江名漁協）、小名浜機船漁協、福島県まき網漁協、福島県鰹鮪漁協、四ツ倉機船底曳網秋刀魚棒受網漁協である。次いで福島県漁連、福島県信漁連など系統団体も設立された。こうして福島県内の漁業組織が出揃った。

沿海地区漁協は、地域別に組織されるため県内全域まんべんなく組織されるのだが、業種別漁協は漁業家が集まる地域で組織される。業種別漁協が設立された地域を見ると、すべていわき地区内である。福島県漁連や福島県市漁連もいわき地区である。福島県漁業の拠点はいわき地区であったと言えよう。

さて、一九五二年にＧＨＱが撤退するが、その際に戦後に設定された漁区ライン、マッカーサーライン（漁船の操業を日本近海域に封じ込める境界線）が撤廃された。同時に大正期から国策産業として勃興していた北洋漁業が再開した。

象徴的なのは母船式北洋サケマス漁業で、北洋海域で小さな漁船がサケマスを漁獲し、母船において洋上で缶詰を製造する漁業である。大規模に行われる。カムチャッカ半島近辺の水域で、大正期に何度かの試験操業を行い、一九二九年に本格的に操業が始められた。その担い手は日魯漁業であった。三三年には企業数一〇、母船数一九隻にも達し、その後も順調に成長した。ソ連の漁船との漁場紛争も生じることから、軍艦の援護のもとで行われた。しかし、戦時体制に入って物資を確保するのが難しくなり、敗戦前に休止した。

北洋漁業が再開したとはいえ、戦前のように漁場を使うことができないことから、まずは試験操業が行われた。一九五二年、カムチャッカ半島周辺水域に大洋漁業、日本水産、日魯漁業の三社（三船団、独航船五〇隻）が出漁した。その後、船団は拡大。五五年には、一四船団、独航船三三四隻と急拡大していた。

しかしながら、この動きに対抗するかのように、ソ連政府は一方的にブルガーニン・ラインを設定し、操業水域を規制した。これに対して日本政府は国際法違反だと抗議するが、出漁準備に備えていた一九船団、独航船五〇〇隻のために、急いで五六年に「日ソ漁業条約」を締結し、ソ連側の規制のもとで母船式サケマス漁業が行われた。

この漁業は、大手水産会社による漁業独占とも言われたが、実際にサケマスを漁獲するのは独航船であった。東北中心に全国の漁業家の漁船が大手水産会社の系列下に属して船団を組んで行われた漁業である。福島県では、中之作、江名、小名浜、四ツ倉の漁業家が仕立てた漁船が大手水産会社各社の系列に属して北洋に出かけた。独航船に向けられたのは、機船底曳網漁船だった。

他方、全国的に機船底曳網漁船がマッカーサーラインによって狭隘化していた漁場のなかに急増していたことから、国内の近海域は紛争が多発していた。

このことと漁場の限界に鑑みて政府は、転換政策を打ち出す。「沿岸から沖合へ、沖合から遠洋へ」をスローガンにして過密になった沿岸・近海域の漁場から漁船を間引きして沖合あるいは遠洋に転換させる政策であり、機船底曳網漁船を北洋漁場に向けたのである。福島県内の機船底曳網漁船は六六隻が北洋転換した。その多くがいわき地区の漁業家の漁船である。県内に残ったのは八八隻（一九五六年）であった。

高度経済成長期に入ると、漁業投資も外延的に拡大する。いわき地区の漁業家も、北洋サケマス、北洋トロール、遠洋カツオマグロ漁業、サンマ棒受網漁業、大中型まき網漁業、沖合底曳網漁業への漁業投資を活発化させた。

しかし、いわき地区の遠洋漁船は六〇年代から船数が減少した。福島県漁連の資料(1)によると、一九五六年六六隻あった北洋トロール漁船は七〇年に一一隻に減少した。七三年に発生したオイルショックを受けて遠洋カツオマグロ漁船は一五〇隻（六九年）→六四隻（七七年）→六一隻（七八年）と減少し、日ソ交渉および二〇〇海里体制への突入により減船事業が進んだ母船式サケマス漁業の独航船は、七八隻（七一年）→六三隻（七七年）→二一隻（七八年）と減少した。母船式の独航船は、北太平洋公海域でアカイカなどを捕獲する公海イカ流し網へと漁業転換をはかった。単船でサケマス漁をする中部サケマス流し網漁船は、二一隻（六三年）→二〇隻（七六年）→一六隻（七七年）とさほど大きな変化はなかった。

漁船は減ったものの、この時代は継続的に物価が上昇していたことから、金額ベースでは漁船漁業の存在は大きかった。遠洋カツオマグロ漁業の水揚げは県内船だけで一〇〇億円（一九七八年）を超えていたし、サンマ棒受網も八〇億円を超えていた。

この二つの漁業の合計金額だけで震災直前の福島県全体の水揚金額に達していたのである。しかも、稼いでいたのはいわき地区の漁業家である。この稼ぎは、漁船の乗組員だった相双地区の漁民にも行き渡っていた。

いわき地区は、漁業資本の拠点と漁村が混在し、県央から県北は沿岸漁民が生業を続ける漁村が並んでいた。それらの漁民の後継ぎ以外のほとんどは、雇われ漁業就業者としていわき地区の漁船に乗り込んでいた。

一九六〇年代から七〇年代にかけては、北洋漁業に陰りが出てくるなか、「沿岸漁業等振興法」（六三年制定）のもと、漁港だけでなく漁場、漁具・漁船、水産物流通のための施設の整備が進み、沿岸漁業の近代化がはかられるが、ただ、断崖絶壁の海岸線で漁村が少なく、また貧困地帯でもあった双葉郡の町では原発立地が進められる時期でもあった。

福島県漁業のあり方が決まる大事な時期であった。

（4）二〇〇海里体制以後の福島漁業の変容

一九七七年、米国とソ連が国連海洋法条約の採択、発効を前倒しにして二〇〇海里漁業専管水域を宣言すると、日本を含む世界の沿岸国が米国とソ連に追従して二〇〇海里宣言を発した。

このことで日本漁船が世界の水域から締め出され、遠洋漁業の衰退が決定的となる。七〇年代には、一九七三年と七八年の二度にわたりオイルショックがあった。燃油高騰を乗り切るために低金利への借り換えを政府は促したが、漁業経営は借入過多となっていた。遠洋への漁業投資は行き詰まった。いわき地区の漁業家も厳しい局面を迎えた。

そのようななか、日本近海ではマイワシの漁獲量が増大する。まき網、定置網などでマイワシ漁が活況を呈し、八〇年代後半には昨今の日本の総漁業生産量を上回る四〇〇万トンを超える。小名浜を基地にしたまき網船団も、マイワシの大漁に沸いた。四ツ倉地区には、漁業者団体が運営するフィッシュミール工場も建設された。

時はバブル経済である。内需拡大政策のなかで、獲れれば売れるという状況であった。しかも、マグロなど高級魚においては価格が高止まりしていたし、金融機関の貸付競争が激しかったことから、代船に取り替える漁船建造が相次いだ。漁船漁業の過剰投資に拍車がかかった。

ところが、九〇年代に入り様相は一変する。マイワシ資源が大激減する。漁獲するものを失ったまき網漁船の経営は一気に悪化した。それを受けて一九九二年から大中型まき網の減船事業がスタートする。遠洋カツオマグロ漁船の淘汰も進み、さらに九八年には国内で大規模なマグロ延縄漁船の減船事業が行われた。北洋漁業から転換した公海イカ流し網漁業は海産哺乳動物と鳥類を混獲することから批難され、一九九一年に国連総会の決議によってモラトリアムが決まり、漁業者は転換か廃業を余儀なくされ、遠洋イカ釣り漁業へと転換する。しかしながら、その遠洋イカ釣り漁業も、出漁先のニュージーランド、アルゼンチン、フォークランド漁場での不漁や採算割れが続き撤退、廃業が続き、今となっては無に等しい状態である。

こうした漁船漁業の縮小再編のなかで、いわき地区の漁業家も撤退、廃業、経営規模の縮小を進めた。福島県の資本制漁業は大きく縮小した。

一方、相馬地区では、福島県沖合で操業する沿岸・沖合漁業の相対的地位が高まるとともに、漁船漁業の衰退で生産力が落ち込んだいわき地区と拮抗し、浜の活力は逆転した。船曳網や沖合底曳網漁業は、後継者を確保している経営体が多く、またホッキ漁は、資源枯渇などの教訓をふまえて始めた資源管理やプール制の導入により優良な存在になっていた。小資本的漁業が栄えた。新地、相馬原釜、磯部、請戸など相双地区の漁業は相対的に安定した。いわき地区ではあるが、久ノ浜地区も含めて漁協の販売努力も功を奏した。

ここで図2を見よう。これは福島県水域内を中心に操業している漁船と、福島県水域外を中心に操業している漁船の総漁獲量の推移を表している。前者は、沖合底曳網漁業（小型底曳網漁業から発展したものが多く、県内の沖合操業を中心としている）も含まれているが、ほぼ沿岸漁業（以下、沿岸漁業）であり、後者は完全に沖合・遠洋漁業である。

この図で見てとれるように、沖合・遠洋漁業は七〇年代後半から急激に増加し、八〇年代後半から急減している。これは、先述した大中型まき網漁船によるマイワシの大量漁獲とその後の急減によってもたらされたものである。図中の「カツオ・マグロ以外の大中型まき網漁業」の漁獲量の推移はマイワシの漁獲

図２　福島県水域内外の漁獲量の推移

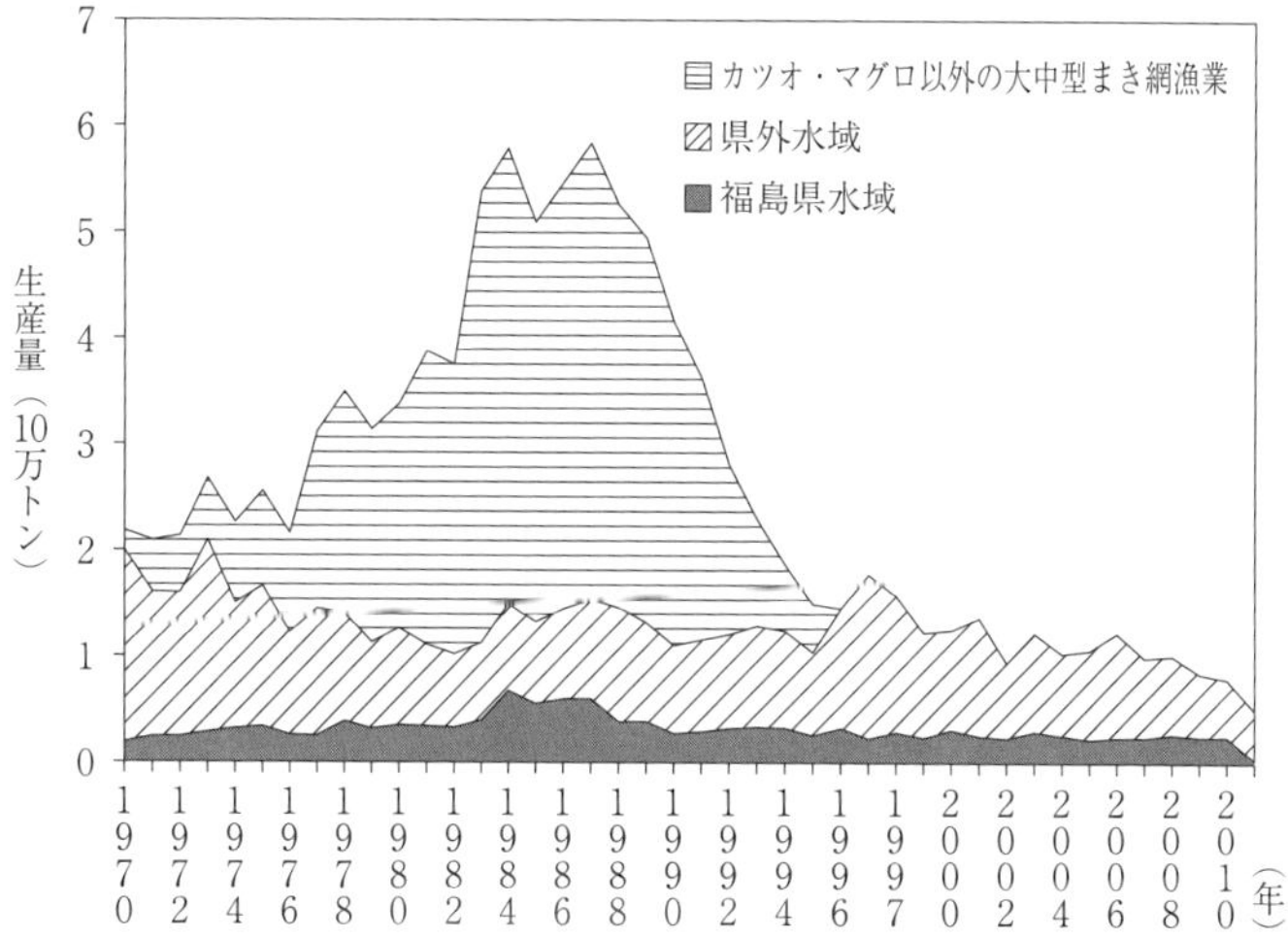

出所）福島県庁。

図３　福島県水域内（沿岸漁業種別）の漁獲量の推移

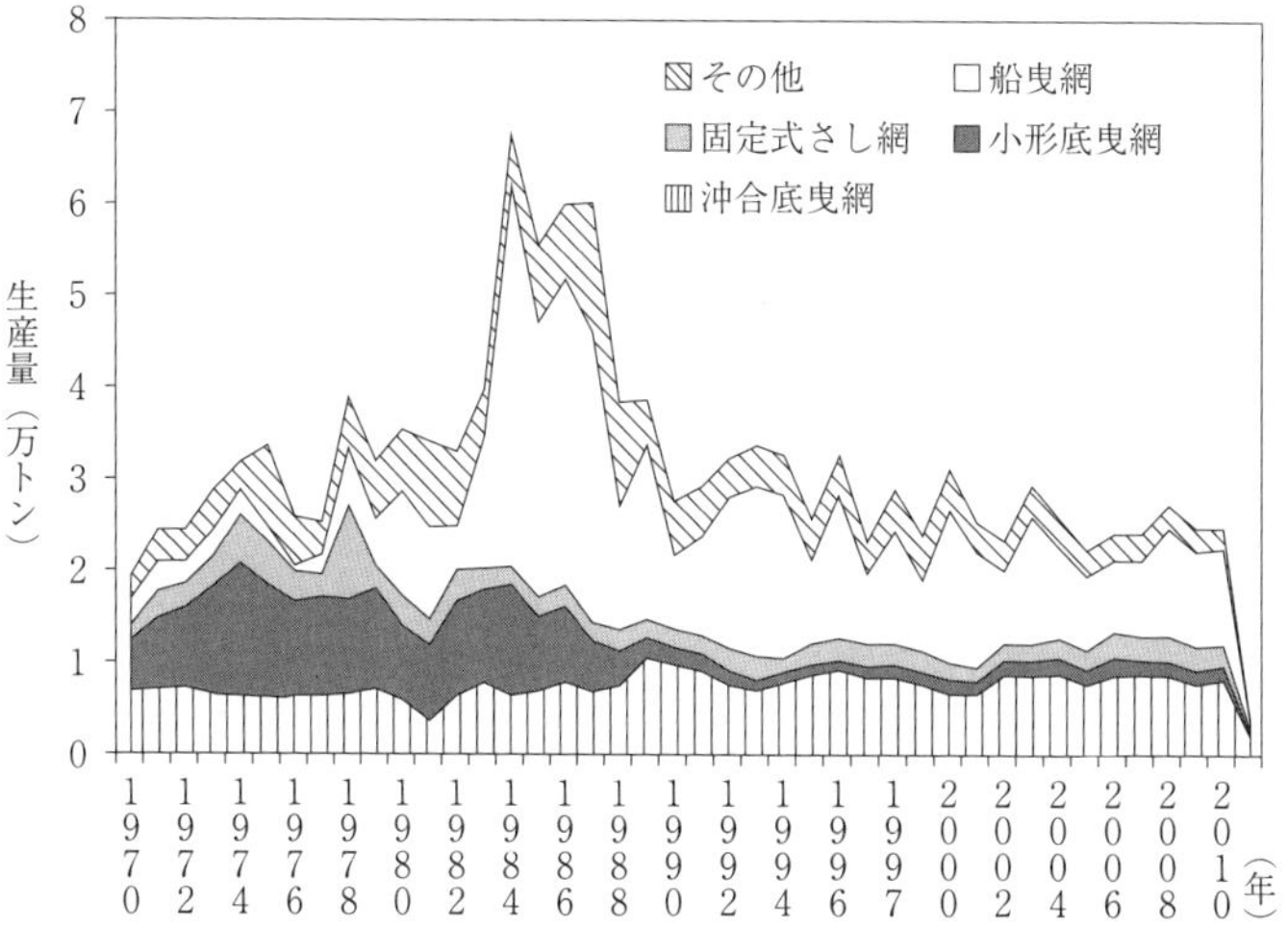

出所）福島県庁。

量によって急激に増え、急激に減った。

一方で、図3に描かれているように沿岸漁業の生産量も八〇年代に急増し、同じように八〇年代後半に急減する。これは、船曳網漁業の生産量によってもたらされたものである。船曳網漁業は、コウナゴやシラスを漁獲対象としている。シラスはマイワシやウルメイワシの幼魚である。

つまり、大中型まき網漁業の大漁期といい、船曳網漁業の大漁期といい、イワシの大量発生によって福島県の生産量が高位に達していた。

ただし、ここで注意深く見てほしいのは、沿岸漁業の生産量が、イワシ大漁に沸いた時期を除くと、東日本大震災が起こるまではきわめて安定していたことである。イワシ大漁期を終えて、大中型まき網漁業の経営は悪化の一途を辿り、その他の沖合・遠洋漁業もデフレ不況のなかで不振を極めていった。

換言すると、いわき地区を拠点にした資本制漁業の盛衰は激しかったが、相馬地区を中心に沿岸漁業は比較的安定し、生産量の相対的な地位を上げたのである。

とはいえ、漁業者の数は減少の一途を辿る。漁協の組合員数を見ると、一九四九年：三三〇九人、五九年：四六九八人であったのに、二〇一一年には一五九五人（正組合員一二六七名、准組合員数は三二八名）とピークの三分の一となった。

同じ被災県である宮城県や岩手県の組合員数が正・准合せて一万人を超えていたことから、数だけ見ればば見劣りする。しかし、二〇〇三年の漁業センサスによると後継者の確保率は全国一位、〇八年の漁業センサスによると国内二位であり、底力を見せていた。

2　原発立地と漁村

（1）電源立地と地域社会

日本における原子力発電所はすべて沿岸部に立地する。核燃料を使って、温排水を出す原子力発電は漁民にとって迷惑なものでしかない。

ただ、原発の立地、増設を受けて地域還元を約束する電源三法交付金制度がある。これにより立地地域にはさまざまな施設の造成がもたらされる。原発立地地域への経済的恩恵とは、多くが施設建設にかかわるところである。

浜通りの市町村はその恩恵を享受した。浜通りに使われた電源三法以外も含めた交付金の総額は一九七四年から九〇年の間で約八一七億七〇〇〇万円である［清水　一九九二］。

その一方で、原発立地や埋め立てなどの地域開発の受け入れをめぐっては、どのような地域でも「推進側」と「反対側」に地域住民が分かれ、激しく対立する。地域社会の分断は免れない。その後禍根を残すこともある。

だが、立地や開発が決まったあとの経済波及効果は大きい。その一つは損害補償である。開発地域あるいはその周辺地域における生業が開発によって迷惑を被る場合、民法第七〇九条の「他人の権利の侵害」にあたるため、開発サイドは開発前なら補償というかたちで、開発後なら損害賠償というかたちで侵害する相手の補償や賠償の請求に応えなければならない。

漁村において臨海開発を受け入れると、地元漁業界は、事前に補償金、事後に協力金、警戒船としての傭船などの経済波及が約束される。損害補償については漁業権だけが対象と思われがちであるが、漁業権を必要としない自由に行われている漁業も対象であり、問題はそのような生業の実態があるかどうかである。それゆえ、補償金とはそれまでの収入や所得との関係で決まる。もちろん、補償金支払いには算定根拠があり、妥当性の問題はあれども、基本的には正当な根拠なきものはあってはならない。いずれにしても補償や賠償をめぐる手続きはほとんどの場合、漁協を介してとなり、漁協自体も補償の対象になることもある。また地域でまとまって漁業振興のための基金にするというケースもよく見受けられる。

原発立地や地域開発受け入れは、それによる経済効果をいかに引き出すかという条件闘争がつきまとうのも確かである。条件闘争は地域経済を守るための最後の闘争であるがゆえに、周辺からは冷めた目で見られがちである。漁協は開発に抵抗すると国益を妨げると攻撃されるが、開発を受け入れると「ごね得」と攻撃されてしまう。いずれにしても、開発候補地となれば、その地域社会は混乱し、地域外からの揶揄を免れない。

とはいえ、原発立地や立地企業の工場に漁民の家族が就業することも少なくなく、進出企業と地域は徐々に一体化していく。企業城下町と言うまでもなく、外貨を域内にもたらす重要な資本の拠点になる。開発を受け入れたあと漁民はこれら立地企業と共存していくほかない。

（2）電源密集地と漁業

福島県の浜通りは、農作物の産地であり、水産物の産地でもあるが、同時にこの地域はエネルギー産地でもある。

図4は福島県浜通りに立地した発電所、予定されていた発電所あるいは発電所に燃料を送るガス田の位置を記している。原子力発電所は、東京電力福島第一原発と第二原発がある。その他、東北電力浪江・小高原子力発電所の建設計画があった。火力発電所は、相馬共同火力発電株式会社の火力発電所、東北電力原町火力発電所、東京電力広野火力発電所がある。電源密集地である。

ところで、火力発電所と原子力発電所の違いは、熱源が火力か、原子力かであり、蒸気でタービンを回す基本的機構は同じである。火力の燃料は石炭と石油などがある。

日本では、これら火力発電所や原子力発電所は海辺に立地しているが、どちらも燃料資源が輸入資源であり、大量の冷却水が必要だからである。

冷却水は、発電のためのタービンをまわす蒸気を冷やし、もとの水の状態に戻すために使われる。その冷却水は温排水となって海に放水される。多くの発電所では、取水・放水の温度差は七度以下とされているが、大量に温排水が放水されるのならば海域の生態系に与える影響はないとは言えない。沿岸漁業者にとって発電所は、火力であろうが、原子力であろうが、どちらも迷惑施設なのである。もちろん、原子力発電所においては温排水のなかに放射性物質が混入するのではないかという疑惑と、その疑惑に加え「風

図 4　福島県浜通りに立地している電源など

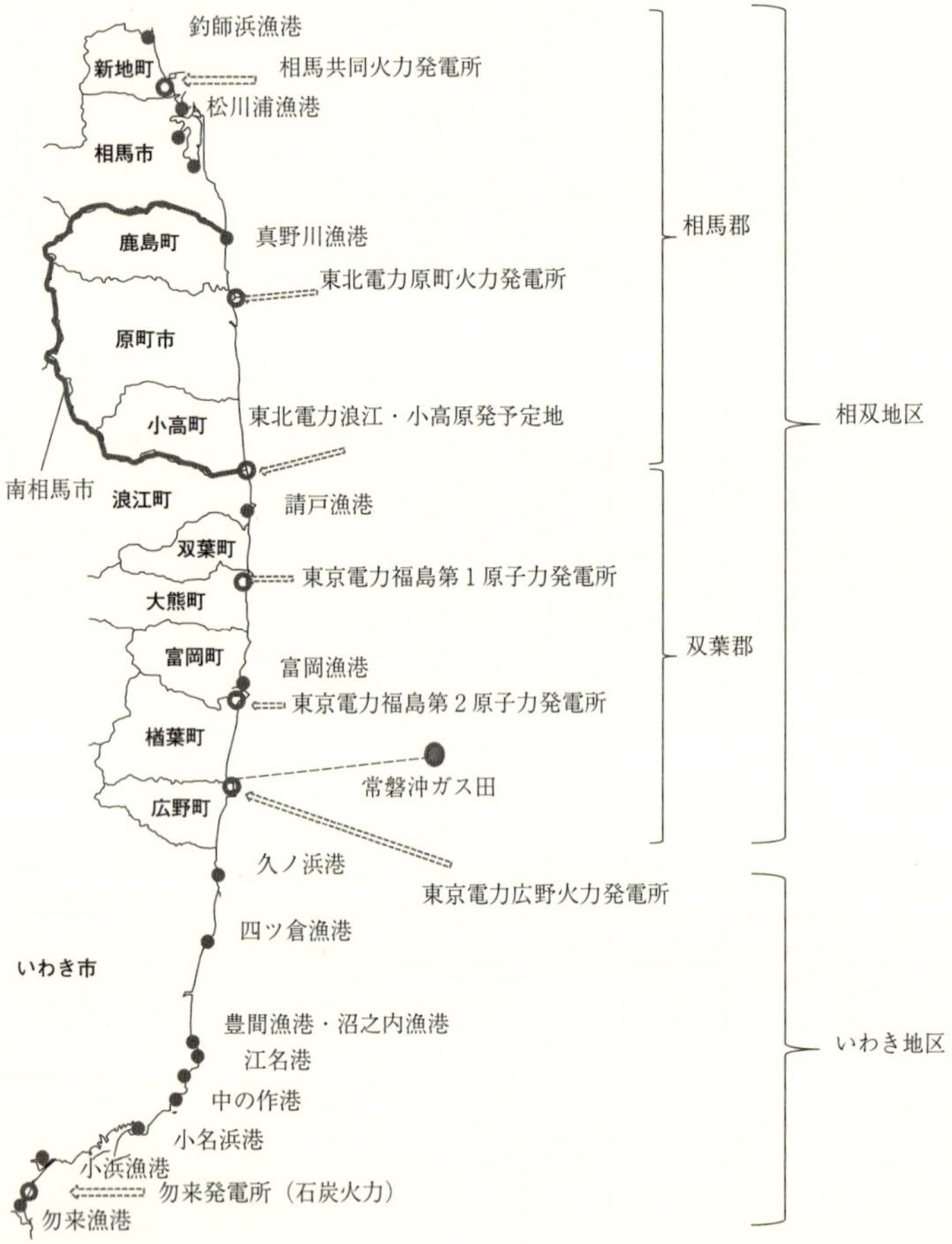

出所）筆者作成。

評」がともない、事故を起こすと放射能災害を引き起こす可能性がある。それを考慮すると原子力発電所の立地のほうが地域に抱えさせるリスクは大きい。それゆえ、原発立地の場合は、受け入れ自治体に恩恵がでるような地域開発政策がともなうようになる。

だが、放射能漏れという事故さえ起こさなければ温排水がもたらす漁業被害への影響は火力も原子力も同じであり、漁業者に対する権利の侵害についても差異はない。漁業補償はどちらの場合も、環境アセスメントの調査によって特定される温排水の影響範囲（海水温が一度以上変化する範囲）に対して実施される。ただ、原子力発電については火発以上に漁業者が危惧する要素がある。

その第一は、原発から放水される温排水の量は火発よりも圧倒的に多いことである。原子力発電はベースロード電源として位置づけられていてタービンの稼働率が高いし、火発に比べて蒸気の冷却に大量の用水を必要とするからである。

第二に、温排水のなかに放射性物質が混入するのではないかという疑惑である。もしそうであるならば魚介類に放射性物質が濃縮する。またその理屈が魚の買い控えをもたらして、「風評」被害を発生させる可能性がある。ビキニ環礁諸島における米国の水爆事件ののち、全国のマグロが暴落したことは有名な話である。[2]漁業界では忘れられない日本初の風評被害だった。

漁民側の懸念に対して行政当局、電力会社、開発公社によって温排水や放射能の安全性に関する説得活動が行われるのだが、当時は海への影響はよくわかっていないことが多かった。そこで海洋生物環境研究所が一九七五年に発足し、[3]電源立地にともなう海洋環境への影響調査が本格的に行われるようになった。

一方では、温排水の有効利用策なども行われるようになった。温排水を利用した魚介類の幼稚魚の育成事業である。福島県では、八〇年一月に福島県栽培漁業協会が設立され、大熊町に栽培漁業センターが建設され、福島第一原発の温排水が利用されるようになった。

(3) 東京電力福島第一原発の立地

福島の沿岸に立地した初の発電所は、石炭火力である勿来《なこそ》発電所（県南に立地）である。東北電力、東京電力、常磐炭鉱会社の出資により設立した常磐共同火力株式会社が事業主体である。一号機、二号機の運転が始まったのが一九五七年である。

次が東京電力福島第一原発である。一九六〇年に佐藤善一朗福島県知事が原発誘致を表明し、その後、東京電力によって土地買収などが行われ、建設にいたる。

立地は双葉町と大熊町をまたぐ用地である。その用地の大半は、戦前は旧陸軍航空隊基地、戦後は製塩事業が一時行われていた国土計画興業の所有地であった。そのことから国土計画興業に対しては東京電力が直接交渉し、民有地については福島県開発公社が地権者に対して用地買収の交渉を行った。民有地のほとんどは大熊町側にあった。

その大熊町は、地域開発に関する総合調査を早稲田大学と東京農業大学に依頼していたこともあり、企業誘致に意欲的であった。買収は比較的円滑に進んだ。しかし漁業補償の交渉においては難航した。東京電力から福島県漁連に申し出があったのが、一九六六年四月九日、東京電力と漁協との間で「漁業権損失補償協定」が結ばれたのは同年一二月二三日であった。もちろん、協定締結に向けてのプロセスが始まる前から、放射能による海洋汚染を危惧して反対を表明する漁業者がいたり、共同漁業権消滅にともない優良な漁場を失うことへの反発もあったりと混乱があった。

しかしながら、福島県の浜通りのなかでも、富岡町、大熊町、双葉町は最も貧困な地帯であったことから、行政関連機関や地元政治家の説得のもと妥結に向かった。むしろ、協定締結に難航したのは地元よりもその他地域の漁業者との交渉であった。

通常、漁業補償の締結先は温排水の影響が及ぶ範囲である。ただ、東京電力福島第一原発立地予定地の沖合には、相馬地区といわき地区の漁業者（一本釣り漁業、刺し網漁業などを営む漁業者）も入り会っていた。理屈のうえでは、温排水の影響はそれらの漁業者にも及ぶ。そのことから締結が難航したのである。

補償金を受け取ったのは温排水が直接影響する旧請戸漁業協同組合、旧富熊漁業協同組合、旧久ノ浜漁業協同組合だけでなく、旧四ツ倉漁業協同組合、旧小高漁業協同組合、旧鹿島魚漁協同組合、旧磯部漁業協同組合、旧相馬原釜漁業協同組合、旧新地漁業協同組合である。

だが、漁業補償はあくまで、東京電力福島第一原発の立地・開発にともなって漁協が放棄する地先《ちさき》の共同漁業権海面五四ヘクタール（沖合一五〇〇メートル、横浜三五〇〇メートル）に対してであった。東京電力福島第一原発の六基の全出力は四六九・六万キロワット、冷却水は毎秒二四五立方メートル、用水は一日当たり一万一〇〇〇立方メートルであった。

補償金額は、通常年収益、利率を元に、ある年限分に該当する収益を計算した額であり、算定方式は決まっている。東京電力福島第一原発の立地においては総額一億円となった。これはあくまで最低補償額であり、これとは別に漁業振興基金二〇〇〇万円（漁業振興に使われる基金）が積み立てられた。

東京電力に対する交渉は上部団体の福島県漁連が行ったが、各漁協に支払われた補償金については各漁協の裁量で行われたため、組合員にどのように分配したか、また配分しないでどのように処分したかは定かではない。おそらく漁協の事業利用実績に応じて組合員に補償金を配分しつつも、一部は事務費として漁協の収入になったと思われる。ただ、組合員に配分される金額は多額とは言えない。関係した組合員が二〇〇〇人（一九六六年の県内の組合員数四二一一人）だとすると一人当たり平均五万円となる。福島県漁連への一〇％増資が約束されていたことから平均四・五万円となる。

現在と比較すると物価水準が低かった時代とはいえ、巨額の補償金を得ていたわけではなかろう。しかし、その後の電源立地にともなう漁業補償は高額化していくのである。

（4）漁業補償

一九六八年一月四日に木村守江福島県知事が、東北電力浪江小高原発と、東京電力福島第二原発の構想を公表する。

だが、東北電力浪江小高原発については震災後の二〇一一年一二月二二日浪江町議会において白紙撤回決議がなされ、東北電力においても一三年二月二八日に計画の取りやめにいたった。

四五年の間に原発推進派と反対派の攻防があった。漁業界においては、一九八〇年七月二八日に旧請戸漁業協同組合を含む七漁協と東京電力との間で交渉（漁業振興資金：五億七〇〇〇万円）がまとまったが、旧請戸漁協の漁業者のなかに反原発派がおり、「浜通り原発火発反対連絡協議会」代表に、建設予定地内の土地六四四平方メートルを無償で提供し、建設を阻止していた。

東北電力は用地買収の説得を続け反対派勢力が衰えるのを待ちながら建設計画を延期したが、そうしている間に東日本大震災が発生した。福島県内に電力供給できれば新たな地域工業化が推進できるので、福島県としては「東北電力の原発建設こそ、本来の願望であった」［中嶋　二〇一四：一四二］という。

東京電力福島第一原発の一号基の運転が始まったのは一九七一年。この年四月三〇日、東京電力は、福島第二原発（四基の全出力：四四〇万キロワット、冷却水：毎秒三二二立方メートル、用水：一日当たり一〇〇〇立方メートル）と広野火発（二基の全出力：一二〇万キロワット、冷却水：毎秒五三立方メートル、用水：一日当たり五三立方メートル）の補償協定の申し出を行い、福島県漁連との間で締結に向けての交渉が始まった。

締結は一九七三年六月一三日。補償金は福島第二原発が一一億八〇〇〇万円、さらに協力金として五億円、広野火力においては補償金が一三億二〇〇〇万円、協力金が五億円である。

協定書を見ることができないため、協力金の内容については定かではないが、おそらく発電所立地にともなう船舶航行の増加などに対する警戒業務の費用に充てられたと考えられる。このとき福島県漁連への二％増資も決まった。

一九七八年一月二五日には「核燃料の海上輸送と水産物に対する影響補償等の協定」が締結する。八〇年には、築地市場で請戸沖の漁獲物が出荷停止となる。これとあわせて使用済み燃料船積みにかかわる迷惑料を福島県漁連が東京電力に要求する。

そこで、一九八一年二月二五日に福島県漁連が一〇〇〇万円、東京電力が五億円、八月三一日にさらに二億円を出捐して、相馬双葉漁業調整基金が造成された。東京電力が出捐した分は、地元の漁協への無利息貸付に使われることが約束された。

次いで、一九八一年七月一六日には広野火発三号基と四号基の増設をめぐって協定が締結された。補償金は一七億八〇〇〇万円、追加分が一億七七五〇万円、漁連への事務費が三〇〇〇万円。さらにこの増設をめぐって八二年一月三〇日に福島県いわき地区漁業調整基金（福島県漁連が五〇〇万円、東京電力が六億四〇〇〇万円を出捐）が造成された。

一九八三年三月三〇日には東北電力原町火発の建設をめぐる協定が締結した。補償金は三九億八〇〇〇万円、事務費が四九八九万円である。東北電力はさらに九二年三月二五日、福島県漁業振興基金に四億円を出捐した。

一九八四年三月二四日には、相馬共同火力発電所（二基の全出力：二〇〇万キロワット）の建設計画の協定が締結される。補償金は二一億円である。さらに相馬共同火力株式会社は福島県漁業振興基金に一二億円を、福島県相馬双葉沿岸調整基金に五億円を出捐した。また事務費として漁連・漁協に二四四二万円が支払われた。なお、福島県からも一二億円の補償金が支払われた。沿岸の漁業生産力の高い地域に電源が立地したのはこの発電所だけである。

一九八五年七月九日には核燃料の輸送・搬入をめぐって「福島第二原子力発電所に関する協定」を締結して、東京電力は福島県漁業振興基金に二億円、福島県相馬双葉沿岸調整基金に五〇〇〇万円、栽培協会に五〇〇〇万円を出捐した。同八月七日に事務費として漁連に一一〇二万円が支払われた。

浜通りで行われたのは電源開発だけではない。ガス田開発も行われた。一九八一年に常磐沖ガス田開発が締結され、福島県漁業振興基金に対して同年六月三〇日に一三億円の出捐が決まった。九〇年に締結された相馬沖ガス田開発では、福島県相馬双葉沿岸調整基金に対して一〇〇〇万円（九〇年九月一日）、福島県いわき地区漁業調整基金に対して一四二五万円（九〇年九月一日）の出捐が決まった。九二年石油資源開発では、福島県相馬双葉沿岸調整基金と福島県いわき地区漁業調整基金に対してそれぞれ三五〇万円（九二年三月二六日）に出捐が決まった。

福島県漁業振興基金、福島県相馬双葉沿岸調整基金、福島県いわき地区漁業調整基金の合計は、二〇一四年三月三一日末、それぞれ三二億円、一二億円、六億円となっている。これらの基金は、増殖対策事業、漁業被害救済対策事業、海難防止対策事業など福島県漁業にかかわる非収益事業や、漁協に対する無利息貸付金として利用されたのである。

こうして電源立地にともなう補償金（協力金含む）は一九六六年から八五年までの間に一一五億円にいたった。だが、年間換算した補償金は約六億円である。当時県内の年間総水揚げが二〇〇億円以上であったことを考えれば三％にすぎない。また補償金や協力金はすべて組合員の手に渡ってはいないが、すべて組合員が受け取ったとしても平均五五七万円（延べ二〇〇〇人だとすると）である。もちろん、立地地域と遠隔地とで格差が生じるが、平均で見ると驚くような数字ではない。

おわりに

漁業は、魚を獲って販売し、お金に換えるという、いたって単純な動機で行われている。しかし、変化の激しい海という自然と、移動する魚資源を相手にした仕事である以上、どれだけ技術が発展しても計画どおりにはいかない。その反面、予定以上の成果を出すこともある。実際、イワシ類の資源に限ってみると、長いスパンで大きな好不良を繰り返してきた。漁業の歴史は、自然の歴史とも密接な関係にある。現在も漁業者が神事や祭事を怠らない理由はここにある。

しかし、自然史との関係だけではない。経済史との関係からも漁業の歴史はつくりあげられている。福島県の海岸線は単調であるが、そこに点在する漁村間の経済格差は大きい。県内を比較すると、港湾都市でもある、いわき地区に中小漁業資本の拠点が複数形成されるなかで、県北の相馬地区では沿岸漁業あるいは家族経営型の沖合漁業が発達し、双葉郡や旧原町、旧小高町などの県央部では、歴史ある請戸を除けば、零細な漁民が暮らす漁村がいくつかあったにすぎない。漁民が減り、漁港がなくなった漁村もある。

明治期からカツオ産業が栄え、資本制漁業が根づき、港湾都市としても発展したいわき地区の経済力とは対照的に、請戸地区を除く県央部では産業が栄えず、経済的貧困地帯になっていった。一九六三年に沿岸漁業等振興法が制定され、全国で沿岸漁業の近代化、養殖業や栽培漁業の振興が進められたが、そうした政策の受け皿である漁協の財力や組織力がなかったため漁村振興はほとんど進まなかった。

そのようななかで、電源立地を推し進める地域開発という波が押し寄せてきたのである。細々と行われる生業のそばで放射能物質を核分裂させることでエネルギーをつくり、タービンをまわす、巨大な電源が聳え立った。

漁民への発電所からの経済波及は絶大であった。電源三法交付金で町の近代化や漁港整備が進んだだけでなく、発電所周辺で行われる海上作業のための傭船や警戒船の仕事、発電所内の臨時雇用を請け負うようになり、また漁家の息子・娘が電力会社に就職した。サラリーマンになっても漁家の一員として地元に残ることができ、漁業外所得が増えるだけでなく、家族が離ればなれにならずに暮らすことができるようになった。福島県の後継者確保率が全国で上位になっていたのも、八〇年代以後、県北部の沿岸漁業の活力が高まっていたことに加え、発電所の立地とその経済波及の影響があったとも考えられる。

電源立地は、漁村の経済格差を是正する役割を果たした。しかし、漁業と自然がつくりあげた歴史とは異なる歴史が始まり、漁村の姿は変容するのであった。漁村間の関係も変わっていった。

東日本大震災において津波により全電源を喪失し、水素爆発を起こした東京電力福島第一原発の事故後、漁村ごとに漁業復興の意気込みが異なる。電源立地との関係から漁村のたどった歴史が異なるからであろう。

さまざまな国策のもとで生業は国家の枠組みに組み込まれ、経済的恩恵を受けてきたが、国策の犠牲にもなってきた。その犠牲とは、自発的に生業の切り売りを判断させるというものであった。漁業の発展の恩恵を受けることができなかったゆえに、漁村の姿を変貌させる新たな歴史がつくられてしまったとも見ることができる。

補論　試験操業という復興への道筋

1　試験操業の経過

冒頭で述べたように、福島県では、漁業の全面自粛の状態のなか、二〇一二年六月から試験操業が行われている。

試験操業とは、福島県庁による魚介藻類の放射能汚染のモニタリング検査の結果を受けて、漁協が、学識者や関係機関を構成員とした福島県地域漁業復興協議会の承認を経て、漁獲する対象魚種や海域を決定して、漁協と産地仲買人と一体となって計画的に漁獲を行い、漁獲物を流通させるものである。

漁獲物においてはスクリーニング検査を行い、安全（放射性セシウムの密度が自主基準の五〇ベクレル／キログラム以下）であることを確認し、魚箱に福島県産であることと、検査済みを示すステッカー（検査証明書）を貼り、流通させている。

試験操業の操業海域は、当初相馬の沖合四〇キロメートルに絞られていた。その後、海水のモニタリング調査を通して、福島県の海水は震災前の状況に近づいていたことがわかった。海洋汚染が収束していくなかで、漁協は、操業海域を徐々に拡大させ、現在（二〇一六年九月一日時点）、東京電力福島第一原子力発電所を中心にした二〇キロメートル圏内以外すべてを操業海域としている。

また、試験操業が始まるのを見込み、二〇一二年四月、政府は三三種の魚介類について出荷制限指示（その後、最大四二種）を福島県知事に通告していたが、一六種（二〇一六年九月一日時点）まで減っている。

試験操業の漁獲対象魚種においては、当初、放射能物質が魚体内の筋肉に入らない軟体動物（イカ・タコ・貝類）の三種が選ばれた。その後、モニタリング検査の結果と魚介藻類の放射能汚染の科学的知見をふまえながら、対象魚種は増やされ、八三種（二〇一六年九月一日時点）まで拡大した。モニタリング検査において自主基準を超える検体はなくなり、二〇一六年六月には検出機器の検出限界値を下回る検体が約九九％となった。

試験操業における漁獲量は、二〇一六年九月中に二〇一五年の値を超えた。震災前と比較すると、微々たるものとはいえ、着実に漁獲量を伸ばしている。

2　試験操業への漁業者の参加と操業意欲

とはいえ、卸売市場に上場して、セリ・入札で価格を決めるという産地の流通の仕組みがまだ再開していない。現状では、仲買人組合と漁協（相馬双葉漁協、いわき市漁協、小名浜機船漁協）との間で相対取引をしている。価格は交渉価格になっており、流通サイドに配慮したものとなっている。つまり、消費地において福島産が買い控えられて価格形成が弱まっているという想定のなかで相対取引がなされている。

福島県漁連は、震災後から東京電力に対して賠償交渉を行い、賠償金の請求と受け取りの実務を行っている。そのことで、県内八九九人の漁業者は東京電力から賠償金を受け取っている。賠償額は、震災前のそれぞれの過去五年間の最高値と最低値を省く三年の水揚金額平均値の八二％（基準額）である。水揚げ伝票から一人一人の漁業者の基準額が計算されている。試験操業の部分は、操業で得た水揚げ金額を基準額から差し引いて支払われる営業賠償になっているが、試験操業に参加しない漁業者においては基準額がそのまま支払われる休業賠償状態になっている。営業賠償では、操業の支出がともなうゆえに、休業賠償と比較すると手取りが少なくなる。そのこともあり、漁業者は操業意欲が高まらない状況にある。

それでも、もともと高い生産力を維持してきた相馬原釜地区の沖合底曳網漁業者など復興に意欲的な集団がいる。そのような漁業者集団が試験操業を牽引している。いわき方面においては試験操業への参加意欲がまだ弱いが、参加者は徐々に増加し、二〇一六年九月時点で県下半分近くの漁業者が参加している。

しかしながら、試験操業は順調に拡大したわけではない。試験操業の対象としたい魚種が出荷制限魚種である場合、出荷制限解除を長い間待たなければならなかったり、解除されてから対象魚種にしたものの、ユメカサゴとアカガレイにおいて出荷前のスクリーニング検査で検出されたセシウム濃度が自主基準値を超えたりするなど、試験操業の拡大意欲を止める事態があった。

そのうえに、次の汚染水処理問題が試験操業の拡大を阻んできた。

まず、原発構内から海への汚染水漏洩である。原発事故後、高濃度汚染水の海への漏洩を止め、その後汚染水は海に流れていないとされていたが、二〇一三年七月になって地下水脈を介して原発から高濃度汚染水が漏れつづけていたことが明らかになった。さらに、その後、原発構内の汚染水貯水タンクや作業現場から海に汚染水が流れ出るという事故が何度も発生し、それがマスコミに報道されてきた。このことによって、試験操業は一時的に休止状態となり、二〇一三年九月から予定していたいわき地区の試験操業も延期となった。

3　福島の漁業と汚染水処理問題

廃炉作業は、使用済み燃料棒と燃料デブリの取り出しが終わらなければ進まない。しかし、見通しがついていない。なぜなら、原発建屋内には地下水が流入し、日々四〇〇トンの汚染水が発生しているからである。まずは、この汚染水を減らさなければならない。そこで東京電力は、原発建屋に入る前の地下水を海に放水する「地下水バイパス稼働計画」と「サブドレイン稼働計画」などを二〇一一年末に打ち出した。

両計画とも、放水する地下水は原発の燃料棒や燃料デブリにふれていないゆえに、放射性物質が含まれていたとしても、原子力発電所に定められている告示濃度を下回っており、また多核種除去設備を使えばトリチウム以外の核種を除去でき浄化できるとされた。トリチウムの濃度もかなり低い。それゆえ、放水しても法的には海洋汚染にはならないということになる。

しかし、当初漁業者はこの計画に反対した。それゆえ、東京電力は、各浜に出向いて、放水の安全性に関連した説明を何度も行った。そのことで多くの漁業者は理屈では理解したというが、それでも海に放水するというのは感情的に納得できなかった。

ただ、廃炉作業が進まなければ福島の漁業は取り戻せない。福島県漁連の幹部も各浜と話し合う機会をつくった。長い時間をかけて話し合ったことで、廃炉に協力するという方針から合意形成がはかられ、「地下水バイパス稼働計画」は二〇一四年五月から、「サブドレイン稼働計画」は二〇一五年九月から実行されるにいたった。

福島県の漁業界は、各浜への放水承認をめぐる合意形成に多大なエネルギーを費した。感情的な口論もあった。さらに「放水が福島の漁業者の判断によって決められた」というかたちになったことに福島県の漁業界は心理的ダメージを負ってしまった。

汚染水処理問題はこれだけで終わらない。原発建屋で発生した高濃度汚染水を多核種除去設備で処理したトリチウム水が原発構内の貯水タンクに溜められている。処理前のものと合わせて八〇万トン以上になっている。このトリチウム水を処理する方法が、二〇一三年一二月二五日、経済産業省エネルギー庁内に設置したトリチウムタスクフォース（放射能に関する専門家を集めた委員会）において検討された。二〇一六年六月に報告書がまとめられており、複数の処理案に対してかかるコストや安全性が記載されている。そのなかには、薄めて海洋放水という処理方法が安全で最もコストがかからないとされている。

この処理方法は、二〇一三年一月二四日に原子力規制委員会において東京電力の提案によってはじめて出てきたものである。その後、全国漁業協同組合が東京電力に厳重抗議したこともあり、原子力委員会では取り上げられることはなかったが、その後に設置されたトリウムタスクフォースが放水案の説得材料を整理したというかたちになっている。経緯からして、この結果は、漁業者から合意を取り付けなければならない東京電力（福島復興本社）を後押していると言える。

しかも、二〇一六年一〇月には経済産業省エネルギー庁内に、トリチウム水の処理をめぐって社会的影響を検討する委員会が設置された。福島の漁業者にトリチウム水の放水を決断させようという考えが、この委員会の根底にあるかと思われる。

4　おわりに

試験操業は、「石橋を叩いて渡る」ように、行われてきた。それは、福島から流通させる魚の安全性を訴えるためであり、「風評」に対抗するためである。この実践が功を奏して、試験操業はこれまで拡大してきた。しかし、高濃度汚染水であった水を放水するとなると、それへの強い批判と、「風評」が広がる可能性が否めず、試験操業が振り出しに戻る可能性がある。福島の漁業関係者はそのことを恐れてきた。そして追いうちをかけるように二〇一八年八月トリチウム以外の放射性物質は除去されるとしてきた汚染水に、基準値を超える放射性物質が一部含まれていることが発覚した。

東電・政府との信頼関係がまたも揺るがされる一方で、廃炉に協力しないと、いつまでたっても福島の漁業が復興できないという、無言の脅しが福島の漁業者にかかっている。

今後の動向も注視していきたい。

注

（1）福島県漁業協同組合連合会が整理した内部資料。

（2）　各地の魚屋では「原子マグロではありません」と風評対策を講じていた。

（3）　一九六〇年代から七〇年代初頭にかけて電源立地をめぐる混乱が各地で起こっていた。原発の場合は放射能汚染への心配も加わるが、電源一般でとくに焦点になっていたのは温排水の影響である。当時、温排水や放射能の影響についての科学的知見の蓄積が少なかったことも混乱の一因であったとし、全国漁業協同組合連合会、日本水産資源保護協会、電力中央研究所、日本原子力産業会議が協力、関係省庁の指導も得て、七五年一二月に海洋生物環境研究所を発足させた。この目的は、「発電施設からの温排水による海洋生物、資源、漁場環境等への影響について科学的立場から調査研究を系統的に実施し、その成果を公開して問題点を解明し、温排水対策等技術の向上、開発を図り、もって温排水問題の解決に資し、沿岸漁場環境の保全に寄与する」というものである。

文献一覧

江名町漁業協同組合『江名漁業史』一九六二年
草野日出雄「実伝・いわきの漁民」はましん企画、一九七八年
佐々木貴文・宮澤晴彦「日本経済史における農商務省の位置と役割に関する一考察――府県水産試験場および講習所の成立に注目して」『北日本漁業』第三七巻、二〇〇九年
清水修二「電源立地促進財政の地域的展開」『福島大学地域研究』第三巻四号、一九九二年
大日本水産会『大日本水産会報告』第五〇号、一八八六年
中嶋久人『戦後史のなかの福島原発――開発政策と地域社会』大月書店、二〇一四年
福島県教育委員会『福島県博物館調査報告第五集　浜通り地方海事習俗調査――福島県浜通りの海事習俗』一九八四年

第７章

福島に農の営みを取り戻す

小山良太

はじめに

震災、原発事故から八年が経過しようとしている。事故六年目からは避難地域の解除が進み、帰村・営農再開が課題となっている。葛尾村は二〇一六年の六月に避難指示解除を行い、一七年三月には川俣町、浪江町、飯舘村の一部、四月には富岡町が解除となった。しかし、避難区域における住民アンケート調査結果を見ると、高齢層はある程度帰村するが、若年層、勤労世代はほとんど帰らない。解除地域全体の帰村率は八・六％にとどまっている（復興庁・福島県、二〇一七年四月）。

ここには二つの問題がある。一つは、原発事故による避難指示が長期間にわたるという問題である。避難が長期間となり、避難先で生活再建しているケースでは帰村の判断が複雑となる。原子力災害は、二次的な問題として、避難が長期化しているという事実を念頭におく必要がある。

避難指示を解除したとき、長期間避難していることを念頭に避難解除後の設計をする必要がある。二〇一一年避難当時七〇歳であり、六年目には七六歳の高齢者の場合、人生の最後にふるさとに戻りたいと希望することもある。七〇歳を過ぎ、六年間知らない土地で過ごしたが、終の棲家に帰りたいという思いである。一方で、子育て世代であれば、長期間の避難のなかで子どもの就学のサイクルの問題に突きあたる。一一年度の避難時に子どもが小学校四年生だったとすれば、六年目には高校一年生である。その場合、転校や進学の問題に直面する。子どもたちは多感な小中学校時代の六年間を新たな避難先で過ごし、新しい人間関係を構築している。ただ「故郷が大事だ」と言うだけは、現実的ではないのである。

もう一つは、生業《なりわい》の再生の問題である。六年間、まったく何も行われていなかったところに戻ったときに何をするのか。地域での生業という点では、その地に立脚した第一次産業は重要な産業である。しかし、農林水産業こそが原子力災害の最大の被害産業である。帰村したのち、農林漁業がたとえ自給目的でもできないとなれば、村で生活するうえでは大きな障害になる。これからが真の復興の正念場であると言える。

そこで本章では、震災後の福島県における食と農の再生に向けての取り組みを整理し、現段階的到達点と今後の課題を整理することで、福島に限らず放射能汚染問題を抱える地域の農業・農村の復興の方向性を提示する。

1　原発事故から八年目の福島――原子力災害からの復興過程

原発事故、原子力災害、放射能汚染問題を受けて、福島県では、この間さまざまな取り組みを行ってき

表1　復興過程と福島県の協同組合間協同

復興過程		協同組合間協同の取り組み
第1段階	原発事故と避難・防護	福島の子ども保養プロジェクト
第2段階	放射能測定と汚染対策	土壌スクリーニング・プロジェクト
第3段階	損害調査と賠償	JA 福島中央会「東京電力原発事故農畜産物損害賠償対策福島県協議会」
第4段階	食の安全性の確保と風評被害対策	コープふくしま「影膳調査」福島県生協連「食品ベクレルモニター」地産地消ふくしまネット「ふくしま応援隊」
第5段階	営農再開・帰村と復興	地産地消における安全性の確保，地域での食と農の再生

た。その過程を整理すると五つの段階に分けられる（表1）。

原発事故と避難・防護

第一段階は「原発事故と避難・防護」である。原発事故直後、放射能汚染から身を守るために初期段階の避難が必要であった（予防原則）。しかし、SPEEDI（緊急時迅速放射能影響予測ネットワークシステム）は公開されず、放射能の拡散状況も不確かなまま避難地域の指定がなされた。このようななかで、避難区域以外でも自主的な避難やそれを支援する取り組みが行われた。とくに子どもに関しては、短期間でも空間線量の低い地域で「保養」をさせ、外遊びをする取り組みが行われた。福島県生協連による「福島の子ども保養プロジェクト[1]」など多数の取り組みが実施されてきた。震災後、福島の子どもたちは運動不足による肥満傾向が指摘されている。また本来であれば豊かな自然環境のもとで体現できた外遊びを抑制されているためストレスもたまる。子ども保養プロジェクトでは、セシウム一三七の生物学的半減期（成人の場合一〇〇日程度）による内部被ばく軽減を目的とした長期間の保養ではなく、安全な外遊び機会の提供とそれによるストレスの軽減を目的としている。現在では、周辺環境を測定し放射性物質が少ないことが確認された福島県内の山荘（南会津や猪苗代ほか）などを利用して、本来あるべき自然とのふれあいを取り戻す活動を展開している。このように、まずは初期避難から始まり、居住可能な地域であっても、外遊びが制限されている子どもたちを対象に移動教室的な「保養」を継続して実施してきたのである。

放射能測定と汚染対策

第二段階は「放射能測定と汚染対策」である。原発事故により、放射性物質が広範囲に拡散した場合、まずは放射能飛散状況を確認し、どの地域にどの程度放射性物質が降下したのかを把握する必要がある。初期避難のために必要なのは、空間線量率（マイクロシーベルト／時間など）であり、これは、航空モニタリング調査などで早期の把握が可能である。次に、ベクレル／平方メートルなど地表に降った放射性物質の量を把握する必要があり、これにより詳細な避難計画の策定や除染の判断が可能となる。ガンマ核種であるセシウム以外にもベータ核種であるストロンチウムなどの測定も必要である。チェルノブイリ事故の避難計画はこの基準により策定されている。日本ではこのような測定事業が実施されていない。本来、避難計画はこのような放射性物質拡散状況をもとに設計しなければならない。しかし、今回の事故では原子力発電所の状況がわからない時点で安全宣言を出したり、放射能汚染状況を把握せずに、原発からの距離や市町村の境をもとに避難計画を作成したためさまざまな混乱が生じたのである。

次に土壌中の放射性物質の含有量をベクレル／キログラムの単位で測定する。これは食品中放射性物質検査の単位である。たとえば土壌一キログラム中に一〇〇〇ベクレルのセシウムが存在し、そこで生産される作物から一〇ベクレル／キログラムが検出されたとすると、移行割合は一％ということになる。試験結果から移行係数が判明している農作物の場合、作物の移行特性からどの程度の土壌汚染レベルであれば栽培可能かを逆算することもできる。チェルノブイリ事故後のウクライナやベラルーシではこのような数値を利用し基準値以下の農産物の生産を可能としている［小山・石井・小松　二〇一二：四七―七九］。このような状況下で福島県内の農協、生協、福島大学うつくしまふくしま未来支援センターでは共同事業として「土壌スクリーニング・プロジェクト（通称：どじょスク）」[2]による農地の測定と移行係数の計測や試験栽培などさまざまな研究成果を組み合わせ効果的な営農指導（農地のゾーニングと生産段階で放射能の吸収を抑制）の構築に向けて独自の取り組みを展開してきたのである。

損害と賠償の違い

第三段階は「損害調査と賠償」である。これは、原子力災害による損害状況を調査しそれにもとづく賠償方式を構築することである。現在の賠償方式は政府の示した賠償指針にもとづき「原子力災害対策特別措置法」のもと、事故当事者の東京電力が個別に賠償（補償）を行うという枠組みである。裁判以外にもADR（裁判外紛争解決手続）という手段が用意されている。しかし、この考え方では、まず賠償の枠組みがあり、その枠組みのもとで損害を認定せざるをえない。つまり、賠償範囲外の損害は無視されてしまう。この枠組みのもとではそもそも原発事故により何が毀損されたのか、原子力災害の現状を把握することができないのである。二〇一四年一一月に福島県中通りの稲作農家たちが、農地の土壌中放射性セシウムを事故前の濃度以下まで減らす原状回復の裁判を起こした。すでに土壌汚染の現状回復費用などをＡＤＲによって東電に求めてきたが請求が認められなかった。原発事故後、避難にともなう精神的賠償や検査費用の一部負担、風評による価格下落分の補てんなどは実施されてきたが、そもそも放射性物質の拡散により、土地がどの程度汚染されたのかを調べる根本的な対策がとられていない。汚染された土地の原状回復を願うのは当然のことである。しかし、今回の裁判の範囲では、数戸の農家の農地の現状回復に三〇億円規模の賠償が必要であることが示された。これを汚染地域全体に適用すると膨大な額になる。そのためか、原発事故後の放射能汚染問題では、風評対策、健康調査、復興事業などはあるものの放射能汚染の実態把握、損害規模調査は積極的には行われていない。事故対応の基本は、被害状況を調査し、損害規模を把握する。そのうえで、復旧可能かどうか、無理ならばどのような復興過程が描けるのかを現状分析をもとに考えることが必要であるが、原子力災害ではこのようなプロセスがとられていないのである。作付制限や単年度の価格下落分については、ＪＡ福島中央会が事務局を務める「東京電力原発事故農畜産物損害賠償対策福島県協議会」によって補償されている。農地などストックの損害については、一部補償が実施されている。しかし、村祭や共同作業など社会関係資本の損害についてはいまだ損害状況を把握することもできてないのである。

真の安全性と風評問題

第四段階は「食の安全性の確保と風評被害対策」である。風評対策は、検査態勢の体系化にともない食の安全性の確保ができてはじめて可能となる。コープふくしまでは、現行の放射能検査を受けた食材による実際の食卓の食事を、影膳調査のかたちで測定し結果を公表している。通常の流通食品をもとに調理した食事からは放射性物質は検出されていないことが確認されている。福島県生協連では全県の会員生協に食品ベクレルモニター(3)を整備した。現在では移動式・非破壊方式の測定器を活用し出前測定を実施している［朴　二〇一四：六一―六七］。これにより流通品以外の採取性作物（山菜やキノコなど）も測定可能となり、生活している地域の自然の恵みを食べることが可能かどうかを判断できるようになった。地産地消ふくしまネットでは「ふくしま応援隊」事業を核に、他地域の生協組合員（消費者）に向けて、四年経過した段階の福島県の検査体制や検査結果について情報提供と相談を行う交流事業を展開している。これらは検査体制が確立し、その結果食品中放射性物質が基準値を大幅に下回ることが確認されてはじめて可能な取り組みである。汚染状況が不明のまま安全宣言を出した二〇一一年の原発事故初年度とは、状況が大きく変わっている。

避難解除・帰村と復興課題

最後にこれらの段階をふまえ、第五段階としてはじめて「営農再開・帰村と復興」が可能となる。段階的な避難区域再編にともない、避難地域では汚染度の低い地域から段階的に帰村が始まっている（図１）。

①避難指示解除準備区域は二〇ミリシーベルト／年以下、空間線量率が三・八マイクロシーベルト／時以下の区域であり、早期帰還が可能な地域である。楢葉町、南相馬市、葛尾村の一部がこれにあたる。②居住制限区域は二〇～五〇ミリシーベルト／年以下、空間線量率が三・八～九・五マイクロシーベルト／時以下の地域であり、日中に立入が可能である。飯館村、富岡町の一部がこれにあたる。③帰還困難区域は五〇ミリシーベルト／年超、空間線量率が九・五マイクロシーベルト／時超の地域であり、長期間の避難継続が余儀なくされる。原発立地町村である双葉町、大熊町と浪江町の一部がこれにあたる。

二〇一二年四月に最初に帰村宣言を出した川内村では、村人口二七五八人のうち一五四三人（五五・九％、二〇一四年一〇月一日）が帰村した。帰村宣言から二年をかけて徐々に帰村者が増えている。しかし、村内生活者のうち、六五歳以上の帰村率は約七割を超える一方、六五歳未満は約三割を下回っており、若年層の帰村が進んでいない。避難地域を解除した場合のポイントは、①先行して帰村した高齢者が幸せな生活を営んでいるか（医療・福祉、買い物など）、②農村生活の豊かさの象徴である自然の恵み（山菜きのこなど里山の幸）を享受できるか、③自給的でも畑仕事ができ自家製農産物を食べることができるか、という点が重要となる。そのうえで、④勤労世代の雇用の場の確保、⑤子育て世

図１　避難区域の再編状況と避難者

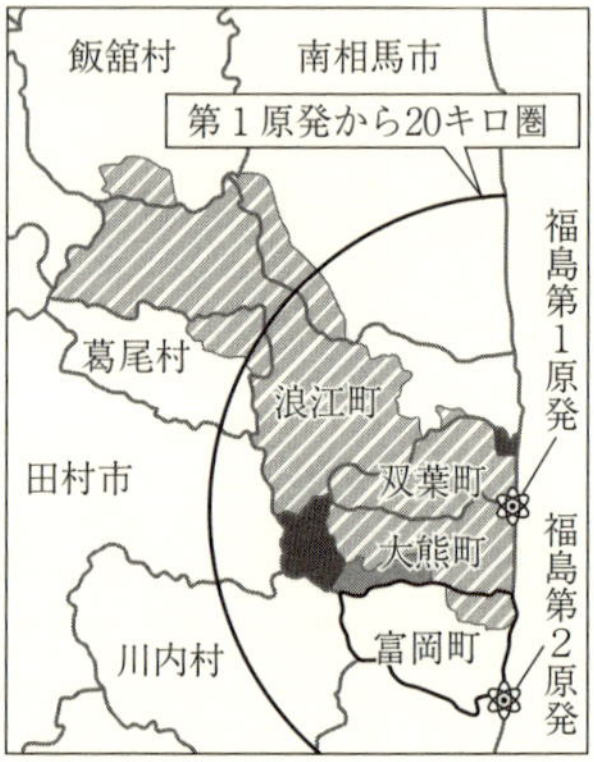

帰還困難区域
居住制限区域
非難指示解除準備区域

出所）『福島民友新聞』2017年４月１日。

代の子育て・教育環境の整備、が必要であり、これらが総合的に達成できなければ復興につながらない。現状では、高齢者は帰村、勤労世代は避難先（仮設住宅や借上げ住宅居住）との二地域居住、子育て世代は避難継続というケースが多い。

つまり住宅のまわりだけ除染し居住空間の線量率だけを下げても、それだけでは帰村後の生活は元に戻らない。周辺の山林や里山が利用可能か、農業を再開し自給することが可能かどうかという点が重要なのである。帰村の判断を保留している避難者は先行して帰村した人たちの現状を詳しく見ている。農村の生活のサイクルを考慮した復興政策が必要である。この意味において、地産地消における安全性の確保、地域での食と農の再生が復興の鍵となると言える。

2　福島県産農産物の安全対策

原発事故とそれにともなう放射能汚染問題によって、現実に福島県産農産物のブランド価値が低下している。現在の福島県産農産物の状況は放射能汚染による風評被害と言うよりは市場構造の転換であり、福島ブランド・イメージの下落である。放射能リスク情報によるリスク・コミュニケーションや福島応援といった風評対策だけでは対応できない段階に突入しているのではないか。

「市場における評価」は、取引総量や取引価格にとどまらず、取引順位にも表れている。ある市場では他県産の農産物が豊富にあるときはそちらを優先し、他県産の出荷が減少したときにやむなく福島県産の

2016年	2017年	2018年
10,265,535	9,976,066	8,877,760
99.9959	99.9997	99.9996
417	32	38
0.0041	0.0003	0.0004
5	0	0
0.0000	0.0000	0.0000
0	0	0
0.0000	0.0000	0.0000
0	0	0
0.0000	0.0000	0.0000
10,265,957	9,976,098	8,877,798

その結果を反映させている。
報」（2018年12月21日）より作成。

取引が行われており、取引順位が下落している。これはまさしく福島ブランド（産地評価）が毀損されたことを示しており、流通過程における実害である。この市場における産地評価を回復するためには、震災前以上の厳しい安全性を担保する仕組みを提示することが求められる。

福島県産農産物のイメージ向上をはかるためには、流通段階だけでなく生産段階での取り組みが必要不可欠であり、適正取引の推進の決定打としても「農地の復興」は重要な意味をもっている。今後、旧避難指示区域において住民の帰還が本格化するが、そうなればより汚染度の高かった地域において、どのように農業を再開していくのかが問題となる。農産物生産におけるトラブルやリスクを避けるためにも、放射能汚染度に応じた土地利用計画を策定すると同時に、栽培時の農産物への放射性物質移行の低減対策を普及・定着することにより、生産段階から放射性物質の移行を抑止することが決定的に重要となる。

現行のリスク・コミュニケーションの必要性自体は否定しない。しかしながら、現状のままで問題はないとの認識から風評被害の問題を消費者の理解の低さだけに求めるような考え方には、疑問をもたざるをえない。たしかに食の安心は心理的な要素があり、安心の基準については多様な

表２　福島県産米の全量全袋検査の結果

		2012年	2013年	2014年	2015年
25Bq/kg 未満	袋	10,323,674	10,999,222	11,012,641	10,497,920
	%	99.7826	99.9334	99.9825	99.9937
25～50Bq/kg	袋	20,357	6,484	1,910	645
	%	0.1968	0.0589	0.0173	0.0061
51～75Bq/kg	袋	1,678	493	12	13
	%	0.0162	0.0045	0.0001	0.0001
76～100Bq/kg	袋	389	323	2	1
	%	0.0038	0.0029	0.0000	0.0000
100Bq/kg 超	袋	71	28	2	0
	%	0.0007	0.0003	0.0000	0.0000
検査点数		10,346,169	11,006,550	11,014,567	10,498,579

注）スクリーニング検査と詳細検査の結果を合算したものであるが，詳細検査を実施した物は
出所）ふくしまの恵み安全対策協議会 HP「ふくしまの恵み安全対策協議会放射性物質検査情

考え方もある。しかし消費者の間では、福島産の農産物が安全であるという確信がもてず、安心できない状況のなかで、結論ありきで、安心を押しつけるようなリスク・コミュニケーションのあり方が受け入れられないといった状況もあり、十全に機能していない、あるいは誤って実施されている懸念もある。

福島県産農産物のイメージ向上をはかるためにも出口検査だけではなく生産段階、農地を含めた安全性の確保が重要な意味をもつ。入口から出口まで体系性をもつ放射能検査体制の確立は各県が独自に行うのではなく、国の法令において定めるべき内容である。これは、林業、漁業においても共通の課題である。

福島県では二〇一四年度から、「避難指示区域」（避難指示解除準備区域、居住制限区域の一部）での米の作付け再開をめざす実証栽培が始まった。原発事故後、これまで手を入れることのできなかった農地で作付けを再開するにともなうリスクの確認が目的である。一度は放射能汚染にさら

された農地も除染後、セシウムの吸収抑制剤が散布され、試験栽培が行われるなど、さまざまな取り組みが続けられてきた。

二〇一二年から「ふくしまの恵み安全・安心推進事業」として、福島県内各産地に全袋検査機器を導入した。「全量全袋検査」によって、福島県内のすべての米（約一〇〇〇万袋・三五万トン）を検査しているが、一三年産米で基準値を超えた米は全体の〇・〇〇〇三％にすぎない（表2）。しかもすべて隔離され、市場には流通しない体制である。また全体の九九・九三％は測定下限値（二五ベクレル／キログラム）未満であり、基準値を大幅に下回っているという現状がある。一六年産米では基準値超えはゼロである。

これは二〇一一・一二年に基準値を超え高い数値を示した地域を作付制限地域にし、全地域に吸収抑制対策を施した結果である（表3）。

二〇一三年産米で基準値を超えた玄米二八袋のうち二七袋が、事故後はじめて作付けした一部地域（南相馬市太田地区）[4]で生産されたもので、市場には流通していない。現在、流通している福島県産の米の安全性は、原発事故当初に比べ、あるいは汚染が広がった他地域に比べても、格段に高まったと言ってよい。

検査主体は各地域（主に農協）で、全袋検査機器の費用は一台当たり二〇〇〇万円程度であり、同事業予算約五〇億円のうち、三〇億円を購入費に充て、二〇一二年一〇月時点で一九三台のスクリーニング検査器が各地域に導入されている。福島県産米三五万トン・約一二〇〇万袋を、三四袋／分で処理し、全袋の検査が終了し基準値以下であればその地域の出荷が可能となる（表4）。これにより、少なくとも基準値を超える米が流通することは避けられる。

表３　農林水産省「米の作付等に関する指針」と「米に関する作付制限等」の概要

年度	水稲作付制限・自粛面積 (ha)		作付制限		作付自粛		作付制限以外の区分
	作付制限	作付自粛	指針	制限区域	判断	対象区域	
2011年	8,500	1,600	土壌5000Bq/kg 以上	警戒区域・計画的避難区域・緊急時避難準備区域	地域水田農業推進協議会（市町村別）	南相馬市の避難区域外（鹿島区）	
2012年	7,300	3,200	①前年作付制限区域の一部 ②前年500Bq/kg 超 ③前年100～500Bq/kg（条件満たせば事前出荷制限）	①警戒区域・計画的避難区域 ②福島市・伊達市・二本松市の一部 ③条件満たせるため制限なし（一部は自粛）	地域水田農業推進協議会（市町村別）	南相馬市の避難区域外（鹿島区・原町区），旧緊急時避難準備区域（川内村，楢葉町，広野町，田村市）	【事前出荷制限区域】＝作付制限③のうち一定の条件を満たした区域
2013年	6,000	4,723	基準値を超えないことが検証されていない地域	帰宅困難区域，居住制限区域	地域水田農業推進協議会（市町村別）	作付再開準備区域4,000ha のうち3,869ha，全量生産出荷管理4100ha のうち854ha（南相馬市ほか）	【作付再開準備区域】＝避難指示解除準備区域 【全量生産出荷管理】＝2011年産で500Bq/kg 超，2012年産作付制限・自粛
2014年	2,100		避難指示により立ち入りが制限され作付・営農ができない地域	帰宅困難区域	なし	なし	【農地保全・試験栽培】＝居住制限区域 【作付再開準備】＝避難指示解除準備区域 【全量生産出荷管理】＝2013年産の作付再開準備区域 【全戸生産出荷管理】＝2013年産の全量生産出荷管理，2013年産で50Bq/kg 超

注）2013年度途中に作付自粛の制度変更が行われた。

出所）農林水産省「米の作付等に関する指針」「米に関する作付制限等」（各年次），JA 福島中央会資料（2013年12月19日）より作成。

表４　全量全袋検査に要する経費および検査員数の推移

全量全袋検査の経費

（単位：千円）

	2012年度	2013年度	2014年度	計
補助金	3,768,631	502,703	635,059	4,906,393
ベルコン式検査機器整備	3,343,113	71,985	96,000	3,511,098
安全管理システムの運営・県協議会の運営等	67,293	92,976	114,100	274,369
地域協議会による検査運営費等	358,225	337,742	424,959	1,120,926
損害賠償（運営経費）	4,707,998	4,972,960	5,000,000	14,680,958
計	8,476,629	5,475,663	5,635,059	19,587,351

注）2014年度の補助金は予算額、損害賠償（運営経費）は見込み額。
出所）ふくしまの恵み安全対策協議会米穀部会資料。2015年２月27日。

全量全袋検査の検査員数・検査所数

（単位：人，箇所）

	2012年度	2013年度	2014年度
検査員数（県委嘱）	1,374	1,674	1,932
検査所数	163	173	173

注）検査員は，検査所に１名配置することとなっており，県が委嘱している。なお全量全袋検査を実施するためには，この他に米袋の運搬や生産者との検査日時の調整など，JA 等集荷業者および自治体職員が恒常的に業務に携わっており，相当の労力を要している。
出所）ふくしまの恵み安全対策協議会米穀部会資料。2015年２月27日。

問題は検査を待ちきれない農家が全袋検査前に出荷してしまったり、自給用米・縁故米を検査せずに消費してしまったりするようなケースで、流通・消費地段階の検査で基準値を超えてしまう場合である。とはいえ、原発事故初年度の二〇一一年度のように産地全体の米価が大幅に下落したり、全県的に取引停止が相次いだりすることは避けられる。このように、流通段階における検査体制には原子力災害初年度と異なり一定の前進を見せている。

しかし、風評問題は原発事

故から時間が経過した現在でも終息する気配がない。

3　原子力災害の総括の必要性

福島県内の農家には「風評」問題が今も重くのしかかっている。事故から時間が経過してもなお風評被害が続く原因の一つには、二〇一一年初年度の対応の失策がある。原発事故による避難地域では、一キログラム当たり五〇〇〇ベクレルを超える農地での米の作付け制限が行われたが、それ以外の地域では作付けが認められた。しかし、実際には避難地域以外でも高い放射能汚染を示した地域があった。その結果、基準値を超える米が検出され、福島県産の作物の安全性は大きく揺らいだ。

二年目以降、表5のように作付制限の対象地域を拡大し、全量全袋検査を実施するなどの安全対策を講じたが、原発事故の報道を繰り返し視聴し、一度であっても基準値を超える米が出た印象は非常に強く、二年目以降の安全対策の情報が消費者には伝わりにくくなっている。

県域を越えた対策がなされていないことも風評被害の原因の一つとなってきた。吸収抑制対策を施し、全量全袋検査を実施しているのは、現在でも福島県のみである。この対策は二〇一九年度までの継続実施が決まっている。その結果、福島県産からは基準値を超える米は検出されなくなった。しかし、福島県以外の地域では、過去に基準値を超えるものが確認されているにもかかわらず体系的な対策がとられていない。もちろん福島県以外でも自主検査を徹底的に実施している市町村や直売所なども存在するが、問題は

表５　原子力災害による水稲作付制限面積の推移

		面積（ha）	割合（%）
2011年	作付制限区域	8,500	11
	作付自粛	1,600	2
	合計	10,100	13
2012年	作付制限区域	7,300	9
	作付自粛	3,200	4
	合計	10,500	13
2013年	作付制限区域	6,000	7
	作付再開準備	6,200	8
	合計	12,200	15
2014年	作付制限区域	2,100	3
	農地保全・試験栽培	700	1
	作付再開準備	5,100	6
	合計	7,900	10
2015年	作付制限区域	2,100	3
	農地保全・試験栽培	500	1
	作付再開準備	5,100	6
	合計	7,700	10
2016年	作付制限区域	2,100	3
	農地保全・試験栽培	500	1
	作付再開準備	4,600	6
	合計	7,200	10

注）2010年の福島県水稲作付面積80,600ha に対する割合を示す。
出所）2011年・12年は福島県農林水産部調べ，2013年～16年は農林水産省資料より作成。

検査の体系性の担保なのである。営農環境における汚染状況の確認や吸収抑制対策等が体系的に実施されていない状況では汚染地域全体の安全性につながらない。このような事実にもとづき、他県で基準値を超えるのだから福島県産はより汚染されているのではないかと疑念を抱く消費者も存在する。放射能汚染による風評被害には、県域を越えて放射能汚染地域全体を網羅する吸収抑制対策、検査体制が必要なのである。

原発事故の原因と責任に関しては、問題点も指摘されているが、国会、政府、民間による事故調査委員会の報告書が出されている。しかし、原子力災害、放射能汚染問題に関しては、福島県、復興庁、福島県立医大など各主体がそれぞれの地域の課題・テーマで報告を行っている状況である。一方、旧ソ連、ベラルーシ、ウクライナにおけるチェルノブイリ事故の報告では、国の機関である緊急事態省による年次報告書、五年ごとの報告資料など、健康、避難、食品検査などに関する総合的な報告書が提出され、原子力災害に関する国際的な総括資料となっている。日本では現在でも、国による総合的な原子力災害の総括が正式な報告資料として発表されていないのである。国際的にも日本のどの報告書をもとに放射能汚染問題、原子力災害後の取り組みの成果を判断したらいいのかわかりづらく、それがさまざまな不安を増長させる一因となっていると言える。避難計画、食の安全検査、被ばくの抑制など放射能汚染対策を体系的に整理した原子力災害基本法の制定のためには、現状を詳細に整理した原子力災害に関する報告書を国の責任で作成する必要がある。津波・地震とは別に、独立した報告資料が必要であり、それを抜きにして原発再稼働を議論することはできない。

4　「汚染マップ」の作成から作付け認証制度へ

日本学術会議(5)では、「風評」問題への対策として、農地一枚ごとの放射性物質や土壌成分などの計測と検査体制の体系化を提言している。風評被害を防ぐためには、まず消費者が安全を確認できる体制と安心の根拠を担保することが必要である。

現在の風評被害を解決するためには、現行の出口対策（全量全袋検査など）にのみ頼るのではなく、生産段階（入口）における対策が必要である。放射性物質の分布の詳細マップを作成し、さらに土壌からの放射性物質の農産物への移行に関する研究成果を普及し、有効な吸収抑制対策を実施することが求められている。

震災後、チェルノブイリ原発事故で被害を受けたベラルーシ、ウクライナを視察した際[6]、多くの放射線関係の専門家が語る放射能汚染対策は、農地一枚ずつの汚染マップの作成であった。汚染の実態を明らかにし、生産段階（入口）で放射能汚染を限りなくゼロに近づける対策を講じることが消費者に安心してもらえる方法である。福島県では、生産段階の吸収抑制対策を二〇一二年から推進している。

さらに、農地一枚ごとの汚染度・土壌成分マップ、放射性物質の移行データから、農地レベルでの農作物の栽培に関する認証制度を設けることも消費者の安心につながる。この認証制度を、福島だけでなく汚染が拡大した全地域に適用し、消費者の安心を確保することが重要である。

たとえば、ＧＡＰ制度は、農業生産活動を行ううえで必要な関係法令等の内容に則して定められる点検項目に沿って、農業生産活動の各工程の正確な実施、記録、点検および評価を行うことによる持続的な改善活動である（農林水産省）。

ＨＡＣＣＰは、食品の原料の受け入れから製造・出荷までのすべての工程において、危害の発生を防止するための重要ポイントを継続的に監視・記録する衛生管理手法（厚生労働省食品安全部監視安全課）のことである。放射性物質検査においても、生産段階から、加工、集出荷、販売の各段階でリスク管理を行う体制に適用可能か検討する必要がある。牛海綿状脳症（ＢＳＥ）対策として制定された牛肉トレーサビリティ法のように国が法律にもとづいて認証する制度をつくることが求められている。

5　なぜ福島県農産物は安全になったのか

二〇一三年以降、福島の農作物からは、放射性物質がほとんど検出されていない。国の基準値を超える放射性物質（一〇〇ベクレル／キログラム超）が検出されたのは、山菜など山で採る作物や乾燥食品など、特定の品目に限られている。

検出されない要因は大きく三つある。一つ目は、放射性セシウムは土壌に吸着し、土壌から農作物にほとんど吸収されないという事実である［福島県・農林水産省　二〇一三］。原発事故当初は、空気中に放出された放射性物質が葉に付着し植物体に吸収（葉面吸収）されたため、基準値を超える農産物が検出された。土壌から植物体に吸収される放射性セシウム濃度の比率を、「移行係数」と呼ぶが、園芸作物・野菜類の「移行係数」は、〇・〇〇〇一―〇・〇〇五と、とても小さい値であることも解明されている［塚田二〇一二、農林水産省　二〇一二］。

二つ目は、吸収抑制対策や除染の効果である。福島県では二〇一二年度から、土にカリウム肥料を施肥する取り組みを推進している。土壌中のカリウムはセシウムと似た性質を有するため、植物体への吸収過程で競合が起こり、セシウム吸収を抑える効果がある。(7) また果樹では、高圧洗浄機の使用や、樹皮をはぎ取る「除染」対策を施している。

三つ目は、放射性物質が自然に減少してきている点である。今回の原発事故で放出されたセシウム総量の半分を占めるセシウム一三四は半減期が二年である。放射線量は、理論的にも、実際の測定値としても、二〇一一年の二分の一程度まで減少している。

このように基準値超えの農産物がなくなったことには理由がある。しかし、結果は報道されるが、その理由についてほとんどの国民が知らないのではないか。

6　福島県における検査体制とその結果

福島県における緊急時環境放射線モニタリング実施状況を見ると、全体傾向として、基準値超過の農産物は減少傾向にある（表6）。営農時点で吸収抑制対策などコントロール可能な農産物に関しては、沈静化傾向にあることがわかる。二〇一三年段階では、水産物、山菜・きのこといった採取性の産物に基準値超過の検体があったが、自然界から採取する品目には吸収抑制対策を施すことができないためである。

福島県は全国二番目に面積の大きな県である。このような地域条件のなか、放射能汚染対策に関して、生産段階の「入口」対策に加えて、県内全域で出荷時の「出口」対策を行っている。具体的な「出口」対策は、米に対する全量全袋検査である。特産物の「あんぽ柿」も主要産地から出荷するものはすべて検査をしている。野菜は、一部を抽出するサンプル調査であるが、一農家一品目というサンプル抽出を基本に膨大な量を検査している。

表６　福島県産農産物の放射性物質の自主検査結果（総括表）

（単位：件・％）

品目	年度（年産）	件数／割合	セシウム134・137合計値（ベクレル/Kg）					計
			25未満	25～50	51～75	76～100	100超	
果実	2012	件数	11,887	154	0	0	0	12,041
		割合	98.72	1.28	0	0	0	100
	2013	件数	19,743	33	0	0	0	19,776
		割合	99.83	0.17	0	0	0	100
	2014	件数	20,571	13	0	0	0	20,584
		割合	99.94	0.06	0	0	0	100
	2015	件数	13,612	7	0	0	0	13,619
		割合	99.95	0.05	0	0	0	100
	合計	件数						66,020
野菜	2012	件数	2,152	4	0	0	0	2,156
		割合	99.81	0.19	0	0	0	100
	2013	件数	23,260	24	0	0	0	23,284
		割合	99.90	0.10	0	0	0	100
	2014	件数	21,156	7	0	0	0	21,163
		割合	99.97	0.03	0	0	0	100
	2015	件数	14,802	4	0	0	0	14,806
		割合	99.97	0.03	0	0	0	100
	合計	件数						61,409
米	2012	件数	10,323,586	20,357	1,678	389	71	10,346,081
		割合	99.78	0.2	0.02	0.004	0.001	100
	2013	件数	10,999,222	6,484	493	323	28	11,006,550
		割合	99.93	0.06	0.004	0.003	0.0003	100
	2014	件数	10,984,161	1,909	12	2	0	10,986,084
		割合	99.98	0.02	0.0001	0.00002	0	100
	2015	件数	10,403,015	628	17	1	0	10,403,661
		割合	99.99	0.006	0.0002	0.00001	0	100
	合計	件数						42,742,376
大豆	2012	件数	1	0	0	0	0	1
		割合	100	0	0	0	0	100
	2013	件数	127	0	0	0	0	127
		割合	100	0	0	0	0	100
	2014	件数	147	4	0	0	0	151
		割合	97.35	2.65	0	0	0	100
	2015	件数	47	0	0	0	0	47
		割合	100	0	0	0	0	100
	合計	件数						326

注）1．本データは，ふくしまの恵み安全対策協議会HPに掲載されているデータをもとに作成した。
2．年度は，４月１日から翌年３月31日までの期間である。
3．2016年度は，2016年２月３日現在までのものである。
出所）JA福島中央会資料より作成。

この窓口は地域の農協と自治体、あるいは両者の協議会である。自治体農政の必要性が指摘されるなかで、放射能汚染問題という新たな課題に対して福島県では自治体における農業政策推進の新しい体制が動き出そうとしている。

ここで強調したいのは、生産者や産地が自主的に検査や汚染対策などをとりつづけているという事実である。農家も漁師も自ら生産するもの以外は商品を購入している「消費者」である。またその子どもや孫などの家族も消費財を購入して生活している。この意味でも「一番安全なものを食べたい」という強い想いは他の生活者と変わらない。その思いから自ら動いて対策をとりつづけているのである。

伊達市霊山町小国地区では、住民組織をつくって自分たちで放射線量分布マップを作成し、暮らしと営農の再開に向けての基礎データとしている［小松・小山 二〇一二：二二三―二三〇］。二本松市の旧東和町では、農家やNPO法人が土や作物を検査することで、地域の有機農業や直売所の継続に努めている［小松 二〇一三a：三七―四二］。「ふくしま土壌クラブ」では、若手果樹生産者を中心に土壌の測定を実施し、除染、安全検査、情報共有と消費者への提供を進めることで、新たな販路の拡大をめざしている［小松 二〇一三b：一六三―一九〇］。生産現場は、放射性セシウムを含まない安全な農産物の生産を実施している。

元来、福島県は生産力の高い豊かな農業地帯であり、生産量全国一〇位以内の農作物が複数ある総合産地であるという強みを有していた。福島県は、実直に放射能汚染対策を進めるなかで、多品目の農水産物を生産しているトータルブランド性と安全性・高品質性を武器に新たな市場を開拓していくための基礎づくりの段階にあると言える。

福島の対策は、生産から流通・消費まで、放射能検査リスクをトータルで管理するための取り組みである。それはたんなる放射能汚染問題だけでなく、農薬などのリスクを含めた管理体制につながる。さらに農産物の食味を向上させる取り組みにまで広がる可能性がある。「おいしくて安全なものを統一的につくろう」という機運が高まりつつある。

これまで、福島県の農家の誰が、どんな汚染対策を施したかを把握することは困難であったが、米では、全量全袋検査という全販売農家が参加したデータベースが整備されている。これを活用すれば、将来的には、放射能汚染対策を超えて、世界一の管理体制のもと安全でおいしいものを生産している県であることを打ち出していくことも可能となる。

原発事故直後から、福島では地域住民や農業者を主体とする地域再生に向けた先進的な取り組みが実施されてきた。汚染や土壌成分のマップが整備されれば、将来的に、その農地にあった農作物をつくる希望も生まれる。こうした地域の取り組みを後押しするための法律制定などインフラ整備に国は取り組むべきである。

7　なぜ「風評」問題が続くのか

福島県は津波・地震による被害に加えて、原子力災害とその延長上にある「風評」問題にさらされつづけている。「風評」問題は収束するどころか、ある面では拡大すらしている。

農産物に関する「風評」問題とは、当該農産物が実際には安全であるにもかかわらず、消費者が安全ではないという噂を信じて不買行動をとることによって、被災地の生産者（農家）に不利益をもたらすことを意味している。とくに原発事故にともなう原子力災害において、「風評」問題という用語を安易に用いることは、放射能汚染を「生産者」対「消費者」の問題に矮小化することにつながるので、不適切である。必ずしも客観的根拠にもとづいたわけではない「安全ではない」という噂によって農産物購入の選択肢を狭められる消費者も、「風評」問題の被害者であるからである。原子力災害においては、生産者や消費者など放射能汚染対策の不備に翻弄される関係者すべてが、「風評」問題の被害者なのである。

突然の放射能汚染によって営農計画を例年どおり遂行することを許されない生産者は、原子力災害の完全な被害者である。また「風評」問題対策の不作為により、農産物出荷を断念せざるをえなかった生産者のみならず、農産物購入の選択肢を狭められた消費者も被害者である。

「風評」問題がなお続く主たる要因は、影響評価を行う前提になる基準値が明確でないと一部の消費者に受け取られていることと、この基準値により個別の評価や判断を行うための調査精度の水準が県（地域）によって異なる点にある。世界一の検査態勢と言ってよい福島県と周辺自治体の検査精度の差は「国」による体系立てた検査が成立していないような印象を与えてしまう。とくに諸外国においてその傾向があるのではないか。

実際に安全であることが担保されていて、食品中放射性物質の基準値を超える農産物が流通しないことが前提であり、その前提のうえでも「噂」を信じて不安になり、不買行動をとる場合に、はじめて風評被害となるのである。しかし、現段階の消費者行動は上記の定義にあてはまるかと言うとそうとは言えないのではないか。判断のための適切な情報が届いているのか、原発事故の初動の不信感が情報提供者側の信頼を損ねたまま八年という歳月が経過しているという状況を総括すべきではないか。このままでは生産者や福島県の努力が結実しない。放射能汚染対策と事故対応に関して政府関係者の総括が必要であり、検査態勢に不備があった二〇一一年度と現在では何がどのように変わったのかをあらためて提示することが求められている。

おわりに

今回の原子力災害では、損害調査が行われる前に唐突に賠償の枠組みが示されたことによる混乱が大きな問題となっている。原子力災害対策特別措置法では、価格下落分の賠償（風評）、避難にともなう経済的損失などを個人ベースに賠償する仕組みであったが、産地、農村、地域ブランド価値の下落といった面的な損害に対する補助、支援の枠組みが不明確なまま現在にいたっていることが地域内のさまざまな軋轢や分断を生んでいる。この根本的な原因はそもそも震災、原発事故により何が毀損されたのかを明確に区分できていないことに起因する。回復可能な損害（出荷停止分や価格の下落、移転費用など）と不可逆性の高い損失（ブランド価値の低下や後継者層の流出など）を明確に区分するためにも原子力災害実態調査報告の作成が急務であると言える。

原発事故後、福島県の被災者・住民はさまざまな局面で分断されてきた。放射能のリスクに関する考え方、事故直後に避難したのかしなかったのか、福島県産農産物を食べるのか食べないのか、福島で子育てを行うのか、避難指示解除区域に帰村するのか避難を継続するのか、賠償金を貰っているのか貰えないのか、トリチウム処理水を処分するのかしないのか。これが事故後、被災地の声を一つの要求としてまとめることができなかった所以である。福島県のある自治体では、事故後の三年余りで、原子力災害に対処するための住民組織が複数乱立し、行政側からはどれが住民の意見を代表する組織なのかがわからないという問題が生じた。組織の課題は、それぞれ賠償問題、除染問題、避難の問題、放射線と健康の問題など多岐にわたる。関係住民の属性も、若者・子育て世代対高齢者、既存住民対新住民、農業者対会社員などさまざまであり、被ばくリスクへの感度に代表されるようにそれぞれ意見が異なる。これらを一つにまとめるためには時間がかかる。福島県相馬市の伝統行事「相馬野馬追」は、約千年にわたり培ってきた社会関係資本がベースにある。原発事故による避難指示により、二〇一一年は宵乗競馬、神旗争奪戦が中止となった。原子力災害の最大の損害はそのための時間を奪ったことにほかならない。

農村における「信頼」「規範」「ネットワーク」といった社会関係は、裏を返せば、軛《くびき》であり、しがらみでもある。これは農村の閉鎖性や閉塞性など否定的な側面とも結びついている。新規参入者と既存農家の対立などは多くの農村で見られるが、被災地ではそのバランスが一瞬で瓦解してしまった。東日本大震災後に盛んに使われたキャッチコピーに「絆」がある。絆は英訳すると「bonds」であり、「縛るもの」「束縛」「契約」を意味する。おそらく震災復興に「絆」を使用することを考案したコピーライターは、絆を「ties」、「縁」という意味で使ったと思われるが、震災・原発事故により、土地から切り離された住民、農地から離れざるをえなかった農家を皮肉なまでに表現している。農業と農家結びつける地域に埋め込まれた組織として農業協同組合がある。農協改革の逆風のなか、本来の協同組織として新たな地域形成の役割を期待したい。

注

（1）福島大学災害復興研究所、福島県生協連、福島県ユニセフ協会による「福島の子ども保養プロジェクト（コヨットー！）」。二〇一一年一二月より開始し、ユニセフ、日本生協連の会員の寄付により、福島県内の子どもたちを空間線量の低い地域で短期間保養する取り組みである。西村［二〇一四］に詳しい。

（2）ふくしま土壌スクリーニング・プロジェクトは、新ふくしま農業協同組合、福島県生活協同組合連合会、福島大学うつくしまふくしま未来支援センターにより二〇一二年より実施され、福島市管内の全農地の測定を産消提携の協同組合間協同事業として行っている。

（3）ＡＴ１３２０Ａ（アドフューテック社、一台一八二万円）三〇台、計五四七八万円（二〇一二年度導入）およびセシウムチェッカーｍｉｎｉ（ジーテック社、一台二一〇万円）二台、計四二〇万円（二〇一三年度導入）を県内会員生協に配置している。

（4）南相馬市で基準値超えの米が多数検出された問題に関しては、二〇一三年八月一二日・一九日の東京電力福島第一原子力発電所三号機の汚染ダストの飛散による影響も指摘されており、原因が特定されていない状況にある。

（5）日本学術会議東日本大震災復興支援委員会福島復興支援分科会「原子力災害に伴う食と農の『風評』問題対策としての検査態勢の体系化に関する緊急提言」二〇一三年九月六日。

（6）筆者が参加したチェルノブイリ事故後の農業対策についての調査は、二〇一一年一一月、一二年二月の福島大学主催の調査、一三年六月の福島県内農協組織による調査と計三回である。

（7）根本［二〇一三：四三―四五、二〇一二a：一〇二一―一〇二六、二〇一二b：三五六―三五七］に詳しい。

文献一覧

小松知未「農産物直売所における放射性物質の自主検査の意義と支援体制の構築――福島県二本松市旧東和町を事例として」『農業経営研究』日本農業経営学会、二〇一三年一二月a

――「果樹経営の再建と産地再生――福島県の自主検査と消費者意識」小山良太・小松知未編著『農の再生と食の安全――原発事故と福島の2年』新日本出版社、二〇一三年b

小松知未・小山良太「住民による放射性物質汚染の実態把握と組織活動の意義――特定避難勧奨地点・福島県伊達市霊山小国地区を事例として」『二〇一二年度日本農業経済学会論文集』日本農業経済学会、二〇一二年一二月

小山良太「原発事故と福島」「地域主体で食と農の再生を」濱田武士・小山良太・早尻正宏『福島に農林漁業をとり戻す』みすず書房、二〇一五年a

――「原子力災害の復興過程と食農再生」『計画行政』第三八巻第二号、二〇一五年五月b

――「風評被害から食品と農業の再生に向けて」『財界ふくしま』第四四巻第八号、二〇一五年七月c

――「農業復興と情報」『災害情報』№一四、二〇一六年a

――「原発事故から五年、福島県における農業・農村の現段階」『歴史学研究』第九四二号、二〇一六年三月b

――「福島――食と農の安全対策と農村再生の道」『経済』第二四七号、二〇一六年四月c

小山良太・石井秀樹・小松知未「放射能汚染問題と予防原則のための放射線量測定の制度化――チェルノブイリと福島」『PRIME Occasional Papers』明治学院大学国際平和研究所、二〇一二年一二月

塚田祥文「土壌から農作物への放射性核種の移行」日本放射線安全管理学会、二〇一二年六月二八日（http://www.jrsm.jp/shinsai/1-2tsukada.pdf）

根本圭介「Radioactive Cesium in Rice Field」『学術の動向』一七（一〇）、二〇一二年a

――「放射能による作物被害と吸収抑制技術」『日本作物學會紀事』八一一、二〇一二年九月b

――「放射性セシウムのイネへの移行」『化学と生物』五一（一）、二〇一三年
西村一郎『福島の子ども保養―協同の力で被災した親子に笑顔を』合同出版、二〇一四年
農林水産省『農地土壌中の放射性セシウムの野菜類及び果実類への移行の程度』二〇一一年
福島県・農林水産省「放射性セシウム濃度の高い米が発生する要因とその対策について――要因解析調査と試験栽培等の結果の取りまとめ（概要）」二〇一三年一月二三日（http://www.cms.pref.fukushima.jp/download/1/youinkaiseki-kome130124.pdf）
朴相賢「福島における産・消・学連携による食と農の再生に向けた取り組みの意義と課題――土壌スクリーニングプロジェクト・食品放射線測定器による測定データ活用事業を事例に」『農村経済研究』第三二巻第二号、二〇一四年八月

【付記】本稿は、小山［二〇一五a］に加筆修正したものである。

対話3

築いてきた地方自治
——陸前高田市——

阿部　勝
聞き手：岡田知弘・大門正克

二〇一三年九月に開催した陸前高田フォーラムを実現するにあたって、当時、陸前高田市役所建設部都市計画課課長補佐兼計画係長だった阿部さんには、フォーラムに登壇していただく可能性のある陸前高田市在住の方の紹介や会場の手配、後援団体の紹介など、現地コーディネーターと呼ぶべき大きな役割を担っていただいた。阿部さんには、一七年九月一二日に、あらためて岡田と大門がうかがい話を聞いた。以下は、一七年の対話の記録である。

生き残った人間として、震災で打ちのめされたまちに向き合う

大門　私は二〇一五年に陸前高田にうかがいましたが、そのときと比べると、まちの様子は明らかに一歩前に進んでいるのではないかという印象をもちました。阿部さんが市の職員としてずっとかかわってこられた復興について、この本のなかに刻んでおきたいと考え、今日はお聞きしたいと思います。まずは、震

災前後の様子からお聞かせください。

阿部　高田は震災前のまちづくりがドラマチックなのですが、リゾート開発をめぐって市を二分するような対立がありました。それは住民が主人公のまちをどうつくるかという問題だったのですけれど、高田市民は党派を超えて闘い、自分たちのことは自分たちで判断するという経験を積んできました。その結果、二〇〇三年に民主市政が誕生しました。ところが、民主市政になったとたんに、地方交付税の削減や自治体合併の押しつけなどたくさんの課題が出てきました。それも自分たちの頭で考えて、自分たちの努力で、克服してきたのです。

その民主市政がようやくこれからだというときに、東日本大震災にあいました。一緒にまちづくりの運動をしてきた仲間や職場の同僚もたくさん亡くなりました。ですから私は、まちづくりにかかわってきた人間として、また、偶然生き残った市職員として、震災で打ちのめされた故郷を前よりもいいまち、これから生きていく人たちがちゃんと暮らしていけるまちにしなくてはいけない、という思いをもって取り組んできました。

立場を超えた人間集団＝「チームまちなか」でまちづくりを推進

たまたま市役所では復興に携わる担当課にいましたが、私は職員であると同時に被災地の住民でもあります。地元で生まれ育った人間として、地元の人間の感覚を活かして復興の仕事を進めてきました。陸前高田は、震災以前から少子高齢化や地域経済の疲弊といった課題が山積していました。ですから、持続可能なまちづくりを考えたときに、やはりそこに住む、そこで生業を営む人たちの声を聴き、その人たちが主体的にまちの担い手になっていくことをつねに考えてきました。

阪神・淡路大震災を経験した神戸市では、もともと住民の反対があったにもかかわらず、震災をきっかけにして、市が以前から計画していた区画整理事業を一気に進めたという報道番組を観ました。また、その結果、そこで商業をしていた人たちが営業できなくなって、今は空洞化が進んでいるという話も聞いていましたので、国の事業を活用しながらも、そこで商売する人が主人公のまちをどうつくるかというところをとくに意識してきました。もちろん、国費を投入した事業だからある程度制限はあるのですけれども。

普通なら、まず行政が復興計画をつくり、それに対し商工会も要望書を出し議論を闘わせるという構図になるのですけれども、それでは合意形成にとても時間がかかると考えたので、最初から同じテーブルについて一緒に議論をすることにしました。私はその議論の結果を庁内で合意できるように努力をする。商工会は、商業者との合意をはかるように努力する。そういうスタイルをつくることができました。市と商工会だけでなく、UR（都市再生機構）、商業コンサルタント、土木コンサルタントのなかにも、まちづくりの思いを共有できる人たちがいたので、お互いにいろいろとつながって、「チームまちなか」のような、立場を超えた人間集団ができました。今でも続いているのですけれども、これはとても大きな力、財産になりました。

「まちなか広場」とか図書館も、こうした人たちとの議論のなかで形作られてきたものです。たとえば、商業者は、まちににぎわいをつくろうと思いイベントを企画するわけですが、イベントはすごくお金もかかるし、時間もかかる。大きな労力が必要です。そのため、イベントに頼らずに人が集まる仕組みがほしいという意見がでてきて、そこから広場をつくって、図書館もそこにもっていくという話になり、それを設計して、庁内合意、住民合意をとっていく、というように進めてきました。

商業者のみなさんは、仮設店舗で大変苦しみながら営業を続けています。仮設店舗は、建物は中小機構（中小企業基盤整備機構）の支援があり、また、土地代は行政が支援しているのですが、内装や設備などはすべて自分たちで負担しなければなりません。ですから、仮設店舗のあとにもう一度本設の店をつくるのは、ものすごいエネルギーがいるそうです。「本当に本設できるのか」と悩んでいる商業者にモチベーションを維持してもらえるよう、いかに展望を示して、中心市街地に戻ってきてもらうかということを意識しました。そのためにも、みなさんの意見を聞き、可能なかぎり実現していくことが重要になりますが、ある商業コンサルタントの方が、「被災地で、これだけ商業者がまちづくりに参加している自治体はないだろう」と言ってくれました。それは私たちにとっては最大の褒め言葉だと思っています。

私たちが退職したあとも、いろいろと課題はでてくると思います。その解決には、立場の違いを超えて市民が協力して、自分たちにできることは何かということを考えてみんなで努力する、そういう今までのスタイルが、今後も活きていくのだろうと思っています。

近隣の被災自治体では、復興事業に大手ディベロッパーが入ったりしていますし、まちづくり会社の職員も市外から公募して運営している。それも一つのやり方なのでしょうけれど、陸前高田は小さいまちだし、人材も限られているので、私たち地元の人間が、外から支援に来てくれた「風の人」（地元ではない別の土地へ出向いて地域貢献する人たちのこと）の力を受けながら、それをどう力にして活かしていくかを考えながら、市民協働で取り組んでいます。それが今、少しずつですがかたちになってきている状況だと思うのです。

また別の被災地では、まちづくり会社が有名な建築家がデザインした商業施設をつくり、商業者がそこに高いテナント料を払って入っているという番組も観ました。それで本当にやっていけるのか、決して簡単ではないと思います。陸前高田では、商業施設の集積だけではなく、また、ナショナルチェーンに頼らずに自分たちで魅力ある店舗もつくり、販売も進めていこうとしています。

岡田　結局、商業施設の中核にはイオンではなく、地元のマイヤさんが入りましたね。

阿部　イオンは高田での出店を「実験台」だと言ったんです。店舗が全国で飽和状態になっているので、被災地でやれるか・やれないか実験台だと新聞記事に載っていたのです。そういう相手に負けていられないという意地も、地元の商業者のみなさんはもっていました。陸前高田は、店の数は少ないですけれども、魅力的な店が結構あると思っています。隣町から、「高田のほうは一〇年たっても復興できないから、こっちに来い」という引き抜き話がたくさんあったと聞いていますが、商工会が中心となり「みんなでもう一度まちをつくろう」ってがんばった。そこはすごい団結力でした。

そこにあるゴールにたどり着けるか――時間、お金、精神的負担

大門　今の時点から見ると、そのプロセスは、試行錯誤があっても、明確な道筋が感じられるのですけれども、二年前に来たときの印象では、復興途上で、嵩上げ工事も大変な状況でしたし、本当にだいじょうぶかと思っていました。三陸沿岸の自治体では、嵩上げ後に、人びとが集まる中心地をどのようにつくるのかが大きな課題でした。そのなかで、陸前高田市では、商店と公共施設の図書館を併設した複合施設をつくろうとしていました。阿部さんは、NHKスペシャル「ゼロから町をつくる〜陸前高田・空前の巨大プロジェクト〜」（二〇一六年三月八日放送）のなかで、商業施設の成否について、図書館に「希望を託す」と言っていましたが、先行きに対する不安はなかったのですか。

阿部　各地を視察し、関係者とも議論を重ねての方向だったので、あまりなかったです。これまでも市民が主人公になるまちづくりを意識して取り組んできましたが、ゴールをつねに意識して、それに向かって何をすればいいのか、対庁内、対業者との関係、対国との関係で、何をどうやったらいいのかを考えながら組み立てるようにしてきました。ですから心配と言えば、そこにゴールがあるんだけれど、みんながイメージを共有してもてるか、諦めないで一緒に進んでいけるか、ということだけでした。

岡田　時間との競争ですね。

阿部　時間、お金、それ以外にもいろんなものがあります。今、中心市街地に店を建てている人も、あと三年たったときに本当に陸前高田に人が来るのかとか、また何千万円も借金をしてだいじょうぶかとか、

みんな悩んで、それでもがんばろうとしているわけです。その人たちに寄り添うことが何よりも大事だと思います。そして、まちなかだけではなくて、松原につくる復興祈念公園、そのすぐそばにつくる野球場・サッカー場などの運動施設と連携しながら、どう人の流れをつくっていくのかが重要で、それが陸前高田が生きのびる方向だと思っているんです。

幸い、被災三県に一か所ずつつくられる復興祈念公園が陸前高田の松原地区にできます。イメージでいえば広島の平和記念公園のような場で、そのなかには原爆資料館のような震災伝承施設も県が整備します。そうした事業を国、県とも調整しながら進めているのですけれど、その中心部分が二〇一九年の夏までにできる。そこに来た人をどう中心市街地に引き込むかということを、つねにみんなで議論していて、その方向性は明確です。

組合活動で培ってきた経験とつながりを地域の復興に活かす

大門　今の阿部さんの確信は、震災以前のまちづくりの過程から連続しているということでしょうか。

阿部　そうですね、震災前から自治体労働組合の活動をしてきましたが、住民から信頼される市職労と運動をどうつくるかということがすごく重要だと考えていました。たとえば、地域医療を守る課題では、市職労は、地域のコミュニティ団体や女性団体のみなさん方と「県立高田病院を守る高田市民の会」という市民団体をつくり、県立病院の充実のために署名をしたり県に要望活動を行ったりしてきました。また、平和運動では、女性団体や青年団体のみなさん方と「平和憲法・9条を守る市民の会」をつくり取り組んできました。そうした活動の積み重ねの結果、市民のみなさんは、市職労と何か一緒に活動することにあまり抵抗がないのではないかと感じていますし、震災後の今もある程度そういう関係にあると思います。「住民こそ主人公」の立場で、昔からみんなでがんばってきました。震災で同級生の職員もみんな亡くなったこともあり今は管理職になっています。市長とは彼が議員のときからお互いによくわかっているし、今の市の幹部たちも、私が組合の活動家だったことをわかったうえで付き合ってくれている。そして、「こういう方向で仕事を進めたいのだ」と、ちゃんと庁内で言える。それが、今の役職という点では大きいですね。

職場では、震災後に採用された職員が半数にのぼっています。そういうなかで、労働組合の活動をつくっていくことはなかなか大変です。今の役員もほとんどが震災後の採用職員ですが、みんながんばっています。私は組合員ではなくなりましたが、自治体職員という立場で、さまざまな活動を前に進めるのが、私の役割だと思っています。

岡田　すごく連続的ですよね。労働組合運動の戦略や経験を、復興の取り組みのなかに取り入れているのですね。そういう意味では矛盾がないというか、やりたいことをやらせてもらっているわけですね。

阿部　組合運動の延長のようにまちづくりをしているという感じですかね（笑）。

岡田　そういう組織力量が、ものすごくあるなぁと思いますね。URとの関係でも、たまたま理解のある人が配置されたことも大きいですね。

阿部　以前、本当に強烈な人がいましてね。商業者をまわって意向調査をしたり、店舗の出店交渉をしたりしてくれました。現場主義で、自分で足を運んで業者さんの意見を聞いて、それを絵にしていくという人でした。本部に話すと「そんなの、区画整理事業じゃない」って怒られるから、黙ってやっているということでした。ＵＲでも異端児らしいのですが、すごかったです。

岡田　復興工事についても、同じＵＲが請け負っている気仙沼市の場合と違って、陸前高田では地元発注にこだわっていると聞きました。

阿部　小さな自治体ですから、地域のなかでお金をまわすことは大変重要です。市役所の内部でも、できるだけ地元業者に発注しようということになっています。そこはもう思想としてしっかりと。二〇〇五年頃から市町村合併の話が持ち上がりました。それは大船渡の財界が高田・住田の公共事業を取り込むために仕掛けてきたのではないかという見方もありましたが、当時も地元のお金をちゃんと地元でまわすことが必要ということは意識していました。

岡田　合併反対運動のときの学びと連続しているわけですね。図書館を見学させてもらいましたが、材木が地元の気仙杉だということでした。これは、どういうかたちで決めたのでしょうか？

阿部　図書館を商業施設に併設させるという構想はこちらで仕掛けましたが、中身までは正直なところあまりかかわれませんでした。地元材利用については、教育委員会にこだわりのある建築技師が支援に来ていて、彼ががんばってくれました。

私は現在も幸いなことに、まちづくりにかかわれる部署にいますので、国や県との調整や、中心市街地に関することもトータルに見ていくことができます。ですから、たしかに忙しいのですけれども、それぞれの状況を把握できる立場にいることが、いろいろな事業をつくりあげていくうえで大きいと思います。

市民性こそが陸前高田の一番のすばらしさ

岡田　住民自治の取り組みという点はどうなのでしょうか。

阿部　新しいまちをつくっていく取り組みのなかで、陸前高田らしさってなんだ、ということをすごく考えました。ここはたしかに海の青とか、空の青とか、自然のよさはもちろんあるのですが、高田の一番のよさというのは、人のよさだと思うようになりました。

商業者のみなさんから聞いたのですが、セールスマンが県内のあちこちまわってくるんだけれど、「ここは違うね〜」と言うのだそうです。たとえば、商品の見本をおかせてほしいと頼むと、ほかの地域では結構断られることが多いのだけれども、高田の人は「いいよ。そこにおいていって」と当たり前のようにみな言う。そんな地域はなかなかないということでした。何でも受け入れてくれる、すごくやさしい、という話を聞きました。

中里前市長が二期目を終える頃にガンになり、三期目は立候補しないことになりました。それでも支持者のなかに出馬を望む声もありましたが、中里さんは、無責任なことはできないと断りました。支持者が開いた最後のご苦労さん会のときに彼は、「高田は自然などいいものがいっぱいあるけど、私は高田の一番すばらしいのは、ここに住んでいる市民一人ひとりだ」という話をしたんですよ。共産党員でありながらも党派を超えて首長に選んでくれる、いいものはいいとちゃんと判断し選択できる、その市民性こそが高田の一番すばらしいところだ、と彼は言っていました。

復興事業でも、地権者が協力してくれなかったら、こんなスピードで事業は進んでこなかったと思います。区画整理事業では、二〇〇〇人近くの地権者に「換地計画はこれからだけれども、あなたの土地に先に土を盛らせてください」と承諾をもらいに行く。もちろん判子をもらいに行く職員は大変な努力をしたのですけれど、ちゃんとそれにみんなが応えてくれる。公共事業でまず大変なのは用地交渉です。陸前高田の復興事業の場合、その用地交渉が非常に早くできました。あんなに壊滅的な被害を受けたのに、決めたスケジュールのなかで今のように復興できているのは、そこが大きいと思っているのです。まさに市民性だと思います。

岡田　地権者のとりまとめで動いたのは、地区の自治会ですか?

阿部　いろいろですが、陸前高田市では町単位の地域組織がしっかりしているだけじゃなくて、そのなかの集落ごとのコミュニティもしっかりしている。そこに依拠して地権者交渉を進めました。ほかの自治体では用地交渉は一から自治体職員が行うという話を聞きました。事業計画が採択されても肝心の用地交渉が進まない。防災集団移転促進事業について言えば、陸前高田では地域ごとに協議会をつくって、そこが中心となって用地交渉をしたり宅地の配置計画もつくる。そのため空き区画などはほとんど出ていません。それはやはりコミュニティの強さですね。そういうところは、すばらしいと思っています。

災害の歴史が育んだ市民協働の力

大門　先ほどのセールスマンに見本をおかせてくれと言われて、「いいよ、いいよ」という話は、もともと陸前高田が外の人たちといろいろな接点をもってきたという歴史的文化に由来しているのでしょうか。

阿部　よくわかりませんが、陸前高田市は、一九五五（昭和三〇）年に合併をしてできました。合併してすぐに人口減少におそわれて、当時の市長は広田湾に火力コンビナート開発構想を立てるのですが、それに対して漁民、市民、労働者が団結して、結果あきらめさせることになりました。そういう市民性というのがどうやってつくられたのか、私も非常に関心があるところです。

大門　セールスマンにもオープンだという話と、中里市長の市民が自分を受け入れてくれたという話は、少し違う感じがします。両方とも、その根っこに昔から外の人びとを受け入れてきたということがあったかもしれませんが、後者の市民協働というのは、意識的につくってきたものなのではないでしょうか。

岡田　それは戦前の歴史にも通じますね。産業組合の診療所をつくりたいと誰かが言ったらみんなが出資をする。たとえば、海側の広田にしろ、山間部の二又にしろ共通していますね。なんで協同の具体化が高田で早い時期にできたのか。あるいは、共同で鉄道とか、船会社をつくり、共同出資していくというのは、明治時代にもうやっています。単独でできないことを近場でいっしょにやっていくというのは、ひょっとしたら災害の歴史と重なっている可能性もありますね。明治や昭和の三陸津波によって地域全体がやられてしまって、立ち上がるときは協同でやらざるをえないというような。

阿部　そうですね、それはあるかもしれませんね。

岡田　歴史に興味をもってきているということですが、市立博物館の熊谷賢さんが話をしているような陸前高田の自然史あたりまで、関心をもっていますか？

阿部　私はそれよりも、やはり人間がどう地域にかかわって闘ってきたかというところに関心があります。労働組合とか社会運動家の先輩たちがどういう思いで、どういう活動をして、陸前高田の礎をつくってきたかということには興味がありますね。

　私は、チリ地震津波のあった一九六〇年生まれなんです。五〇歳のときに東日本大震災にあいました。チリ津波では、陸前高田は亡くなった人も少なく、被害もあまり大きくなかったそうです。今回の東日本大震災では海で生活している漁民は結構逃げたんですが、高田町内の商業者とか一般の住民の多くが、逃げないで津波被害にあいました。

岡田　チリ津波の頃というのは、市街地はどういう状況だったのですか。

阿部　チリ津波のあとに五・五メートルの防潮堤ができています。それ以前は、沼のような田んぼがあるだけでしたが、防潮堤ができて国道四五号のバイパスを海沿いにつくった。このことが決定的なポイントになって、海沿いに宅地が広がって、商店が広がって、みなそこへ行くわけです。

岡田　そのような現代のまちづくりが、東日本大震災での大きな被害を出した要因の一つだったとも言えますね。高田の歴史から学ぶべきこと、まだまだたくさんありますね。今日は、本当にありがとうございました。

対話4

地域で育んできた陸前高田の保育

佐々木利恵子
聞き手：大門正克・岡田知弘

二〇一三年九月に開催した陸前高田フォーラムでは、プレフォーラム（九月二八日）で、当時、高田保育所長だった佐々木利恵子さんに3・11以前の陸前高田の保育についてついて話をうかがった。聞き手は大門正克である。その後も継続的に佐々木さんを訪ね、一五年八月二〇日には大門が話を聞き、一七年九月一二日には、大門と岡田が話を聞いた。以下は、一三年と一七年の対話の記録である。

3・11前後の陸前高田の保育

3・11以前の陸前高田の保育

佐々木　現在（二〇一三年）、高田保育所長をしています。3・11の時点では、今泉保育所長をしていました。陸前高田市の保育所は公立で五施設ありますが、そのうちの二施設、今泉保育所も高田保育所も震災で全壊流失してしまいました。そのため現在、今泉保育所は、同じ町内の高台にある長部保育所で一緒に、また高田保育所は、隣町にある法人立の旧米崎保育園舎を借りて保育しています。米崎保育園舎は築五〇年の老朽化した施設で、二〇一一年三月三一日で解体されるはずでした。地震でさらに壁に亀裂が入ったりしたのですが、一〇〇名近い児童を預かる場所がないということで、急遽ベニヤ板を張り付けるなど応急処置をして使用しています。道路向かいには新築された米崎保育園があり、朝夕の送迎時間帯はすごい交通量になります。

震災後たくさんの方とご縁がありましたが、そのなかの一人に三重県から、多いときには二か月に一度、軽自動車を自分で運転して来てくださる三浦伸也さんという方がいます。子どもたちは、「しんちゃん」と呼んでいるのですが、市内の保育施設をくまなく歩き、子どもたちに絵本の読み聞かせの支援をしてくださっています。一年前に、絵本を読み聞かせているときの子どもたちの笑顔を写真に撮り、それをＣＤにして全家庭に配布してくれたのです。お家の方たちは、「この笑顔いいなぁ!!」と、非常に喜んでいました。震災後一番うれしいプレゼントかなと思っています。

そういう熱い思いのある方に、私たちにとっては普通にしている保育が「高田の保育はいいね！」と言われ、うれしかったんですね。

今回、大門さんからお話をいただいて、実はちょっと重かったんです。地元で震災の話はできないなと思ったのですが、「いいんです。高田の保育の話をしてください」とおっしゃってくださったので、趣旨が違うかもしれませんが、高田の保育の話をいっぱいしようかなと思って、今日は来ました。

震災前の高田は、（現在でも、地区によっては残っているところはありますが）とても自然に恵まれていました。私が勤めていた今泉保育所のまわりも、山があり、川があり、田や畑があり緑に囲まれたとてもよいところでした。散歩コースにこと欠くことはなく、天気がいい日はよく出かけていました。ただ歩くのではなく、なまこ壁のある倉道を通りながら、地元の神社の参道で月一度開かれる市日で買い物をしたり、川を上る鮭を見たり、白鳥を見に行ったり、木の実を拾ったり……。オニヤンマのヤゴはご存知ですか？　ヤゴをつかまえてきて、餌（つかまえてくる）をあげながら、羽化するまで子どもたちと一緒に観察する。こういう手間のかかることをしていました。でも、長い時間かけて育て、羽化した瞬間のオニヤンマのキラキラした羽根を子どもたちと一緒に、「すごいね！　きれいだね」と言って共感できる、そういう自然を中心にした保育をしていました。

散歩に出かけると、地域の方が必ず声をかけてくださいます。「今日はどこさ行くの？」「どこさ」というのは「どこに」ということですけど、「あっち」と言うと、「いってらっしゃい！」と見送ってくれたり、「ちょっと待っててね！」と家のなかに入って行き、袋入りの飴を「これ、いっぷくに」と渡してくれることもあります。「いっぷく」というのは、休憩という意味です。お散歩の途中に、いただいた飴でいっぷく！　子どもたちにとって至福の時間です。出発するときは手ぶらですが、戻ってくるとお土産がいっぱいなんですよ。飴もそうですが、山で拾った木の実とか葉っぱ、時には地域の方が庭に咲いている花を切って「保育所にもっていって飾ったら」とおすそ分けしてくださいます。おかげで、季節を感じて、自然を感じて、地域のあったかさを感じて、そういうなかで保育ができていました。

手間をかけ、時間をかけての保育としては、たとえば〝節分〟があります。二月三日に豆をまいて鬼を追い払う日。山の鬼から手紙がきます。「話を聞かない子、好き嫌いする子、ちょっと意地悪する子とか、自分たちの大好きな子どもがいっぱいいるようだ。俺たちはそんな子が大好きだ。仲間にするために迎えに行く……」というのがお決まりです。私たちは、〝節分〟などの行事では、その過程を大事にしようと考えていて、どのようにもっていけばいいか、というところから保育者で相談します。子どもたちにとっては、鬼はもちろん怖いものです。でも、代々年長の子どもたちが小さい組の子どもたちを守ってくれるんですね。自分たちも怖いけれど、そこを乗り越えて小さい子を守ったことが自信になって、小学校へ入学していきます。一方で、子どもたちは、いろいろな鬼対策を考えます。方法は、その年によって違います。鬼と対決して、これなら勝てるかもしれない！　と想像力をふくらませます。

・お正月遊びであやとりが流行ったとき――鬼は爪が長いから、爪が邪魔であやとりができないんじゃない？　紙飛行機も飛ばせないかもしれないね。
・鬼対子どもでドッジボールをしたら、人数が多いから僕たちが勝てるかもしれない。
・ござ巻き競争！　いつもお昼寝のあと、先生のござ巻きをお手伝いしてるから得意だよ！
・保育所の部屋全部に、鬼の嫌いなもの貼れば？
　散歩に行ったとき――あそこのお家に鬼の苦手なトゲトゲの木（柊）があったから、もらってこよう！
　お家から、煮干し（鰯）持ってくる！　など。

子どもたちにとっての節分は、お家の方に見てもらう運動会や生活発表会などと同じぐらい大事な行事です。ですが、今泉保育所で被災した子どもたちが迎える節分は、職員みんながどうすべきか、迷いました。

3・11の津波というあんな怖い思いをしたのに、また怖がらせてと言うと語弊がありますけど、例年のように怖い思いをさせていいのかな、という葛藤がありました。でも、子どもたちは、夏頃から「あっちの山から鬼が来るんだよね」と話をしているのです。はじめにお話ししましたが、今泉保育所の子どもたちは長部保育所の子どもたちと合同で過ごしていました。今泉保育所には、通称〝山姥の森〞から、長部保育所には、〝ツノツノ山〞から、毎年鬼が来ます。それを教えあっていたのです。子どもたちには迎え撃つ気持ちがあると判断し、進めました。

相談を進めるなかで、「鬼はプレゼントをもらったことがないんじゃないか」という話になりました。それで「プレゼントとかお手紙とかもらったら鬼はうれしくなって、『これ、なんだろう？』ってすぐに開けてみたくなるんじゃない」ということで、プレゼント作戦をしました。ただ、そのプレゼントを渡すのは誰の役？　ということで、ちょっともめました（笑）。普段はとても元気な男の子たちなのですが、なかなか決まりませんでした。結局、その役をすることになったのは三人。一番泣き虫だった男の子と、「しょうがないな」という感じで女の子が二人。その三人が前に出て、「これを渡しますから、お山に帰って開けてみてください……」ということで、泣きながら鬼に渡してお願いしました。鬼役の方とは、事前に綿密な打ち合わせをしているので、「手紙？　プレゼント？　はじめてもらうものだ。じゃあ　帰って開けてみるから、もう泣くなよ！」という感じで帰っていきました。

二〇一三年、高田保育所の年長が考えたのは、一人じゃ怖い。でも、みんなで力を合わせたら鬼もかなわない？　ということで、きれいな歌を聞かせれば鬼もきっと心を入れ替えて、帰るかもしれない、という案でした。小さい組の子どもたちも、年長の後ろに隠れるようにして、コソコソッとですけど一緒に歌いました。一回目は、鬼に「そんな声じゃ駄目だ。小さいし、そろってないじゃないか」と言われ、もう一回。みんなで気持ちを合わせ、がんばりました。鬼は「今の歌は、ここに（胸）キュンと来たものがある！」という話をして帰って行きました。

どうやったら鬼に帰ってもらえる？　怖いけど、がんばろう！　という気持ちを引っ張ってあげるのが、私たちの仕事かなと思っています。「過程を大事にする」というのは、そのあたりですかね。

もう一つ。クリスマスがあります。私たちの保育所は、キリスト教ではありませんが、クリスマス会はします。そして、サンタさんは必ず来てくれます。私たちが考えたストーリーで、サンタさんから「いい子にしてる？　保育所のクリスマス会に行くからね」と、手紙や生電話がきます。サンタさんが保育所の場所をわかるようにするには、どうすればいいかな？　と投げかけます。【ほいくしょは、こっちです↓】と、案内板を近所のいたるところに貼った年もありますし、保育所の万国旗用のポールに旗を吊るしたこともあります。うまい具合に雪が降ると足跡をつけたりして、想像をふくらませて設定をする様子を見て、大人もワクワクします。

ちょっと話がとんでしまいますが……震災後は結構いろんなところからサンタさんがいらっしゃって、一二月中旬から毎日クリスマスでした。「サンタさんの格好をして行きたいです」という方に、私たちはどんなふうにも対応できると思っていますので、「わかりました。どうぞ」と受けました。子どもたちには、「サンタさんになりたい人は、いっぱいいるんだよ。今日のサンタさんは、お弟子さん」。「今日もお弟子さんが来るよ」（笑）、ということで、お弟子さんがたくさん！

大門　この間（二〇一三年八月）、本日の打合せで保育所にうかがった際に、たしか、卒園する子どもたちが節分のことを文集に書くという話がありました。それを紹介してください。

佐々木　毎年、他の職員も手伝うのですが、年長の担任が中心になって修了記念文集をつくっています。その年によって、内容には若干違いがあります。個人のページは、名前・絵・質問への答えなどがあります。質問は、

・好きな遊び　滑り台。高くていろいろなものが見えるから。
・好きな給食　カレー。
・好きな絵本　エルマーの冒険、等。
・保育所でがんばったこと
　鉄棒の逆上がり　手が痛かったけどできるまでがんばった。
　運動会　リレーのアンカーで負けていて一人で走ったけど最後までがんばった、等。

この質問に三分の一くらいの子が、「鬼から小さい子を守った」というのをあげます。それが自信になって、小学生になる。という感じです。

大門　お話のなかにいろいろなポイントがありますね。子どもたちの鬼対策は毎年違うわけですね。子ど

もたち自身に考えさせて、いろいろなアイデアが子どもたちから出てきます。先生たちがサポートしているのでしょうが、言葉で言ってしまえば自発性のようなことが間違いなくプロセスのなかに入っており、自発性が発揮されることと、小さい子どもを守ることがたぶんセットで子どもたちのなかに残るのかな、と。言われてやっているだけじゃないわけですよね。

佐々木　そうですね。子どもたちから、というところを大事にしたいと思っています。「こうしよう」と大人から提案するのではなく、子どもたちの提案で「やっていこう」というふうに。年長の子どもたちが考えて、四歳の子が年長になったとき、「去年、ぼくたちお兄ちゃんたちにこうしてもらったよね！」というかたちでバトンがつながれていく感じはあります。

大門　鬼にプレゼントを三人で渡すのが、泣き虫の男の子と「しょうがないな」という女の子が二人ということですね（笑）。子どもたちのなかにもいろいろな組み合わせがあり、そのなかでそれぞれの子どもが何か役割を発揮する、そういう話も含まれているのですよね。

佐々木　つながりながら育ちあっていく、という感じでしょうか？　横につながり、縦につながりながら。

大門　去年（二〇一二年）の気仙沼フォーラムのときも、雄勝小学校についての徳水博志先生の話で印象的だったのは、被災後にいろいろな支援を受けているときは、避難した子どもたちはずーっと被災者であり、被災者でいつづけるというのは、実は子どもたちにとってすごく不安定なことだった。そのあと学校全体で復興教育に取り組むなかで、職人さんに教えてもらって地元の硯で仮設住宅の人の表札をつくり、それを仮設住宅にもっていったら、滅茶苦茶に喜ばれたって、被災者としてだけではなく、何か役割を果たしたときに子どもたちははじめてバランスを取り戻したという話です。それと同じで、高田の保育では、横につながりながら、縦の年齢もつながりながら、一人ひとりの子どもがきっと「これで自分も何かの役割を果たした」という思いがあったので、節分のことを文集に書くのではないかと思うのです。みなで取り組みながら、一人ひとりが横で手をつなぎながら取り組むというのは、簡単なようでいて決して簡単ではない。先生が手を出すのを我慢しているということがあるのでしょうか?

佐々木　そうですね。大人だけで「こうやっちゃおう」と決めて、子どもにこっちを向かせて思うようにもっていくのは、楽なんですよ。そうではなく、「過程を大事に」ということは、神経を使います。話し合って、「こうなったけど、どうする?」と子どもたちが相談する時間が必要です。でも、それでは収集がつかなくなりそうだからもう少し軌道修正しよう、と練り直す大人の時間も必要ですね。

陸前高田の保育の歩み

大門　先生が保育にかかわった最初の頃から、高田ではそういう保育だったのですか?　それともどこか、何かのきっかけみたいなものがありましたか?

佐々木　私が、高田で勤めはじめたのは約三〇年前になります。かなり長い保育士生活ですが、一番多いときで五歳児を三七人一人で受けもったことがあります。二歳児も一〇人を一人でとか、勤めはじめた頃は、そんな状況でした。今思うとあの頃の子どもたちに申し訳なかったのですが、それが当たり前と思っていて、上司に「この組の担任だから」と言われれば、「ああ　そうか。やるしかないのか」という感じでした。振り返ると、一人ひとりを大事にというより、効率的なかたちで保育していたように思います。

受け持ち人数が多いだけではなく、ほかにもいろいろ問題がありました。現在は、組担任以外にフリーの職員がいますが、当時は主任もクラス担任で、保育士にもまったく余裕がありませんでした。給食を食べ終わったら外で遊ばせたいと思っても、午睡準備をしている間、外遊びを見てくれる職員がいない。毎日、怪我がないように保護者に返すことが一番の状態でした。このままでいいのかな、という思いは漠然ともってはいましたが、職員労働組合の方から「他所には、こんな保育をしているところもあるんだよ」という話をいくつか聞いて、「ええっ　私たちがしている保育って何？　私たちがしたい保育じゃない！」と気づきました。

保護者の方たちには、保育環境が恵まれていないことは、不安を与えないために話さないようにしていました。でも、子どもたちのために！　という思いで、当時公立の四施設でそれぞれ夜の保育懇談会を開くことにしました。対象者は保護者が主でしたが、地域の方にも参加していただきました。そこで、「私たちは、今こういう状況で保育をしています。もっといい環境をつくりたいんです」という話をしました。

課題の多い状況を保護者にお話しするというのは、抵抗がありました。「先生たち、隠していたわけね」と思われるのではないかという不安です。でも、実際に話してみると、泣きながら聞いてくださるお母さんもいて、自分の子どもがそんなところで保育されているということより、「なんで先生たち、今まで黙っていたの。そんなに大変な思いしていたのに」と、駆け寄ってくださる方もいました。そして職員同士また保護者のつながりができて、もっと子どもたちの環境をよくしよう！　という雰囲気が高まりました。

そのようなことから、陸前高田市保育をよりよくする会が生まれました。市内の保育所父母の会、公立保育所の職員、法人立保育園職員連絡会という三つの団体と、賛同する個人で組織されています。当時の陸前高田市の保育料は全国的に見ても高額でした。さらに施設の定員によって保育料が違っていました。一八〇人定員の施設は安い保育料で、三〇人定員の施設は高い。同じ税金から換算するのにそれは変だ、ということに気がついて、市に「よりよくする会」で交渉しました。そのときから、保育料は定員に関係なく、課税金額によって一律になっています。

また、入所人数によって仕方なく三～五歳の混合保育をしている施設が多いけれど、意図的な縦割り保育は別として本当は年齢別に保育するほうがいい、ということを伝える懇談会をもったり、「保育をよりよくする」ためにいろいろな問題を考える機会が多くなりました。私たち職員も、全国的な学習会に参加したり、保育について勉強する場に出たりすることが多くなりました。そこに参加することによってはじめて、「えっ？　これって普通じゃなかったんだ」と知ることができました。子どもたちにも悪いし、私たち働く者にとっても、もっと当然の権利があることに気づくきっかけになりました。

その後、少しずつ環境が変わっていきました。職員が休んだときには、かわりに保育をしてくれる人がいて当然じゃないかということで、フリーの職員を配置してもらいました。その結果、子どもに目が行き届く範囲が広がり、時差出勤の日はサービス残業なしで帰ることができるようになりました。気づかずに黙っていたら、たぶんそのままだったと思いますが。保育の環境を物的にも人的にも変えていくためには、自分たちが学んで動かないといけないということ、今あることが普通じゃないんだよ！　ということを話すきっかけになりました。

3・11以後の保育

大門　陸前高田の保育には大きな変化があって、保育士だけでなく、保護者と地域の人たち、それから市役所もそれぞれの役割を果たしながら、今にいたることがわかりました。保育所の子どもたちが散歩に出ると、地域の人たちがあめ玉や花をくれたり、声をかけてくれたり、というような、つながりがあったと紹介してくださいましたが、これはごく当たり前のことではなくて、保育所が地域の人たちに自分たちの状況を開くなかでできてきたことだったのですね。

津波のあとも、地域の方々と保育所の先生たちが子どもの避難に協力しながら連携してあたったということを聞きました。過程を大事にする保育の積み重ねのなかでの協力だったように思います。可能な範囲で三月一一日のあとのお話を少しお願いできるでしょうか。

佐々木　三月一一日、陸前高田のどこにいたかによってその後にすごく大きな差があります。私たちの保育所があった今泉地区は、本当に跡形もなく、なくなってしまいました。六〇〇世帯近くあったうち、残ったのは九世帯です。津波が気仙川を逆流してさかのぼってきたため、町全体が呑み込まれてしまった感じです。

地震の揺れがおさまってから、第二避難所になっている保育所のすぐ裏にある小学校の校庭に集まり、迎えに来た保護者には、そこで子どもを引き渡しました。校庭には地域の方や小学生を含み、二〇〇人以上が集まっていました。すると校門のほうから「津波が来てる～　逃げろ～」と走ってくる地元の人がいました。高いところへということで、すぐ横の崖にいっせいに向かいました。このとき残っていた子どもは、一九人。〇歳児や一歳児はおんぶしていたので、その状態で草をつかみながら、地域の方に引っ張っていただいたり、下から押していただいたりしながら必死で登りました。寒さと余震に震えながら山を歩き、高台にある長円寺《ちょうえんじ》というお寺にたどり着き、そこで一泊。翌日移動してさらに高台にある長部《おさべ》保育所で六泊しました。

電気のない状態で余震におびえながら、連絡手段がないので、迎えに来てくれるのかどうかわからない保護者をただ待ちつづけました。保育所があった場所は、橋が流され孤立した地区だったので、迎えに来ることができなかった保護者が一六人。翌日、すぐに迎えに来た方もいますし、町外から入所していた子の保護者のなかには二日かけて山を越えて歩いてきた方もいます。最後の子どもを保護者に引き渡せたのは、震災から一〇日後のことでした。

子どもも大人もいろいろな場所で、いろいろな経験をしたので、その後の記憶の現れ方や、抱えた問題はさまざまでした。逃げた場所で肩まで水につかった子は、水を見るのも怖くて、コップ一杯の水を飲むのに一週間かかりました。トイレの水を流すと渦ができるからと、水を流すのに半年かかった子もいました。保護者が保育所に迎えに来ていったん家に帰ったものの、その後山に逃げて無事だった子もいます。とくに津波被害が大きかった地区では、心に残ることにすごく差があります。

「保育所に行くと津波が来る」と、毎朝泣きながら登所する子がいました。一日だけだったのですが、家族と離れて私たちと一緒に夜を過ごした子です。その子のお母さんが、「ここで（保育所を）休ませたら癖になっちゃう」と言うのです。私たちは胸のなかで、「あのときお母さんと離れていたから、今、この時点でお母さんと離れるのはまだちょっと早いんだよ」と思うのですが、来なかったわけではなく来ることができなかったお母さんに、それは言えない。「泣いているときは、お母さんギュッとしてあげていいんだよ」と思うのですが、それを伝えることで、そのお母さんは苦しみますよね。保育所に行きたくないんじゃなくて、本当は行きたいんだけれど、お母さんとまた離れることが不安なんだよ、ということを思っていても伝えられないつらさがありました。

保育所を再開した頃、子どもたちは〝津波ごっこ〟もしました。ブロックでいろいろなものをつくる。その後「津波です」と言いながら、バーンと床に落として壊す。三月一一日に緊急放送があったのですが、その放送を繰り返し真似します。「津波です！　逃げてください！」と突然言い出します。それらは、「子どもたちの発散の方法だから、止めちゃいけない」と、心理学の専門家の方たちにアドバイスをもらっていました。ただ、「先生たちがしんどいときは、『嫌だからやめよう』と言っていいんですよ」とも言われたので、ちょっと気持ちが軽くなったのですが、私たちにとってもはじめてのことで、正直大変でした。職員自身も結構つらい体験をしていますよね。自宅に帰れないまま、家族が心配だったけれども、連絡もとれないままだったりして、一日一日流れに乗るしかない日々でした。

三か月くらいたって、上空から聞こえるヘリコプターの音が少なくなり、子どもたちが大分落ち着いてきました。でもその頃、今度は支援の方が次々いらっしゃいました。そのことも実は子どもたちにとっては、大きな環境の変化でした。「行っていいですか?」と事前に連絡があればいいのですが、突然来て、「こういうのをやって見せたいんですが」と言われると、遠くから来てくださったのに「いや、いいです」とは断りきれない。いろいろなものがない状態で、物的環境もですが人的環境も変わった一年でした。それがだんだんなくなってきて、二年たった現在はやっと落ち着きつつあるかなという感じです。

ただ、最初は無我夢中だった職員に、ちょっと疲れが見えてきました。私たちは、この子がいつもと違うのは、この子の個性なのか、それとも津波で何か経験したことが影響しているのか、どっちなんだろう、と判断しかねても、その場で対応しなければなりません。また突然に、究極の選択を迫られることもあります。

たとえば、給食を一緒に食べていたとき、それまで話していたこととは関係なく、突然「うちのおじいちゃん、津波で流された」とポツリ。ここで来たか、と思うのですが、「そうだったよね。おじいちゃん空からきっと見ているよ」と話したあとで、はたしてこれでよかったのかな、と。また、津波でお母さんを亡くした三歳の子だったのですが、「おじいちゃんがいなくなって、おばあちゃんがいなくなって、お母さんがいなくなって、お父さんがいなくなって、お兄ちゃんがいなくなって、僕一人になるんだよね」と、話してきたことがあります。家庭で、お母さんが亡くなったことをどのように伝えているのかはわかりません。そのときは、「でも、だいじょうぶ！　その頃には大きくなっているから、きっと素敵なお嫁さんを見つけて、新しい家族ができるよ」と答えると、「あぁそうか！」って本当にパッと表情が変わったんですね。それを見て、一人になってしまうのでは？　という不安から出た言葉だったのだと思いました。

　こちらが予期せぬときに、予期せぬ言葉が出てくるので、つねにピーンとアンテナを張っていないといけない。どんなふうに話したら、この子の不安は取り除けるの？　この言葉はどこからきて、どんな気持ちを込めた言葉なの？　私たちは、震災前も〝一人ひとりを大事に〟と心がけていましたが、震災後はもっとずっと心の深くをのぞくようにしなければいけないと感じています。その言葉が、震災のためなのか、それとも何か違う理由があるのか、そのあたりを判断するのも、すごく疲れます。

　ただ一見すると、目の前にいる子どもたちは元気です。支援にいらっしゃる方々も、「子どもたちが元気なので安心しました。逆にパワーをもらいました！」と話されます。でも、子どもたちは、一人ひとり不安やつらい思いを抱えていて、内容や重さがみなそれぞれ違います。実際はもっと奥があるんだよなぁと思います。

大門　佐々木さんは、今日ここで話されることを躊躇されてというか、最初は断られました。一時間四五分粘り、最後は一応話してくださるということになったのですが、当初、了解をしていただいたのは3・11前の高田の保育についてでした。今日は、3・11後の保育について少し話していただいていますが、躊躇や葛藤を抱えているはずで、申し訳ないという思いを強くもっています。

　でも、申し訳ないと思いながらも、たとえば三月一一日のあとの節分や行事と、3・11以前の高田の保育のかかわりについて、うかがいたいのですが。

佐々木　先ほどお話しした節分のプレゼント作戦は3・11後のことです。三月一一日を境に、子どもたちを取り巻く環境は激変しました。でも、何もないところからのスタートでも楽しいことができたのは、たくさんの有形無形の支援があったからだと、子どもたちなりに感謝の気持ちが育ったのだと思います。その結果、プレゼント作戦につながったと思います。

行事を一つするたびに、今年はやっていいのかな、という迷いがありました。震災で犠牲になった方、まだ行方不明の方がたくさんいるなかで、賑やかな行事はいかがなものかと。それでも、いろいろ検討して、子どもたちには行事を通していろいろな経験をさせたい、子どもたちががんばっているところを保護者たちに見せたい、じゃあ、やろう！　ということで決めましたが、実際に行事を行うにはいろいろ工夫が必要でした。

たとえば、保護者たちに集まってもらおうにも駐車場がありません。以前は、小学校の校庭を借りていましたが、そこには仮設住宅が建っています。保護者のほとんどは家を流され、遠くに住まざるをえなくなっています。全員の車をどこに止めたらいいか？　路上駐車も仕方ないなどと、一つひとつ考えながら進めました。

また、今泉保育所の地域伝承活動として取り組んでいた〝けんか七夕太鼓〟をどうするかについても、悩みました。けんか七夕太鼓を続けたい気持ちはあるものの、今泉と長部は同じ町内でも地区が違い、間借りしている長部の施設で行ってよいのか、と。震災の年の父母の会総会は、今泉保育所と長部保育所のそれぞれの総会を一度にしたのですが、そのとき、今泉保育所の会長さんが「今泉のけんか七夕太鼓を、ここは長部保育所ですが、実は続けたいんですよね。やっていいでしょうか？」と話しました。長部保育所の保護者の方たちも快諾してくださいました（けんか七夕太鼓は、現在長部保育所で継承されています）。

この気仙町けんか七夕太鼓は、県の無形民俗文化財になっています。毎年八月七日に各町内会でつくった山車をぶつけ合う伝統の行事のお囃子です。小さいときから体に染みついたけんか七夕の太鼓。保存会の方が、保育所に足を運んで指導してくださいます。この太鼓は年長にならないとたたけません。毎年、三月はじめに〝太鼓の引き継ぎ式〟があります。このとき、はじめて四歳児はバチに触れ、太鼓をたたくことができます。年中児にとっては憧れのものでした。

実は、けんか七夕太鼓を続けるにあたり、背中を押してくれた震災後のある出来事がありました。今泉保育所は震災で全壊の被害を受けたので、大きな備品も含めほとんどの物が流されてしまいました。ところが、長部保育所に避難していた三月一五日、今泉保育所の父母の会の会長さんが、「これっ!! 流された自宅の二階部分だけ中学校の後ろに引っかかっていて、そのなかにあったんです」と、〝今泉保育所〟と名前の入った太鼓を届けてくれたのです。びっくりしました。そして、そのときまだ保護者の迎えが来なくて残っていた四歳の男の子が、正確にけんか七夕太鼓のリズムをたたいたのです。流れにまかせるしかなく真っ暗な気持ちで過ごしていた五日間でしたが、それは、〝まだ、だいじょうぶかもしれない〟と、光が差し込んだような瞬間でした。

長部保育所の保護者の方たちの承諾を得たものの、この年の運動会で賑やかな太鼓を披露していいものか否か、とても迷いました。でも実際にやってみると、〝長部保育所の運動会で子どもたちが太鼓をたたく〟というのを聞いて遠くの仮設にいる、保育所には子どもが入っていない方も見に来てくださいました。

とても喜んでくださりたくさんの拍手をいただきました。涙を流しながらも、みなさん、とてもいい笑顔で応援していました。それを見て、地元の人たちにとっては、地元の子が伝承を受け継いで、元気に走って〝私たち、やってるよ！〟というところを見せるのが、一番の活力になるのではないかと感じました。その思いは、行事をするたびに強くなります。二年目からは、一年目にできたことなので、改善しながらよりよいかたちで取り組むことができたと思います。

現在、私が所長をしている高田保育所は、高田町内ではなく米崎町の旧米崎保育所を借りています。道路をはさむと米崎保育園があります。高田地域に溶け込んでいた保育所だったのが、違う地域で保育せざるをえなくなったので、震災直後はいろいろ大変だったと思います。それでも職員たちがマイナスの状況から、なんとかつないでくれた土台があったので、私が転勤した震災から二年目の年に、去年でさえここまでできたんだから一歩進んで！　と行事に取り組めました。

たとえば、〝ぴかぴかまつり〟という夕涼み会もそうです。高田町には、お天王様という夏祭りがあり、このお祭りをふくらませて、高田保育所ではじめて保護者と一緒に〝ぴかぴかまつり〟をしたとき、私も職員として勤務していました。夜空に輝くぴかぴかの星、子どもたちのぴかぴかの笑顔、それを見守るお家の人のぴかぴかの笑顔――だから、高田保育所の夕涼み会はずっと〝ぴかぴかまつり〟。でも、3・11後、夜の開催は、遠くの仮設住宅から来る人の安全面（道路事情、街灯がない）や、雨天の場合など考えると難しいことがたくさんありました。だったら、昼にすればいいんじゃない、駐車場は土曜日なら近くの県立病院の駐車場を借りられるかもしれないね、ということで、いろいろ工夫して開催しました。二〇一二年は、あいにく雨で狭い所内での開催でしたが、年長児がつくったお神輿が大きな〝ワッショイワッショイ〟のかけ声でホール内に入場してきたとき、震災で星になった子どもたちや保護者の顔が浮かび、涙がでました。

これまでと同じようにやろうと思っても、いろいろ工夫しないとできないことが多いのですが、子どもたちが日常を過ごしていて、その先に保護者や地域の人たちを元気づけられる行事があるのなら、やっぱりやったほうがいいよね！　ということで、少しずつですが取り組みを広げています。前と同じようにやるのはすごく大変ですが、震災前にやっていた行事をいったんリセットして取り組み直す。行事をやることによって、地域の方たちが元気になるのが目に見えてわかり、そのことが私たちの励みにもなっています。

大門　前と同じようには難しいというお話ですが、節分やクリスマスなどの行事に取り組む過程を大事にされるなかで、子どもたちが手をつなぎ、そのことで地域の方たちがまた元気になるという、いい循環が生まれているのではないかと思うのです。まだ困難はたくさんあるかもしれないですけれども、過去の一〇年とか二〇年ぐらいの間にしっかり培ってきた高田の保育を原点にして、三月一一日のあとの取り組みがあるように思いました。いかがでしょうか。

佐々木　そうですね。保育者自身も含めて本当にいろいろなことがあって、そのなかで気持ちを一つにしてというのは無理があるのですが、前にできていたことはやりたいね！　というのが、私たちの目標です。

昨二〇一二年は、道路事情が悪かったうえ工事車両が多く、まだ新しい地域にも慣れず、散歩に行くことも少なかったので、以前のように保育に自然を取り入れることはできませんでした。でも、今年一匹のヤゴが高田保育所の飼育ケースに入りました。春、三歳児が散歩先（米崎町内）でつかまえてきたものです。たった一匹のヤゴでしたが、餌になるおたまじゃくしを地域の方の田んぼからいただき、大事に育てました。このヤゴが羽化したのは、ぴかぴかまつり当日の朝でした。すごい偶然というか、奇跡というか、一匹しかいないヤゴが立派なオニヤンマになったのです。うれしくて、ぴかぴかまつりの挨拶で、お家の方にも「実は今日オニヤンマが生まれました！」と報告しました。はじめて見るお母さんもいて興味をもって見ていました。こうやってみんなで共感できる保育！　オニヤンマのヤゴが成虫になったときに、高田の保育は再出発できる！　と感じました。震災前にできたことは、大変だけどできそうな気がします。

大門　オニヤンマのお話は偶然というよりも、努力を重ねたことへのプレゼントとして羽化したのかなという気がしました。

佐々木さんが今日、最初に言われた、「行事までの過程を大事にする」という言葉は、とても印象的でした。「歴史が照らす『生存』の仕組み」をテーマにしたこのフォーラムでは、歴史に一回もどって、今後の生存の仕組みについて考えることが大事だと考えています。

歴史の過程＝プロセスをつぶさに見るなかで、いろいろな困難や可能性が見えてくるはずです。八月に佐々木さんにお会いした際に、私は、過程を大切にする高田の保育と、歴史の過程にもどって考えるフォーラムは、すごく重なると思いましたが、今日、あらためて、高田の保育は、歴史を学ぶうえでも、地域の復興を考えるうえでも、大きな財産なのだということを強く実感しました。今日は本当にありがとうございました。

震災から六年目に陸前高田について語る

二〇一七年九月にうかがった際に、佐々木さんは一一年三月一一日の様子から話してくれた。震災当日の様子を詳しく聞くのは、はじめてだった。そしてまた、陸前高田の保育について思うところを語ってくれた。

三月一一日頃の様子

佐々木　震災後に私が家に帰ってこれたのは、一週間ぐらいたってからでしょうか。二〇一三年のときもお話ししましたが、一晩目は長円寺に泊まって、二日目からは長部保育所に移動しました。あの日、けっこうな距離を歩いているのですよね。山をあっちに行って、こっちに行って、と。

気仙町で助かった九九％の人たちは、その山にいたんじゃないでしょうか。その林道に車をあげていた人がいたんですよ、五台ぐらい。それで、町内の長部地区に「流されなかった公民館があるから、そこに行きましょう」という話になって、ピストンでみんなを運んでもらったのです。

やはり「地域力」というのでしょうか、リーダー的な方がいらっしゃって、「お年寄りが最初で、次が子どもたち……」と指示され、みんなも並んでいきました。私たちは、副所長が一番最初に子どもたちと車に乗って、次、次ということで何組かに分かれて、私が一番最後でした。最終的に落ちあうところは「あそこの公民館ね」、「じゃ、あそこで」と出発したのですけど、林道だから怖いのですよ、車一台がやっと通るぐらいで。だから下を見ながら、「前の車、落ちてないよな。だいじょうぶ、だいじょうぶ」って。

大門　それは、何時ぐらいだったのですか。

佐々木　何時だったでしょう。暗くなりつつある頃でしたね。そうして公民館に着いてみたら、先発の何組かがいなかったんです。「はぁ?」と思っていたら、その場にいた職員が「先の人たちはお寺に行きました。私たちも、そこに行きたいと言ったのですけれど、公民館で指揮をとっている人が『動いちゃ駄目だ』と言うので待っていたんです」と言います。そのリーダーに、「私、保育所長なんですけど、先に着いた人たちがお寺に行っているので移動します」と掛け合って、「今泉保育所は長円寺にいます」と張り紙をしてもらって、お寺に向かいました。ところが、お寺にも二組がいなかったのですよ。

でも、先発の副所長がそこにいたし、途中ずっと車が落ちていないか見てきたからだいじょうぶのはずで、大人と子どもはペアにしていたから、何かあっても大人が判断するだろうと思って、一晩その二組がいないまま過ごしました。

お寺の庫裏《くり》は、小学生も地域の人もいたし、いっぱいで足なんか伸ばせなくてね。避難しはじめてから、はじめてそこで水をもらったのです。湯飲み茶碗で一杯。それと、子ども一個、大人半分だったのですけれど、おにぎりもいただきました。子どもたちは泣かなかったのですよ。本当に怖かったのか、空気を感じたのか。ちょっと泣いたくらいで、「帰りたい」とか言う子はいなかったですし、泣かなかったですね。三月だから、というのはあったと思うのですよ。担任と一年間つきあっているじゃないですか。

大門　そうか。信頼関係ができているからですね。

岡田　たしかに保育が始まったばかりの四月とは、違うかもしれないね。

大門　二〇一三年にうかがった、保育所の子どもたちが散歩に外に出て、地域のいろんな人たちにかまわれていた、という話がありましたね。そうした日常的な地域の人たちとの関係ができていたので、今回も地域ぐるみで逃がしてもらった、そういう話とつなげて考えていいのでしょうか。子どもが泣かなかったことは。

佐々木　そうだと思います。

大門　地域に守られているというか。

佐々木　ええ、思いましたね。そう言えば私、靴を落とした話をしています？　あの日、小学校の裏の山の斜面を登ったじゃないですか。斜面が急だったので、上にいた人たちが引っ張ってくれたり、下から押し上げてくれたりしたのですけれど、ちょっと底が滑る靴を履いていたので片方がぬげちゃったんです。でも拾う時間もないから、そのままやぶ道を靴下で歩いたのですけど、ずーっと行くと山のなかの途中においてあったんです、私の靴。すごいなと思いました。私よりあとに登ってきた人が、あの大変なときに誰かの靴を拾ってくれたんですよね。

岡田　すごいね。

佐々木　すごいですよね。途中まで持って来たけれど「ここでごめん」という感じで、きっとおいたんでしょうね。それとも、誰の靴かわからないけど、誰か履いていってと思ったのか……。私、捨てられなくて、その靴をもっているのです。何か捨てられなくて、あのときの靴を今もおいているんです。

話をもとに戻すと、もう靴下は濡れたままだったのですけれど、そこから靴を履いて歩けました。公民館からお寺に移る途中に姉の家があるので、「靴下片方でいいから貸してちょうだい」って（笑）。

姉の家はだいじょうぶだったのですが、真っ暗ななかで孫と二人でいて、「じいさんだけは米崎に会議に行ってるんだけど帰ってこない」と待っているんですよ。なんかね、ほんとに場面場面で、いろんなこと思い出しますね。

大門　ご無事だったのですか。

佐々木　だいじょうぶでした。林道をまわって知り合いのところに行っていたようです。

それから、結局離ればなれになった二組ですが、運転していた方の好意で民家に降ろされて、その民家に一泊して、二組一緒で次の朝にお寺まで来たんです。みんな、あの日は、自分と同じ経験をしたと思っているじゃないですか。でも、乗った車が違うから、実際は違ったんですよ（笑）。

あの日、妊娠三か月の職員がいたのです。午前中、「お腹が痛い」と言うので、「あぁ、じゃだめだから」と家に帰したんです。本人は「だいじょうぶです」と言ったのですけれど、「これだけは、私たちには弁償できないから帰りなさい」って帰した。帰してよかった。

大門　よかったですね。

佐々木　ほんとに。その状態で山道を登るなんて、無理。だから、「生まれたあなたは奇跡の子だよ」って言っているんです。そんな話がいっぱいあって……みんな、いっぱいあると思います。

大門　偶然がつながっている面と、でもその偶然を、それまでの保育所のいろんな日常の関係が支えているみたいな、そういう感じですよね。

佐々木　そうだと思います。だから、共に助ける「共助」も大事だけれど、保育所なりに「自助」というのもあるのじゃないかなって思うのです。年齢なりにね。あの日の場合、「おんぶするよ」と言ったときに、「この人じゃ、いやだ」と言われたら、時間的にもう大変。「緊急のときは誰でもいい」というか、そういう素直さも大事ですよね。避難所で何か食べるものを出されたら、「これいやだ」って、わがまま言わないとかね。

一日目の夜を過ごしたのは、お寺だから布団がなかったのですけれど、二日目からは保育所だったので昼寝用の子どもの布団があったんです。それが寝るときに、「あの子の隣はやだ」と言った子どもがいるんですよ。もう、本当に！（笑）。普段から、ちょっとわがままな一面がある子だったのですけど。「おにぎりの中身、昆布じゃいやだ」とかね。だから、そういうのを見ていると、普段の保育って大事だなと思うんです。

大門　あの長い行事のあとにもいたわけですね、節分をやったあとに。

佐々木　やったあとにも。

大門　でも、全体としては、一年間かけた保育所での取り組みが、「誰々さんのことを考えようね」というように、自助や共助につながっていたということですよね。

佐々木　つながっているとと思いますす。けっこうな距離を歩いているから、みんなおんぶしてもらいたいし、だっこしてもらいたいのだけれど、赤ちゃんがいるからしょうがないというか、我慢したのだと思います。もらったおにぎりも分けてあげたりとか。それは、やっぱり、そのときだけのことじゃないですね。ずーっと続く過程があってのことかなと思います。

現在の陸前高田の保育

大門　現在の陸前高田の保育へのかかわりについて、少しお話してください。

佐々木　現在、高田保育所にかかわっているのは、ほんのちょっぴりです。去年（二〇一六年）一年間は、所長が変わったこともあって、行く回数は今より少し多かったですけれど、お手伝いのかたちですね。人が足りないと言われれば保育士として。

大門　辞めて今は何年目になられるのでしたか？

佐々木　二年目です。現場に保育士が足りないのはわかっているので、「足りないときはいいよ、私、喜んで行くよ、保育士として」と、話しているのですけれど、若い人たちは、「いやぁ、そんなおそれ多くて」と言うんです。私は「その仕事がしたいんだ」って言うんですけど（笑）。

それから今、NPOでやっている〝おやこの広場きらりんきっず〟という子育て支援の団体のお手伝いもしています。〝きらりんきっず〟の方たちは、保育所に入所していない子どもたちに「お母さんと一緒にいつでも遊びに来てください」という感じで場所を解放したり、いろんな企画を立てたりして、がんばっているんです。

私は、妊婦さんと一歳未満の親子を対象にしたサロンのお手伝いを月一回して、月二回午前中だけ親子の交流の見守りに行っています。今月からそこで預かり保育も始めるらしいのですが、預かり保育は有資格者がいないとできないから「必ず来てください」と言われています。そこでは保育所とは、また違った角度でお子さんたちと会う感じです。「はぁ、そういう感じで子育てをとらえるの」って、保育所よりゆるいというか、なんだろうな（笑）。「こういう子育てもいいよね」と思うのですけれど。

大門　二〇一三年のときの話で、会場にいた人も私もとても印象的だったのは、「震災の前にできていたことは、やれるようにしようよね」という言葉で、これが会場を感動で包んだ（笑）。その話と節分の話が重なり、高田の保育の蓄積というか、先ほどの山に逃げた話とも全部つながると思うのですが、「以前にできていたことはしようよね」というような高田の保育の蓄積は、去年ヘルプをしていたときは、どういう感じでしたか？

佐々木　うまく伝わってない部分もあるのかな、というふうに感じました。私たちが採用になってから一〇年間正規職員の採用がなかったことが大きいように思います。新しい副所長、所長にかわって一年で辞めたのですが、トップに立った私たちの次代の下を支える保育士がまだ育ちきれていない、というのが正直なところです。本当は若い人たちに、〝こういう経過があって、高田の保育はこうなんだよ〟と伝えたかったんですが、私たちの背中を見てじゃないけれど〝本当はこうだから〟という部分がうまくバトンタッチできなかったんじゃないかなって、ちょっと思うのですよ。じっくり話し合いながら説明してあげる時間がなかった。そういう環境じゃなかったから、今の人たちは、かたちだけで進めていないかな、という気持ちがあります。

岡田　今の若い世代はどうですか？　やっぱり余裕がなくなってきているのかな。

佐々木　私たちの世代あたりの保育士までは、夜集まりがあったあとに、喫茶店で一一時、一二時まで保育の話をしたりとか、お互いに「あ、そうだよね」という〝気づき〟を共有する機会もあったのですけれど、たぶん今の人たちはないのだと思います。私たちの時代が、よかったのかどうかはわかりませんが……。

岡田　みんなが共有できるようなテーマがあって、それに時間も割いていたわけですね。

佐々木　はい。ただ今の保育士たちにもそれが伝わっていないのではなくて、つながっているのですよ。何人かは。「あなたのその考えオッケー」と共鳴できる保育士もいる。だからその人たちが細々とでも、ちょっとずつバトンをつないでいってくれれば、まだだいじょうぶ、と思っています。

大門　今、佐々木さんが使われた「バトンをつなぐ」という言葉は、二〇一三年の陸前高田フォーラムで佐々木さんが話されたときにも使われていたもので、印象に残っています。さまざまなつながりのなかにある高田の保育のバトンをつなぐ。3・11から六年たち、3・11で分断されてしまったことをつなぎ直すことがとても大事な課題になっているもとで、「バトンをつなぐ」は大切な言葉だとあらためて思いました。今日は本当にありがとうございました。

対話5

超高齢社会に必要な地域医療・介護のかたち
——被災体験から見えてきたもの——

石木幹人
聞き手：岡田知弘・大門正克

二〇一三年九月に開催した陸前高田フォーラムでは、当時、県立高田病院院長だった石木幹人さんに「いのちを守る地域医療——病院と保健の歴史と現在」をテーマに講演をお願いした（九月二九日）。その後も、一五年八月二一日と一七年九月一二日に、岡田知弘と大門正克が聞きとりを重ねた。以下は、それらをもとに、3・11という経験から見えてきた陸前高田の地域医療の現在である。

津波に流された「高齢者に一番やさしい病院」

岡田　二〇一一年三月一一日の震災で、院長をされていた県立高田病院が壊滅してから、もう七年になります。石木先生は、とりわけ高齢者の生活支援とか、あるいは心の復興に重点をおいて医療活動をされてきたと理解しているのですけれど、そのあたりについて、お聞かせいただきたいと思っています。

石木　そうですね。そもそも陸前高田は全国的にも高齢化が進んでいた地域なので、私たちは「高齢者に一番やさしい病院」を掲げて、病院の改革に取り組んでいました。とりわけ、高齢者が退院したあとに自宅で生活できるように在宅医療に力を入れて、地域の開業医と病院を結ぶシステムをつくったり、医療と介護と福祉の連携を市との協力関係のなかで築きつつあったんです。

ところが、二〇一一年四月から新たな取り組みがスタートするという、その目前で、すべて津波で流されて、地域医療が壊滅的な被害を受けました。

被災をして、高齢者に対して医療が果たす役割の大切さをあらためて自覚することになりました。

被災後に増える認知症患者

仮設住宅での生活が長くなってくると、どんどん家に閉じこもりがちになって、生活習慣病を悪化させているお年寄りがじわじわ増えてきました。

震災直後に北海道から応援に入っていた医師の一人が、「畑が流されてやることがない」という高齢者の訴えを聞いたことから、健康を維持するために病院の事業として仮設住宅に畑をつくりたいと言うので、すぐにOKを出しました。仮設住宅は五〇か所を超えるのですけれども、そこの自治会長さんにすべて連絡を入れて、要望があったところに畑をつくって歩きました。「はまらっせん（方言で、いらっしゃい）農園」と名づけたのですが、これが、かなりすごい成果が出ていまして、生き甲斐を感じる高齢者が増えてきて、認知機能の改善や骨粗しょう症の予防にすごく効果があることがわかったんです。

超高齢化に対応する地域のかたち

急速に進む高齢化は高田だけではなくて全国的な問題なのですけれども、被災したために明確に見えてきているところがあります。これからの人口動態の推計では、高齢者の数は二〇二五年ぐらいまで増えつづけるのですね。私は一九四七年生まれで団塊の世代のトップなのですが、あと五年もたつと、私たちの世代が後期高齢者になります。後期高齢者の半分ぐらいは要介護なのです。平均寿命は、女の人が八七歳ぐらい、男の人が八〇代前半ぐらいで、健康寿命は、女の人が七五歳で、男の人が七〇歳ぐらいです。そして、男の人で七〇歳を超えて要介護でない人はもう〝花マル〟です。七五歳になると、半分ぐらいが要介護になり、年をとるごとにどんどん増えていくことになります。だいたい健康寿命と平均寿命は一〇年ぐらいの差がありますので、一般的には一〇年ぐらい、介護が必要な状態になるのです。

そして、今までと違うのは、介護する人たちの数がどんどん減ることです。その介護をどのように担うのかという問題が大きな課題になると思います。

ですから、子どもの数を増やしていくことがすごく大事なのです。出産、子育てがうまくいくような社会のつくり方をしていかないと、日本が沈没してしまう状態なので、高齢者介護の問題プラス、安心して子どもたちを育てられる社会をつくっていくことが、どこの地域でも大きい課題になっていくのではないかと思います。

二〇一三年に高田病院の院長を退職したあと、一年延長で高田病院の医者として働いたのですが、高齢者の医療・介護をどうするのか問題が山積している状態だったので、その後、高田病院の外来診療を週二日やりながら、地域包括ケアコーディネーターを二年間務めました。そうすると、超高齢社会に対応する地域のかたちをしっかりつくっていかないとダメだ、ということが見えてきました。

ただ、医師としての自分のアイデンティティというか、医者をやってなくて何が自分にできるかを考えて、迷っていたところ、二又診療所の先生が辞めることになったので、あとを引き継いで、二〇一六年にこちらに移りました。

日常的にみんなが集まり、話ができる場所の必要

啓蒙活動というか、市のコミュニティセンターなんかで、地域のつながりを密にしていく、日常的に集まれる場所をつくっていかないと、この超高齢社会を乗り切っていくのは難しいのではないか、と話して歩きました。

最初は、あまり反応はよくなかったのですけれど、この頃はけっこう反応があります。やはり住民にも、危機感が出てきているように思うんです。

陸前高田では、七五歳以上の後期高齢者の一人暮らしや二人暮らしが多いのですが、その人たちが認知症になったりすると、生活がとんでもなくなってしまうわけです。たとえば、ここの診療所に通院していて、私が最初に診たときは元気がよかったのだけれども、半年ぐらいするうちに、どんどん認知機能が落

ちてくるということがあります。だから、地域で全体を支える、支えられる場をつくっていかなければならないという確信をもつようになりました。

やはり、被災による影響がすごく大きいですね。

被災してない地域が、本当に被災していないかというと、そんなことはなくて、たとえば、同居していたお孫さんだったり、息子さんだったり、嫁さんだったり、家族が亡くなっている高齢者がけっこういるんですよね。

あとを継ぐ次の世代の人たちがいなくなったために一人暮らしになっている人たちもけっこういて、そうした人たちの思いは、被災して仮設に住んでいる人たちと同じなんです。むしろ、きついかもしれない。自分たちは、家は流されていないし、このくらいのことでつらい気持ちを表現するわけにいかないというところで、全部を抱え込んでしまっている……。

そんなことも見えてくると、やっぱり集まって話ができる場所が、すごく大事でないかなと思うんですね。

こういう話をしはじめた頃は、「種まき」と思ってやっていたのだけれども、種をまいたけれどもなかなか芽が出ないなって（笑）、悶々とする日々だったわけです。でも、これしかないという確信に近いようなことを思っていたので、ずーっと言いつづけていたら、この頃、少し芽が出てきそうな感じ、出てきている感じがあります。

ただ、私自身は陸前高田の出身ではないし、おそらくある程度ここでいろんな仕事をしたならば、抜けることになるのだと思うのですよね。それに、こういうことは地元の人たちが地元の人たちの考え方でつくっていくべきものだろうとも思いますし。だから、私にできるアドバイスをしたり、医療の面でのサポートをしたりとか、そういうことはやっていこうと思っているわけです。

所長公舎を高齢者が集える場所として開放

この二又診療所の裏に所長公舎があるのですが、実を言うと私はあんまり住みたくないので、市に、ここを地域の人が集まれるような場所にしてみたい、と交渉したら、いいよという話になって、使えるようになったのです。

二〇一六年から、この矢作《やはぎ》地区にある三か所のコミュニティセンターで説明会を開いて、そこに所属している住民たちと、所長公舎を開放したいけれど、どういう使い方がいいだろうかと話し合って、三か所全部終わったところで全体の構想を立てる、という取り組みをしてきました。

この取り組みに集まって来る人たちのなかに、これだったら自分が住む地域で週二回くらい同じようにやってもいいと動きはじめる人たちが出てくればいいな、と思っています。山間地にあるこの矢作地区だと、「足」がない人は誰かが送迎しなきゃならないのですが、小さい公民館なんかを利用して、高齢者が歩いても行ける場所でできれば、と。そんなことで今、動いています。

岡田　なるほど。健康寿命を意識して、高齢者も含めて生きていけるような町づくり、生活の場づくりが具体的に、始まりつつあるということですね。

石木 そうですね。地域の講演会だと、まず小さい地域で集まれる場所をつくること、それから健康寿命を延ばすためにどうすればいいかという話をだいたいセットでしています。それが、ようやく花開いてきていると思います。

地域の保健推進員の活性化

岡田 この矢作地区以外で、先ほど「芽」と表現されたような動きは、起こってきていますか?

石木 少しずつ起こってきていると思います。

たとえば、小さい単位の行政区に一人ずつ配置されている、保健推進員というのがあります。これは、全部で二〇近くあるのかな、地域の住民が市の委嘱を受けて就く役職なのですが、震災前は、毎年行っていた市の健康の集いでイベントを企画するとか、みんなで体操するとか、という程度のことしかしていなかったんです。ところが被災のあと、とくに最近は、保健推進員たちが、いろいろ考えて企画を立ち上げる動きが始まっています。

私がまだ高田病院に勤めていたときだと思うのですけれども、在宅療養にかかわる職種の人たちが集まって勉強会をやったり、事例の検討会をやったりしはじめました。そうして、誰か講師を呼んで話を聞くとか、仲間のうちの誰かが自分の専門の話をするとか、年に何回か勉強会やったりしていたのですけれども、それだけだとダメじゃないか、という話になってきたんです。
というのも、介護が必要になっている人たちというのは、要はもうダメになってしまっている状態ですよね。だから、高齢社会、超高齢社会では、そうならないように健康寿命を延ばす、予防にもかかわらなきゃいけないだろう、と。

健康寿命を延ばす、演劇への取り組み

石木　私はそのことをすごく思っていて、そのためには何をすればいいかと、いろんな本を読んでいたら、長野の佐久総合病院の若月俊一院長が行っていた演劇の取り組みに出会ったんです。それで、「あ、これいいねっ」ということで、「演劇、やらない？」と周囲に言ったら、けっこういっぱい人が集まってきたんです。

大門　何人ぐらいですか。

石木　たぶん三〇人ぐらいはいるんじゃないですか。演技する人だけではなくて、脚本を書く人だとか、道具をつくる人とか、子どもから大人までいろんな人が集まってくる。たとえば、脚本で困っていると言うと、「はい」って、誰かが出てくる、という感じです。

でも、演劇団員はみんな仕事をもっている人たちなので、活動は夜しかダメなのです。日中はできないのですよ。夜やると、比較的若い人たちも集まってくれる、仕事をもっている人も来られるのだけれども、

高齢者は夜、なかなか来られない。

日中だと高齢者に健康寿命を延ばすための話ができるから、「日中に演劇ができるようにしなきゃならないけれども、困ったね」という話になったのです。

紙芝居で、活動の輪を広げる

そうしたら、リーダー的な存在の保健推進員の一人が、「紙芝居やる」って言いはじめたんです。演劇のシナリオはできあがっていますから、それを絵に描いて紙芝居をつくったわけです。すると、演劇の公演は、せいぜい年に二、三回ぐらいしかできないんだけれども、紙芝居なので何回もできるんです。たぶん二年ぐらいの間に五〇回以上やっているだろうと思います。

紙芝居だと、ちょっと小さい集団でもだいじょうぶでしょ。むしろ大きいところでやるよりも、二〇人あるいは一〇人ぐらいでもいいわけじゃないですか。

大門　たとえば、どういうストーリーなんですか?

石木　ストーリーはね、まず演劇のほうですけれど、一つは塩分、減塩の話。一つは口の健康。食べ物が入るところ。あと、転倒予防と、最近できたのは薬、調剤薬局の使い方みたいな話です。なんで医薬分業なのかとか、かかりつけの調剤薬局をもっていると、こんなにいいことがありますよ、とか。その四本の演劇が、できています。

紙芝居のほうは、減塩と、それから口の健康ができていて、転倒予防もそろそろつくる動きになっています。

これ、すごく効率がいいんですよ。専門家が話をしなくても、普通の保健推進員が行って、紙芝居を使って話をすればいいんですから。だから、保健推進員たちの動きが、すごくよくなってきているんです。その人たちを中心にした活動が、またさらに活発になっているような印象をもっています。

高齢者にとっての食べることの大切さ

健康の集いに向けて保健推進員たちがいろいろ企画したイベントがあって、その打ち上げパーティがあったのですが、そこで、「私の地区ではこんなことをやっていますよ」とか、みんなが経験交流をしているんです。

高齢者が徒歩で集まれるぐらいのところに公民館があって、そこで、いろんなイベントが立ち上がるようになってきています。今のところ、保健推進員が紙芝居をやって、そのあとに、たとえば転倒予防でロコモ体操やったりとか、そういうくらいのことなんだけども、そこに集まってきていれば、お茶を飲みながらなんか話をしたりとか、あるいはお昼ご飯をみんなでつくって食べながら、また話をするとか、そういう時間を過ごすことができるんです。

大門　食事をつくるって、大事ですね。

石木　そういうことが、もうちょっとできそうな感じだと思うのですね。そういう試みが立ち上がって、あまりたいへんじゃなくできそうだとなれば、週二回ぐらいやってもいいという話になってくるのじゃないかなと思うんですね。

高齢者の一人暮らしというと、女の人だと、もちろん大変な人もいますけど、まぁなんとか暮らしているのだけれども、男の一人暮らしだったりすると、栄養的にひどい状態の人たちがいっぱいいるんですね。そういう人たちでも、週に一回近隣で集える場所に来て、ある程度栄養が入ると、もう全然違いますよね。栄養失調の人が週に一回、栄養のあるものを食べると、砂に水が吸い込まれるように身につくんですね。デイサービスはお昼ご飯がでるのですけど、身体的にこの人だいじょうぶかなというような人が、週に一回デイサービスに行くようになっただけで、もう見違えるほど、肌の色もつやつやしてくる人がいるのです。

だから、一人暮らしでも、集まっておしゃべりしながらご飯を食べて、ということが週一回でもあれば、それが二回になったりすれば、もっとすごい変化が生まれるだろうと思います。そんなことが、起こりそうな感じがあります。

元気で〝若い〟高齢者が、元気のない高齢者を支える

大門　その変化の芽は、先生から見て、どういう理由で現れてきた感じがしますか？

石木　保健推進員の人たちは、高齢の人が多いのですよ。たぶん平均すると六五歳くらい。若い人ももちろん入っていますけれども、下手をすると七〇歳前後かもしれない。

仕事をもっている人が保健推進員になるのはけっこう大変なんですよ。いろんなイベントに呼ばれるし、いろいろ企画しなきゃいけないわけですから。

私としては、超高齢社会では、六〇～六五歳定年で七五歳までの一〇～一五年間、仕事はしなくてもよくて、余裕があって、しかも気合いもある人たちが、地域でいろんな活動をするのがいいのではないかと思っているんです。そして、たまたま保健推進員の人たちがその年齢層だったというのが、たぶんよかったのかなと思っています。

なかには、まだ若い人もいるんですよ。五〇代前半ぐらいの人だとか、何人かポツポツ入っていて、そういう人たちは仕事をもちながらやっている。その人たちが上の人たちのやり方を見ていると、経験がつながっていくのでないかなと思っていて、コミュニティとして、すごくいいかたちになりつつあるのではないかと、今は見ています。

大門・岡田　ありがとうございました。

第III部

「生存」の歴史の射程

——分断を越える視点

第8章

福島論
——もう一度、〈始点〉に立って見つめ直す——

河西英通

幕末の戊辰戦争以来続くといってよい、中央―地方関係による地域間格差というものが、のちの原子力発電所の立地選定、ひいては二〇一一年三月一一日の福島原発事故に帰結した〔雨宮　二〇一三〕。

はじめに——来歴と環境の再記憶化・脱記憶化

自分は何者であるかをつねに問いかけるのが「日本人」だという。無数の日本論や日本人論が編まれた。しかし、日本や日本人は一体でも同質でもなく、多種多様としか言いようがない[1]。決定版はなく、無限に問いかけは続く。日本論や日本人論のみならず、地域論も生まれた。なかでも東北・東北人への問いかけ（以下、東北論とする）は質量ともに他を圧する。

東北論の定番は、一九〇六年の『将来之東北』〔半谷　一九〇六〕である。「東北自慢」を自任した著者の半谷清壽《はんがいせいじゅ》は、太平洋岸の福島県相馬郡小高町（現・南相馬市）で養蚕業などを営み、のち双葉郡富岡町に農業移住した。ちょうど東京電力の福島第一原子力発電所が立地する大熊町・双葉町の南北で暮らしたことになる。衆議院議員を三期務め、『養蚕原論』『養蚕術』『官民調和策』『天下の実業家諸君に告く』『相馬事件実相論』『農日本の新研究』なども著したが、とくに『将来之東北』は興味深い。

二〇一一年の大震災との関連で注目すべきは、「日本国中にて古来大震災のなかりし所とては東北を措いて他に之れなかるべし」という認識である。東北は古来震災を知らず、近代に入って福島県の磐梯山や吾妻山の噴火など「山嶽」災害はあったが、「平地」は地震も少なく、「飢饉」も「文明の力」によって克服可能となったという。ゆえに「東北は日本国中に於て震災の憂なき所」であり、工業、とくに「大工業の設立地としては最も適当」であると述べている。しかし、ほんの一〇年前の一八九六年に東北の太平洋側と日本海側をそれぞれ襲った三陸地震と陸羽地震について、半谷はまったくふれていない(2)。過去は急速に遠のき、忘れ去られていた。

それから半世紀後の一九五二年、『朝日新聞』に作家富沢有為男《ういお》の「凶作」という短文が載っている（一〇月四日付）。富沢は三七年の第四回芥川賞受賞者で、東京で罹災したのち、福島県双葉郡広野町に移住していた。広野町は東電の福島第二原子力発電所が立地する楢葉町（一部富岡町）の南隣である。富沢はこう述べる。「東北の農村に住みついてから、九年目にして初めて冷害に出あうことになった。しょせんは逃れ得ぬ運命だし、いつかはやって来るものと皆覚悟していながら、まだまだ大丈夫だろうと多収穫を目ざして奥手を植えた所に、村の農家の決定的な失策があった」。五三年は全国的に凶作だった。東北凶作の原因は、富沢が述べるとおり、「収穫量を多くあげるために晩生種を植えたこと」にあり、福島県の被害は最も大きかった（「東北の凶作　下・農家の声」『朝日新聞』一九五三年一〇月二四日付）。富沢は凶作を東北の「逃れ得ぬ運命」と受けとめつつ、食糧増産のかけ声に応じ、多収穫を狙った「失策」を指摘している。根拠のない楽観論と不用意な判断のもと、未来もまた忘れ去られていた。

1　「この身」をどうとらえきるか

私たちが開催したフォーラムは、プロフェッショナルの歴史家としての研究成果や問題提起を一方的に開陳する場ではなく、参加者との相互交流・相互批判を通じて、歴史認識の革命的な発展をはかろうという、歴史実践の場である。研究者にとってたんに質疑応答ではすまされぬ、自己の歴史観の再点検と再構築と再創造を迫られる厳しい修行の時間と空間である。

二〇一三年の陸前高田と一五年の福島で根源的な問いかけがあった。陸前高田では、ある学生が「〈フォーラムは〉自己満足ではないのか」と質問した。その場では答えなかったが、もちろん、自己満足などではない。フォーラムの開催は、自己への問いかけである。自明で不動の答えが存在しているわけでもない。つねに問いつづけることを覚悟している。しかし、問いかけを忘れることへの不安と恐怖もある。問いつづけることで、自己の「存在」をどう再生するかという問題は、自己満足とは真逆に、つねに〈自己不満〉の状況にありつづけることである。

私たちの存在は、例外なくすべて個別具体的だが、だからといって互いがとりかわす言葉を失い、内向していいわけではない。あらゆる面で「存在」の危機が迫っている現在、私たちはよりいっそう結びつく必要があるだろう。

福島では、ひたすら反省・悔恨するだけの「総ざんげではないのか」という声が出た。しかし、敗戦後に流された「一億総ざんげ」論のように、東日本大震災が最大級の人災でもあったことに対して思考停止に陥ったり、責任放棄に逃げ込んだりしてすまされるはずがない。直接的な〈被災者〉ではなかったとしても、すべての人がさまざまな〈当事者〉意識をもつことが求められていると思う。福島で起こったことが「いつの日かこの身にも起こるかもしれない」といったふうの未来の「被害者」（あるいは現在の「被害者」）を想定するだけではなく、「あのときこの身が加担していたのかもしれない」といった過去の「加害者」（あるいは現在の「加害者」）認識をもつことが必要なのではなかろうか。被害者と加害者は二律背反的な関係ではなく、「この身」に不可分の関係として共存している。現代という時代にかかわっている「この身」の全身像・全体像をどうとらえきるのか、という問題として受けとめたい(3)。

2　甦る「白河以北一山百文」

先ごろ、今村雅弘復興大臣が辞任をしました。私は、今村大臣からあっちの方と呼ばれた東北の人間です。明治維新以降、東北は、白河以北一山百文と軽視され続けてきました。今村氏の発言は、東北を軽視した発言そのものであり、被災者の心を折る極めて残念な発言だったと思います。

これは二〇一七年六月一五日の衆議院・安倍内閣不信任決議案の提案趣旨説明における宮城県選出議員の言葉である（以下、国会発言は国会会議録検索システム http://kokkai.ndl.go.jp/ より）。五月二五日の今村復興大臣（当時。佐賀県出身）の震災が「まだ東北で、あっちの方だったから良かった」発言に対する怒りが表れている。ここに見られる福島県南端の白河を始点とする「白河以北一山百文」という表現に注目して戦後の衆参両院の議事録をめくると、一九四九年一二月の第六回衆議院本会議での図司安正（山形県）の「従来東北地方は、中央政府及び中央の資本家から、白河以北一山百文の待遇を受けて参りました」という発言以降、上記二〇一七年の第一九三回衆議院・本会議での安住淳（宮城県）の発言まで一七件を数える。一九四九年が一件、七三年が一件、八八年が二件、九〇～九八年が二件、二〇〇〇～一〇年が三件、一一～一七年が八件である。国内の政治的・経済的・文化的格差を象徴する「白河以北一山百文」の系譜については後述するが、古くは明治期から使われていたフレーズである。

「白河以北」ならば三一件を数え、一九四九～五六年が三件、七〇～七三年が二件、八四～八九年が五件、九〇～九八年が四件、二〇〇〇～一〇年が六件、一一～一七年が一一件という分布である。あるいは東北に関する「一山百文」ならば一八件を数え、一九五〇年が一件、七〇～七三年が二件、八八年が二件、九〇～九八年が二件、二〇〇〇～一〇年が二件、一一～一七年が八件という分布である。

このように戦後の国会における使用にはムラがあるが、意外なことに一九五〇年代後半から六〇年代にかけたいわゆる高度経済成長期には見られない。低経済成長期あるいは安定経済成長期、さらにはバブル経済期に多く用いられ、二〇〇〇年以降急増し、東日本大震災の復興に向けてキーワード化している。たとえば、次のようである。「白河以北一山百文の扱いの中でもしっかりと明治維新を生き抜いてきたその根性で我々も頑張っていきたい」（二〇一一年九月参議院・災害対策特別委員会）、「東北は、関東と東北の境に白河という、一昔前に関所がございました。白河以北一山百文と言われておったわけであります。〔中略〕よって、いろんな意味で社会資本の整備が圧倒的に遅れているんです」（二〇一一年一二月参議院・国土交通委員会）。

一方、東北内部の格差も言及されており、東日本大震災は国内および東北内部の経済格差をあらためて自覚させることになった。

3　戊辰戦争神話

「白河以北一山百文」のフレーズは新聞雑誌に数多く見られ、東北の人びとにとっていまだ忌まわしいレッテルである(4)。語源は戊辰戦争の際、西軍（官軍）の将校が東軍（奥羽越列藩同盟軍）への攻撃時に叫んだ言葉と言われているが、根拠が薄い(5)。現在のところ、「白河以北一山百文」の初出は旧熊本藩士林正明が主宰した『近事評論』一八七八年八月二三日付「白河以北一山百文」である。記事の存在は以前より指摘され［庄司　一九七八、樺山・岩本・米山　一九八四］、白河在住の金子誠三［一九八六］が全文を紹介したが、安在邦夫・田﨑公司［二〇〇二］によって、広く知られるようになった。

しかし、この記事は西南日本の優位、東北日本の劣位を論じてはいるものの、戊辰戦争との関連は一切語っていない。記事は東北で反響を呼び、取り上げる新聞雑誌もあったが、その際も戊辰戦争への言及はまったく見られなかった。『近事評論』は一八八〇年七月八日付「東北再び一山百文と為らんとする耶」(6)でも「白河以北一山百文」に言及している。同記事は自由民権運動のなかで東北人士も「一山百文」状況から脱したかに見えたが、同年四月公布の集会条例で弾圧されたとたん、ふたたび「卑屈根性」「自棄自暴」に陥った。しかし、果敢に抵抗する動きもあり、「東北人種を以て、一言に一山百文なりと謂うべけんや」と論じている。しかし、この記事にも戊辰戦争との関連性は見られない。

「白河以北一山百文」の初出を『近事評論』とする認識は東北民衆の間に定着したと考えられるが(7)、「白河以北一山百文」が戊辰戦争と結びつけられた事例はほとんどない。近いと思われるのが、『東京朝日新聞』一八九九年四月二六日付「東北土産（承前）」と『読売新聞』一九一〇年一〇月二五日付「福島県人（二）」である。

前者は二本松城攻防戦で西軍隊長野津道貫（薩摩藩、のち陸軍大将）と剣を交えた二人の二本松藩士を回顧している。二人は戦死するが、「其勇気といい技倆といい天晴の侍なり」と称賛し、「誰か漫《みだ》りに白川以北一山百文というものぞや」と戒めている。執筆者は福島県三春出身の「桜所居士」（不詳）。しかし、結びつき方は弱くあいまいである。これに比べると、後者は冒頭で「白河以北一山百文の語は維新の際官軍の唱えしところなり」と述べ、さらに「維新の際に、一山百文と罵られしも、其原因時勢の赴くところを知らずして、旧慣を墨守せるに在り」と興味深い記述をしている。執筆者は和歌山県出身の「秋風道人」こと内村義城で、同記事は翌年三月五日まで計四三回続いた連載記事の第一回目である。内村は東北の過去の後進性を指摘しつつ、今や違うと説く。一八八二年の福島・喜多方事件に言及し、「是れ白河以北の人にして、始〔初〕めて起し得べき事件なり。関東、京阪、中国地方の人には到底学び得ざるところなり。大陸的人物にして始めて為し得べし。純粋なる島国根性の者には知らざるところなり」と高い評価を下している。

しかしその後、「白河以北一山百文」を戊辰戦争と関連づける記事は見られない。たとえば、一九三二年二月刊の山形県聯合青年団講座第一輯『郷土史講話』はこう述べる（国立国会図書館デジタルコレクション）。

西南地方の人は東北人を呼ぶに、「一山百文」の代名詞を以てした、腐れた蜜柑を山ほど積んで、之れでもたった百文だと卑しめた、現今に於てもおりおり新聞の見出に出現することがある、慨嘆に堪えない。〔中略〕吾人は茲《ここ》に憤然として起たねばならない。彼のいまわしき一山百文の代名詞を返上し、正しく強き東北魂を発揮して事にあたらねばならぬ。長い間眠れる東北から覚醒して、闇の夜に輝く北斗星の如く、前途の希望に向って邁進せねばならぬ。

戊辰戦争との関係は不明確である。岩手県黒沢尻（現・北上市）の『共存共栄』一九三五年一〇月号の田子一民（盛岡市出身、衆議院議員）「『陥没東北』の政治的振興」も、「『東北』『東北人』は明治以来、日本国家全体として一つの厄介者扱を受けて来て居る。嘗《かつ》ては戊辰の役の朝敵として取扱われた。或る人々からは『白河以北一山百文』と軽蔑された」と述べる。田子も関言する原敬の号「一山」や、原の旧盛岡藩戊辰戦争殉難者五〇年祭における「戊辰の役は政見の異同のみ」発言から、「白河以北一山百文」を原と結びつける向きもあったが、「白河以北一山百文」は戊辰戦争に直結されてはいない。つまり、明確な「白河以北一山百文」＝戊辰戦争起源論は、ほとんど見られない(8)。

言説は戦後に復活する。福島県連合青年会機関誌『青年ふくしま』（福島県立図書館・プランゲ文庫）一九四七年四月号に小高町出身の憲法学者鈴木安蔵が「郷土の青年諸君へ」を寄せ、「青年諸君よ、志はすべからく高くなければならない。白河以北一山百文――これこそ明治維新のさいに、歴史の発展におくれたわが東北人にたいして、とまれ歴史を推進した西南人の放った烈しい批判であった。官軍、賊軍の差別いわれなきことは、すでに度々わたくしも史論として反ばくしつくしたところである。しかし東北藩が当時の歴史発展の正しい動向を理解しえず、封建的人情に盲目となり、固ろうな感情のとりことなって、反動の役割に、あたら貴い血を流した痛切な経験は今日こそ正しく活かさねばならない」と述べている。ただし、これすら厳密には、戊辰戦争自体を語っているわけではない。「白河以北一山百文」をめぐる通俗的解釈の成立は、近代よりも現代の問題なのではなかろうか［河西　二〇一八b］。

4　東北は〈東北〉か？

ところで東北とはどこを指すのだろう。今さら何を言うのかと叱られそうだが、これも意外と難しい。一般的理解はこうだろう。当初、「東北」は東海・東山・北陸三道を指し、広く東日本一帯を意味したが、明治一〇年代になって近世以来の「奥羽」である陸奥・陸中・陸前・羽後・羽前・磐城・岩代の各地域

（現在の青森・岩手・宮城・秋田・山形・福島各県）で「東北」の呼称が積極的に使われはじめ、「東北」と「奥羽」は同意語となり、「東北」は東日本一帯を指す概念から、「奥羽」のみを指す概念へ縮小した。明治二〇年代はいまだ現東北六県に対する一般的呼称は「奥羽」だったが、明治三〇年代に入ると「東北」と呼ばれるようになり、二〇世紀初頭相次ぐ大冷害・大凶作に直面することで、「東北」は国土の北東隅に位置する寒冷な後進地というイメージとなる〔河西　二〇〇一〕。

ただし、興味深いことに近代地理学ではほぼ「奥羽」が踏襲され、「東北」は別名扱いである。「東北地方」を前面に出している例は、一九一七年の石橋五郎『日本経済地理』（冨山房）と三二年の佐藤弘『日本地理講話』（古今書院）である。石橋は青森・岩手・宮城・福島四県を「東北地方」、秋田・山形両県および新潟県を「羽越地方」に分け、前者は「我が国にて経済生活の最も困難なる地方」で「其の面積に於て、関東地方より大なれども、人口の密度僅に其の五分の一に過ぎず、土地磽确《こうかく》、気候不良にして、海岸及び陸地交通不便のため、開発未だ十分ならず、改善の余地多く、寧ろ将来に望を属せられつつあり」と後進性を指摘する一方、後者について「本地方は裏日本の偏陬《へんすう》に在り、気候良好ならず、交通亦不十分に、従って産業未だ不振の状態にあれども、米と鉱物とは豊富にして、人口多く、天産物の宝庫として我が国に重きをなす」とその潜在力の高さを評価している(9)。

東北の太平洋側と日本海側を区分する認識は歴史家の原勝郎にも見られた。原は一九一五年夏に岩手県平泉で開催された夏季講演会で基調報告「日本史上の奥州」を発表し、太平洋側の「奥州」の後進性と日本海側の「出羽」の先進性を論じている〔日本歴史地理学会　一九一六〕。とまれ、石橋も佐藤もその後は

「奥羽」の用語使用に転じていく。

名称の問題もさることながら、東北内部の分離性や対立性も重要である。かつても論じたことがあるが〔河西　二〇〇七〕、あらためていくつかの史料を見ていこう。山形県鶴岡出身の高山樗牛に「東北物語」という一九〇一年の作品がある〔斎藤　一九〇六〕。

◎東北と一口に言うけれども、其の習慣、気風、言語は素より、其の根本たる人種までも非常に懸隔せる幾多の異分子の是の一語の中に含まれて居ることを忘れてはならぬ。〔中略〕東北は一個の地理的名辞の外に多くの特別の意味を有って居ない。事業や党派の上で東北人がお互い一致せねばならぬ様に思うのは大きな間違である。

東北の多様性については、一九〇九年に石川啄木も「一口に東北人と言うと雖ども、盛岡人と仙台人との性情の差異は、必ずしも盛岡人と鹿児島人との差異より近しとは言うべからず」（「百回通信　二」『岩手日報』一九〇九年一〇月六日付）と指摘している。樗牛は福島県についてもこう述べている。

◎先ず其の気風の上から言うならば、会津と福島とでは同じ岩代の国でも長崎と蝦夷ほどの相違があるのではないが《ママ》。〔中略〕◎会津の人は朴訥にして堅実の気風を有って居る。が、福島地方の人には全く商売人の風がある。是れは伊達、信夫地方が昔より養蚕の土地であった為と、一地方の気風を作るべき大藩の無かった為であろうか。二本松人は会津と福島とを折衷した様な人である。

福島県の多元性は一九一五年の浅野源吾『東北及東北人』（東北社）も言及している。岩手県出身の浅野は東北の「地方思想」が分裂していることを指摘し、東北は一体でないどころか、各県内部も分裂・対立していると論じ、とくに福島県は福島市地方＝中通り、会津若松市地方＝会津地方、海岸地方＝浜通りが互いに古代ギリシャの都市国家のごとく対立しあい、「寸時も三思想の融和渾一することなし」と断言している。

以上のような東北の非同一性や県域の非同質性は、最近の研究も論じるところである。

前者については、栗原伸一郎「戊辰戦争期における諸藩対立構図の再検討――奥羽列藩同盟をめぐる政治状況を中心に」〔安達・河西編　二〇一二〕は、戊辰戦争研究が「西南雄藩」対「東北諸藩」に構図化され、「『奥羽（越）』諸藩が一つの政治勢力を形成したことを所与のこととして、戊辰戦争の政治過程を描いている点」は、背景に「濃淡こそあれ、近代に成立した『東北地方』という概念がある」と指摘し、それは「『東北地方』の通史や自治体史、一般書にも幅広く見られる」と述べている。後者については、中武敏彦「常磐地方の形成と『東北』」〔熊谷・柳原編　二〇一三〕で、近世まで「ある程度のまとまりを持つ地域」であった磐城と北茨城は近代初頭に福島県と茨城県に「区分」されたが、常磐炭田の開発や常磐線の開通により日露戦後に「常磐地方」として「再編」され、「首都圏への石炭資源供給地という極めて近代『東北』的な性格を内包した」と展開している。近現代を通じた首都圏と福島県の関係＝従属性を考えるとき、「近代『東北』的な性格」という指摘は、重要な視点である。戦後の浜通りにおける東電の原発建設〔中嶋　二〇一四、岩本　二〇一五、開沼　二〇一五〕を考えれば、この視点の重要性はさらに倍増するであろう。

5　福島の歴史空間性

福島県の近現代史の概要については本書第4章を参照していただきたいが、近代初頭から一貫してこの地域は首都圏から東北へのゲートウェイと位置づけられてきた。しかし、総力戦体制下に「理想の『地方』」づくりとして構想された「東北地方生活圏」プランでは、南東北の中心都市は仙台とされ（北東北は青森）、福島県の諸都市は「仙台圏」に包摂されている［石川　一九四二］[10]。福島県が東北の南端に偏在していたことから、郡山や福島など福島県下の諸都市が仙台にかわって南東北の中心都市になることはありえなかった。

とはいえ、後述するように戦前・戦後を通して電力供給県であった福島県の〈地政学〉的な意味は重要である。福島県の歴史空間における位置づけに関しては、「福島県は奥羽の咽喉なり」（第六回奥羽六県聯合共進会協賛会『福島県案内』一九〇八年）という東北地域におけるポジションのみならず、「南奥羽地域史と日本国家史」［安在・田﨑　二〇〇二］といった国家的視野における位置づけも提起されているのである。

また、より長い射程も必要だろう。東北中世史研究者の入間田宣夫「総論　東北史の枠組を捉え直す」［安達・河西編　二〇一二］が大きい議論をしている。入間田は古代から中世の東北を四地帯に区分する。第一地帯は、福島県域、宮城県亘理郡・伊具郡で、関東・北陸と密接な交流を重ね、「中央国家による統治が及ぼされた最初の地帯」。第二地帯は、宮城県の過半、山形県全域、秋田県南海岸部で、陸奥国府（多賀城）、出羽国府（城輪柵）、秋田城など、「中央国家による統治の拠点」「政治・経済・文化の中心」地帯。第三地帯は、宮城県北東部、岩手県域の過半、秋田県雄物川上流域で、「蝦夷とよばれた人びとによる豊かな生活」が「中央国家による『征夷』」によって断絶させられた、「中央国家による北方経営の最前線」地帯。第四地帯は、青森県全域、岩手県の一部、秋田県北半部で、中央国家によって統治されるのは一二世紀後半であり、北緯四〇度線をはさむラインは「縄文・弥生の辺りから古代・中世を経て、いま現在にいたるまで」深い境界である。

入間田説を敷衍するならば、福島地域は中央国家による統治の最先進地だったゆえに、中央との結びつきが強かったばかりか、中央の統治力の北方東北への発進地としての機能を有していたと言える。この構図は近現代にもあてはまる。

福島県をさらに大きく論じたのは、一九五〇年創刊の『福島評論』に掲載された田子健吉の論説、①「人類学から見たわが郷土（１）アジア南北両種族の合流接触地帯」（第九号・一九五二年四月一五日）、②「先史時代のわが郷土（２）」（第一〇号・一九五二年五月一五日）、③「有史以前のわが郷土（３）」（第一一号・一九五二年六月二五日）である。

田子は①において、福島県は人類学的には「南方種族と北方種族の接合地点」であり、「南北融合の文化」を形成してきたと述べ、②では戦後日本の民主化のために「日本民族の精神革命」が必要であり、それは「天孫降臨説すなわち選民思想」からの解放であるとする。また福島県の先史時代の遺物が有柄式石器と無柄式石器が半々であることは、福島県が前者を使用していた北方民族と後者を使用していた南方民族の「接合地点」であることを示すと述べる。③においても、選民思想は「危険な侵略主義の根本思想」

であり、先史時代の民族的接合と文化的融合に注目すべきだと述べる。その背景は福島県沖における南からの黒潮と北からの親潮の「接合」である。田子は福島県が文化の「特殊地帯」「混合地帯」としてスタートしたことを強調し、福島という地域を日本列島内に包み込むのではなく、広く列島外の世界のなかに位置づけるユニークな視点を開示した。

田子は福島民友新聞編集局長・福島県議を務め、一九二四年に『磐梯と猪苗代湖』と『福島県河川の研究』を出している[11]。後者で、「福島県は、全国でも有名な、水力電気県である」、「九州全部の総発電力は六十六万九千六百廿馬力であるから本県は九州全土の総発電力に匹敵する発電力を有して居る。水は白い石炭、青い石油だと云われて居る」などと論じ、電力県福島の発展を唱えている。電力県との関連では、二二年の『福島民友新聞』に掲載した論説「福島県営中央送電線論」（前掲『福島県河川の研究』所収）で、首都圏の電力を供給しているが、主導権を握っているわけではない、自主的な開発でもない、中央資本（三菱）のコントロールのもと、地域社会が電力供給県として囲い込まれていることも告白している。

6　戦後的植民地化

一九五〇年五月に国土総合開発法が成立するが、直前四月に福島県総合産業審議会は福島県産業綜合振興計画を立てた。計画は福島県を「全国随一の大水力電気資源の包蔵県」と規定し、「只見川水系の一環的開発は日本全体の経済再建上最も重要な国家的要請」との認識から、「東北地方工業化の先駆」をめざした。これは翌五一年一二月の只見特定地域総合開発計画、五三年八月の只見川電源開発計画へと連なる。福島県の開発構想は時代の産物だった。五一年一月には東北六県の大学長らにより東北開発研究会が創立される（会長：東北大学長高橋里美、事務局：岩手大学内）。創立趣意書は、敗戦後「極端に国土の縮少された日本はその国土を最もよく利用しなければならない」が、「北日本の豊かな資源は真の意味の活用がなされず多くは極めて不徹底の開発しか行われておりません。従って国の富も日本の中央以南に集中し東北地方の如きはほとんど閑却された観があります。このようなことは国民の良心からも東北人としての愛郷心からも到底許さるべきことではありません」と、「科学的裏付」のある国土総合開発を提唱した。

機関誌『東北研究』一九五一年四月号の「東北地方の産業構成」は、東北地方の産業構成が発展性を有していることは、全国水準以上の労働生産性からも明らかであり、「農業に於て青森、山形が殊に高く、工業に於ては宮城、秋田が相当高い。その何れも比較的低い福島県は炭鉱の労働生産性が高い等大部分の県の労働生産性が高い」状況は、停滞型の西南地方とは対照的だと指摘した。また同号の「東北地方綜合開発の重点」も「国内最大の電源包蔵地帯であり且つ食料、原料の供給地であると共に工業的にもまだ未開発地帯である東北の総合開発が自立経済達成上、更に日本経済の将来の発展上極めて重要性を有つことが明らかである」と論じた。

最近あらためて東北が「内国植民地」であったかどうかの議論が起こっているが［松本編著 二〇一五、河西 二〇一八a］、大きな流れで見るならば、戦前、海外植民地と競合関係にあった東北が植民地の位置を独占するのは、日本が海外植民地を失った戦後になってからだと言えよう。福島県振興はそうした東北全体の戦後的植民地化と同調して展開された。一九五〇年代の福島県知事は自由党所属の大竹作摩（耶麻郡北塩原出身）である。「はじめに」でもふれたが、五三年の東北は大凶作に見舞われた。とくに福島県の農業被害は甚大で、政治的要因＝人災の側面も言及された。日本共産党機関紙『アカハタ』同年九月二七日付「さまよい歩く熊」は、第五次吉田茂内閣のもとでの福島県農政の停滞に関して、福島県庁職員の声を紹介している。「政治のやりかたが悪いため被害が大きくなるのです。〔中略〕いまの吉田政府のやりかたでは備荒施設どころか農地はへる一方です。アメリカと保安隊のためにとりあげられる軍事基地、演習場、射撃場、軍用道路だけでも大したものです。そのうえ総合開発というヤツが加わります。米どころといわれる福島県でも年々耕地が福島県ではへり、収かくがへっています。そのうえ、こんどの冷害ですから大へんなことです」。保安隊時代の五三年秋に郡山駐屯地と福島駐屯地が開設され、翌五四年秋に原町（現・南相馬市）に駐留中の米空軍部隊内に航空自衛隊大滝根山分屯基地がおかれる。

一九五四年も凶作となるが、同年三月の米軍によるビキニ環礁での水爆実験（キャッスル作戦、うちブラボー実験の被害が第五福竜丸事件）の影響が語られている。『アカハタ』七月二九日付は「凶作の犯人はビキニ水爆」を掲載し、八月六・七・九～一一日付には共産党福島県委員会による「水爆凶作」と題した現地レポートが連載され、「いま日本全国はビキニの水爆実験のためといわれる七十八年ぶりの凶作冷害型気候のため大凶作にみまわれようとしている」と報じた。『朝日新聞』も六月二一日付科学欄で荒川秀俊（福島県白河市出身、気象研究所員）が「水爆の実験と凶作」と題して、「第五福竜丸の被災事件は、はしなくも水爆の実験に伴う多くの派生現象に全人類の活眼を開かせたのであった。〔中略〕その結論とするところは、水爆の実験累積は、放射性物質を世界中にばらまき、わが国の稲作の凶冷をもたらしはしないかという問題の提起であった」と述べている。

その後、一九五〇年末から七〇年代にかけて、核の脅威が足元に及ぶ。戦時中、双葉郡の双葉町と大熊町にかけて陸軍の特攻練習基地、磐城飛行場があり、敗戦直前には米軍機の攻撃を受けた。跡地が福島原子力発電所の建設予定地となる。六七年には「この地方一帯は農業を主とする静かな田園地帯で、過去数百年にわたって、地震や台風、津波などの大きな被害を受けたことがない」と前出半谷の『将来之東北』と同様に語る映画『黎明　福島原子力発電所建設記録　調査篇』が撮られ、七一年に『黎明　第二部　建設編』、七七年の『福島の原子力』（いずれも企画東京電力、製作日映科学映画製作所）がつくられた。建設の中心に東京電力福島調査所（のち福島原子力建設準備事務所、福島原子力建設所）土木課長の佐伯正治がいた。佐伯は六七年の『土木技術』第二二巻九・一〇号に「福島原子力発電所土木工事の概要（１・２）」を載せている。同論文は原発建設の杜撰さを示すものとして、二〇一一年の震災以後、あらためて批判の対象になっているが、問題は大熊町民向けの発言である。

皆さんは原爆がどのようなものかご存知か、私は原爆を投下したB二九とそのあと空に舞い上がったきのこ雲を見ている。多くの負傷者の看護にも当たった。その上私の兄も原爆で戦死した。皆さん以上にその恐ろしさは身に染みて知っている。従って皆さん以上に真剣に原子力発電について勉強しました。原子力発電は核反応を静かに優しく行うよう考えられておりその反応が万一予想以上に進むときは二重三重の防禦を行い、これでもかこれでもかと安全対策をしているので私は十分安全だと信じています。いささかの不安があればいくら会社の方針とはいえ肉親を失った私は会社に従わない。何も東京電力しか勤めるところがない訳ではないから私は東京電力を止めます。皆さん今まで申し上げた通り原子力発電は安全ですからご安心下さい。また何でも良いから会社に云いたい事があったら何時でも云って来て下さい［樅の木会東電原子力会編　二〇〇二］[12]。

佐伯は広島の被爆者だったと思われる[13]。それだけに被爆者という立場から地元住民を説得している姿は、被害者（被爆者）が加害の側に立っているという意味で倒錯的である。同時に、原子力や核被害に関するある種の〈独占〉〈優越性〉――「皆さん以上にその恐ろしさは身に染みて知っている」「私は十分安全だと信じています」――にも注意したい[14]。この点は後述する。

双葉郡は「福島県のチベット」と呼ばれる後進地域だったが、不幸だったわけではない。双葉地方原発反対同盟のリーダーだった岩本忠夫（のち双葉町長）は第一原発二号機運転開始直前の一九七四年五月、参議院大蔵委員会で参考人としてこう述べている。

私たちの双葉郡の状況を簡単に申し上げますと、六町二ヵ村の、言うならば、福島県ではきわめて後進的な地域だと古くからいわれておりました。しかし、貧しくとも、農業や漁業を中心にしまして、平和でしあわせな、言うならば生活を今日まで続けてきたわけでありますが、今日、原発促進派といわれている一部の人たちは、双葉郡の後進性は、今日まで農業や漁業に依存をしていたから、だからチベット地帯といわれるようなそういう状況を生んでいるのだ、こういう指摘をされております。しかし私は、今日の農業や漁業を非常に、たとえば農政不在、さらにまた漁民の生活を非常に苦しめている、さらにまた一般住民の生活を極度に抑圧をしている。こういう状況をつくり出したのは、何といっても政府みずからの政策のまずさ、たとえば農業問題で申し上げますならば、生産調整や減反によって農民を重化学工業に吸収をして、そういう中から農業を破壊していった、こういう経過がそれを示しているのじゃないかというふうに実は考えるわけであります。

国家の意図的とでも言える失政による後進性の形成こそ、東北近代史そのものである。岩本はのち原発容認派に転じるが、〈貧しくとも、平和でしあわせ〉な生活をどう〈豊かにして、平和でしあわせ〉な生活に転換させるか、苦慮したことは想像に難くない［柴田　二〇一八］。

さて、被爆者の〈独占〉〈優越性〉については、東琢磨『ヒロシマ独立論』以降、新たな議論が展開されているが、福島県の会津史学会会長宮崎十三八の『会津人の書く戊辰戦争』[15]の主張は傾聴すべきだろう。

この日の地獄の展開は、一瞬にして十万余人の生命を奪った広島、長崎の原爆の惨劇に及ばなかっただろうか。犠牲者の数は少なかったにしても、恐怖感にぞっとなって立ちすくむ女児の後から阿修羅の刃が襲ってくるのだから、銃弾に当ってぶっ倒れ、何時間後かに出血多量でこと切れた遺体は、秋の彼岸すぎから翌春の雪どけまで、ドブの中に顔を突っこんだままになっていたのだから、広島、長崎のピカドン地獄と、そんなにちがわなかったと思う。

戊辰戦争における会津若松の悲劇をあらためて描写する必要はあるまい。宮崎は会津戦争と原爆投下は等価な「惨劇」であり「地獄」であったと述べる[16]。しかし、肉体的な命を失った者として等価だったという以上に、理不尽にして不本意、無慈悲な死を押しつけられたという点で、恐怖感に突き落とされた点で等価だとされる。二〇一一年三月、福島をはじめとする東日本の人びとがさらに続いた。

むすびにかえて——核時代を生きるということ

このように考えてくると、「『生存のための歴史学』も死者たちの敵、死者を殺した『死の勢力』とは何であるかを中心問題とすべきように思う」と述べる最近の保立道久の指摘が新たな課題として迫ってくるだろう［保立 二〇一八：二〇九］。保立はかつて芝田進午が提起した「核時代の歴史学」論から、世界史を階級闘争を含む「生の勢力と死の勢力の闘争」ととらえ、核時代の歴史学はここに焦点を合わせるべきだと論じ、また芝田が一九四五年以降を「ヒロシマ紀元（核時代紀元）」で呼ぼうと唱えたことに注目している。

こうして原理的に当事者とは〈彼ら〉であり、〈私たち〉であるという認識にいたるだろう。両者を遮断することに意味はない。しかし、震災から八年後、〈彼ら〉と〈私たち〉は不条理な分断のなかにおかれている。〈彼ら〉の内部でも、〈私たち〉の内部でも分断は進んでいる。(17) 互いの存在を認めあい、頷きあってすむ話ではない。この事態を乗り越える道は、何より〈我々〉が等しく当事者であると思いいたることではなかろうか。〈我々〉とはたんに〈彼ら〉と〈私たち〉の足し算ではない。核時代に生きているという意味では、〈我々〉は「死の勢力」と対抗する「生の勢力」として同じ地平に存在しているのである。最後に足元に立ちかえり、〈我々〉という存在を歴史資料と結びつけて本論を閉じたい。

真っ先に想起するのは、陸前高田市立博物館の熊谷賢の次の言葉である。「被災した方々は、自分の家のあった場所で一生懸命に自分の生きた証を瓦礫のなかから探し出していた。自分が自分である証、それは自分の歴史でもある。博物館の資料や文化財は陸前高田が陸前高田である証である」（本書第3章参照）。

地域の資料や文化財は、人びとが「生きた証」である。大地震から五年後の二〇一六年三月、福島県立博物館は特集展示「震災遺産を考える――ガレキから我歴（がれき）へ」を行った。多くの被災者と救援者が目撃し、手に取ったガレキに、人びとの生きた証、東北とともに生きた証、歴史としての生命が吹き込まれた。

ガレキは震災の爪痕だから注目されるのではない。人びとの暮らしを支え囲んだ具体的な世界だったからこそ、注目されるのである。それはいかにして人びとが生きてきたかを教えてくれる。ガレキと人びとの関係性は普遍的であるがゆえに、誰しも心を打たれ、ガレキの前で粛然とする。ガレキは〈我々〉自身である。生活財の世界が紡ぎだすさまざまな「思い出」[18]のなかに〈我々〉もともに生きている。

その意味で、このごく当然と思われる日常生活は、〈我々〉にとって、閉じられているがゆえに、容易に捨て去り、忘却することが可能なプライベートなもの、《私事》ではなく、例外なくあらゆる人びとにより添い、支え囲む、何物にもかえがたいパーソナルなもの、さらにそれが開かれ、相互に結び合っているがゆえに、パブリックなもの、《公事》にほかならない。このことを東日本大震災はあらためて顕在化させたのではあるまいか。被曝地域（警戒地域・避難地域）に象徴されるように、残存しながら喪失されつつある歴史資料が〈存在〉していることにも気づかされた。〈我々〉の暮らしは、多くのモノ――自然環境も含む――によって成り立つ。それらは保存・記録・記憶され、複雑に結びつき、互いに不可欠な存在となり、さらに多くのヒトやコトとつながることで歴史資料となって、〈社会〉〈日常〉〈歴史〉を形成し、〈我々〉自身となる。〈我々〉は裸で生きているのではない。東日本大震災はこうした当たり前の状態を、一挙に破壊しただけではなく、長期にわたって破壊しつづけている。後者はまさに核時代におけるモノのありよう、もう一つの「地域歴史遺産」の姿を現しているように思える。

注

（1）〈存在〉さえ疑わしい。二〇一六年春、「保育園落ちた日本死ね!!!」と題するブログが問題になった。国民国家の幻想性を告発・否定した直截な発言だが、虐げられた者が「日本」を撃つ声はこれまでもあった。「東京まで往ってみたばってん、日本ちゅう国はみえんとじゃもん。探して探して往ったがな。東京タワーにも上って、宮城にも参ってみたが、どこにも国は見えんじゃったよ」［石牟礼　二〇〇〇］。

（2）三陸地震に関する最新の研究として、［伊藤　二〇一四］。

（3）筆者は二〇一二年の気仙沼フォーラム「歴史から築く『生存』の足場――東北の近代120年と災害・復興」において、加害者論・当事者論を述べた［河西　二〇一三a］。これに対し、「とまどいと違和感」を感じると批判された［沢山　二〇一四］。拙論から「がんばれ東北」的な響きを受けたとするならば、本意ではない。一方、「東北外部の人たちから発せられる『東北』についての議論に対する『違和感』というより『隔靴掻痒の感』」というとらえ方に、筆者は「とまどいと違和感」を覚える。東北外部とか東北内部とか選別することにどれほどの意味があるのだろうか。そうした選別主義に立てば、およそ私たちは〈外国史〉を語れず、〈過去〉にも沈黙せざるをえない。批判者は「後進、差別の東北論に対し、自らもまた〈加害者〉と規定してすむほど、『東北論』を論じることは簡単ではない」と述べる。もちろん簡単なことではない。しかし、これまで自己を〈加害者〉と規定した歴史家はどれほどいたのか。現代歴史学の東北史研究に対する加害者論は無意味なのか［河西　二〇一三b］。「嗚呼、東北は不幸なり。心の底からそう叫びたい思いでいっぱいである。だが、このような構造を受け入れ、安楽な生活をむさぼってきた自分も『共犯者』の一人でしかない。また、日本人の一人としては『加害者』としての側面があることも否定できない。」［小松　二〇一一］と述べた歴史家に私はならいたい。

（4）たとえば、山形県長井市のフォークグループ影法師の一九九一年の作品「白河以北一山百文」参照。

（5）司馬遼太郎は一九七二年に『週刊朝日』連載「陸奥のみち」の冒頭、「『白河以北一山百文』といったのは、戊辰戦争を戦って会津城を攻めおとした長州軍の士官のひとりであったであろう」と何の根拠も示さず、述べている［司馬　一九七八］。

（6）本史料について新井勝紘氏からご教示および引用の許可をいただいた。ここに感謝申し上げる。本史料の詳細な位置づけについては新井［二〇一七］を参照されたい。

（7）一九二〇年に福島県石川郡沢田村（現・石川町）の大野峰治『東北の主張』は、「明治十《ママ》年、熊本の人林正明氏は其主宰にかかる雑誌『近事評論』にて『白河以北一山百文』と題し、東北人士は無気無力にして腑甲斐なしと評したることありき」と記す［大野　一九二〇：二七］。

（8）会津若松での一九〇〇年（三三年祭）、一七年（五〇年祭）、三七年（七〇年祭）の戊辰戦争殉難者慰霊祭の祭文には出てこない。［若松市役所　一九四二］。

（9）新潟県の位置づけに関する最近の研究として、［伊藤　二〇一五］。

（10）石川は興亜院嘱託、新宿「歌舞伎町」の命名者。戦後は東京都建設局長・早稲田大学教授となり、東北開発研究会副会長に就任する。

（11）その他、『東北醸造家銘鑑』第一巻、一九二四年、『大越村』一九四四年、『福島県年鑑』一九四八年、『高子沼の伝説を科学する』一九五〇年、『新観点から見た福島県の古美術』一九五〇年、『福島県史料集成』第一～四輯、一九五〇年などがある。

（12）中嶋［二〇一四］より再引。

（13）福島原発の造成工事を能谷組が請け負った。後年、東京電力ＯＢ「佐伯正治」の名前は熊谷組重役リストに見出すことができる。同一人物ならば、広島県出身だったと思われる。『毎日新聞』一九九六年一一月一九日付東京朝刊訃報記事、参照。

（14）一九四九年六月、「あの時から――瓦礫の町、世界の広島は有頂天になつた」と書き出し、被爆都市広島を批判的にうたった詩が生まれている（遠藤ひさと「あの人達は鐘をたたきたがつてゐる」［広島市文化協会文芸部会編　二〇一三］）。五三年春、こうした意識の延長上に、原爆と文学の関係性をめぐる原爆文学論争（第一次）が起こる。同年八月六日付『夕刊ひろしま』「外人の『ヒロシマ』への眼」の見出しは、「まだ売物にする『原爆』他力本願をすてまず起ち上れ」であり、広島の被害者性が急速に相対化されている。同年一〇月に公開された映画「ひろしま」の冒頭シーンは、一人の男子高校生の訴えを通して、被爆者に対する「原爆を鼻にかけている」「原爆に甘えている」という声の存在を描いている。被爆から数年後、広島市内に〈独占〉〈優越性〉を揶揄する向きがあったのである。しかし、続いて彼は原爆被害の悲惨さ・非人道性を「広島市民の大部分の人」も含めて、みんなは知らないと語る。ここに見られるのは、体験の絶対性にもとづく〈独占〉〈優越性〉ではなく、体験の開示化と普遍化を通した共通理解・相互理解の構築、〈当事者〉化への志向ではなかっただろうか。

（15）一九九三年刊。初出は『新潮45』一九九二年一〇月号「会津人の書く会津戦争――ヒロシマのピカドンと同じ惨劇」。［田中　二〇一〇］より再引。

（16）それが容易には国家に対する“counter-history”（反＝歴史）や“counter-memory”（反＝記憶）にならなかった点については、［Shimoda　2014］。

（17）日本原子力発電元理事北村俊郎は、被災者間の分断に関して、賠償金によって〈彼ら〉＝「地域の人間関係」が壊され、〈彼ら〉と〈私たち〉の関係も遮断されていることを指摘している（「原発賠償の不条理」『朝日新聞』二〇一八年三月七日付）。分断はさらに大きな文脈でとらえられなければならない。作家津島佑子の絶筆「半減期を祝って」（『群像』二〇一六年三月号）は、二〇四五年の東京における「トウホク人」迫害がテーマである。これは杞憂とは言えない。改憲団体「日本会議」は二〇〇九年から八月六日に広島市内で講演会を開催しているが、そこでは被爆者を核武装に反対する「反日左翼」呼ばわりし、それに対して会場から拍手や笑いが生まれているという［加藤　二〇一六］。ここに見られるのは〈我々〉の自己破壊であり、〈我々〉に対する嘲笑・攻撃以外の何ものでもない。

（18）国立歴史民俗博物館編［二〇〇九］は、特集「思い出と博物館」を組み、「展示の自分化」「個人の思い出から社会の思い出へ」「思い出をアーカイブする」などの興味深い視点を論じている。

文献一覧

浅野源吾『東北及東北人』東北社、一九一五年
安達宏昭・河西晃祐編『講座　東北の歴史』第一巻、清文堂、二〇一二年
雨宮昭一『戦後の越え方――歴史・地域・政治・思考』日本経済評論社、二〇一三年
新井勝紘「社会的弱者の民権運動――『朝野新聞』にみる宮城県の多彩な結社に注目して」友田昌宏編著『東北の近代と自由民権――「白河以北」を越えて』日本経済評論社、二〇一七年
安在邦夫・田﨑公司『会津諸街道と奥州道中』吉川弘文館、二〇〇二年
石川栄耀『国土計画――生活圏の設計』河出書房、一九四二年
石牟礼道子『潮の呼ぶ声』毎日新聞社、二〇〇〇年
伊藤大介『近代日本と雪害―雪害運動にみる昭和戦前期の地域振興政策』東北大学出版会、二〇一三年
――「昭和三陸津波と東北帝国大学」『東北大学史料館紀要』第九号、二〇一四年
――「東北地方と新潟県――昭和戦前期における地域振興と地域区分」東北史学会・福島大学史学会・公益財団法人史学会編『東北史を開く』山川出版社、二〇一五年
入間田宣夫「総論　東北史の枠組を捉え直す」安達宏昭・河西晃祐編『講座　東北の歴史』第一巻、清文堂、二〇一二年
岩本由輝「近代東北の『開発』と福島原発事故」東北史学会・福島大学史学会・公益財団法人史学会編『東北史を開く』山川出版社、二〇一五年
大門正克・岡田知弘・川内淳史・河西英通・高岡裕之編『「生存」の東北史――歴史から問う３・11』大月書店、二〇一三年
大野峰治『東北の主張』一九二〇年
開沼博「木村守江――『原発村』の誕生と浜通り」吉見俊哉編『ひとびとの精神史』第５巻（万博と沖縄返還）、岩波書店、二〇一五年
加藤有希「『ヒロシマの平和を疑う』人間にとっての八月六日――ヒロシマにおけるヘイトスピーチの展開」『現代思想』二〇一六年八月号
金子誠三『歴史の風景　白河こんじゃく』歴史春秋社、一九八六年
樺山紘一・岩本由輝・米山俊直『対話「東北」論』福武書店、一九八四年

河西英通『東北――つくられた異境』中公新書、二〇〇一年
――『続・東北――異境と原境のあいだ』中公新書、二〇〇七年
――『「東北」を読む』無明舎出版、二〇一一年
――「近代日本と東北・東北人論」大門正克・岡田知弘・川内淳史・河西英通・高岡裕之編『「生存」の東北史――歴史から問う3・11』大月書店、二〇一三年a
――「われわれは東北史になにを学ぶか――3・11以後の歴史学のために」『歴史学研究』第九〇九号、二〇一三年b
――「創られた〈東北〉――東北凶作と東北研究」熊谷公男・柳原敏昭編『講座　東北の歴史』第三巻、清文堂、二〇一三年c
――「東北史から全体史へ――格差の歴史、序列の歴史、差別の歴史」『部落問題研究』第二二五号、二〇一八年a
――「戊辰戦争・明治維新一五〇年と東北」『現代思想』第四六巻第九号、二〇一八年b
熊谷公男・柳原敏昭編『講座　東北の歴史』第三巻、清文堂、二〇一三年
栗原伸一郎「戊辰戦争期における諸藩対立構図の再検討――奥羽列藩同盟をめぐる政治状況を中心に」安達浩昭・河西晃祐編『講座　東北の歴史』第一巻、清文堂、二〇一二年
――『戊辰戦争と「奥羽越」列藩同盟』清文堂、二〇一七年
国立歴史民俗博物館編『歴博』第一五二号、二〇〇九年
小松裕『真の文明は人を殺さず――田中正造の言葉に学ぶ明日の日本』小学館、二〇一一年
沢山美果子「書評　大門正克・岡田知弘・川内淳史・河西英通・高岡裕之編『「生存」の東北史――歴史から問う3・11』」『日本史研究』第六二七号、二〇一四年
斎藤信策編『樗牛全集』第三巻（文芸及史伝下）、博文館、一九〇六年
司馬遼太郎『陸奥のみち肥薩のみちほか　街道をゆく3』朝日文芸文庫、一九七八年
柴田哲雄『フクシマ・抵抗者たちの近現代史――平田良衛・岩本忠夫・半谷清寿・鈴木安蔵』彩流社、二〇一八年
庄司吉之助『近代地方民衆運動史』上、校倉書房、一九七八年
田中悟『会津という神話――〈二つの戦後〉をめぐる〈死者の政治学〉』ミネルヴァ書房、二〇一〇年
津島佑子「半減期を祝って」『群像』二〇一六年三月号

中嶋久人『戦後史のなかの福島原発——開発政策と地域社会』大月書店、二〇一四年
中武敏彦「常磐地方の形成と『東北』」熊谷公男・柳原敏昭編『講座　東北の歴史』第三巻、清文堂、二〇一三年
日本歴史地理学会編『奥羽沿革史論』仁友社、一九一六年（復刻版：歴史図書社、一九七二年）
半谷清寿『将来之東北』丸山舎書籍部、一九〇六年（復刻版：モノグラム社、一九七七年）
東琢磨『ヒロシマ独立論』青土社、二〇〇七年
被爆50年記念史編修研究会編『被爆50周年　図説戦後広島市史——街と暮らしの50年』広島市企画総務局公文書館、一九九六年
広島市文化協会文芸部会編『占領期の出版メディアと検閲——戦後広島の文芸活動』勉誠出版、二〇一三年
保立道久「地殻災害と『人新世』の歴史学」『歴史学研究』第九七六号、二〇一八年
松本武祝編著『東北「開発」の系譜』明石書店、二〇一五年
樅の木会・東電原子力会編『福島第一原子力発電所一号機運転開始三〇周年記念文集』二〇〇二年
若松市役所編『若松市史』上、若松市役所、一九四二年
Shimoda, Hiraku（下田啓）*Lost and Found: Recovering Regional Identity in Imperial Japan*. Harvard University Press, 2014

【付記】福島フォーラムにおける報告箇所「福島高商・福島大学の人びと——自由と民権のために」は、行論と紙幅の関係上割愛し、別稿「東北自由民権運動研究史の再検討——精神史の提唱をめぐって」（友田昌宏編著『東北の近代と自由民権——「白河以北」を越えて』日本経済評論社、二〇一七年）として発表した。参照していただければ幸いである。

第9章

「生存」の歴史をつなぎ直す
――分断を越える道を探る――

大門正克

はじめに

二〇一二年から一五年にかけて、宮城県気仙沼市、岩手県陸前高田市、福島県福島市でフォーラムを開いてきた。三つのフォーラムを通じて強く感じたことは、被災地において〝分断〟の状況が長く深く続いていることである。分断は政策の判断をめぐって行政と人びとの間に存在し、被災後の暮らし方をめぐって人びとの間にも存在し、さらに人びとの現在と過去の間にも横たわっている。福島フォーラムには、「歴史から見つめ直す『生存』の場――分断を越えて」とタイトルをつけた。三つのフォーラム後、一六年から一八年になると、震災後の状況について新しい潮の流れを少しずつ感じるようになっている。

ここでは、以上のような経緯をふまえつつ、二つの検証を課題として、「生存」の歴史の射程についてあらためて検討することで、分断を越える道を探ってみたい。第一は、3・11後の福島を中心にした被災地における分断の状況を検証することである。分断の状況を検証することは、決して容易なことではないが、本章では、3・11後に、膨大な手記・記録・証言・聞き書きが著されてきたことに注目してみたい（以下、〈記録〉と総称する）。〈記録〉の検証は、3・11後の〈生存〉の歴史の足元を探るものであり、言わば「生存」の現在の検証にほかならない。この検証をふまえ、第二には、本書に収録した、陸前高田市と福島市の二つのフォーラムにかかわる文章に、二〇一七年、一八年の時点でのインタビュー（「対話1」～「対話5」）を加えた私たちの取り組みについて、あらためて検証する。〈記録〉を通じて「生存」の現在を探り、私たちの取り組みの検証から「生存」の歴史学の再検討に向かう。3・11から七年が経過した。二つの検証からは、時間の経過をふまえることで見えてくることが多いと思われる。以上の作業を通じて「生存」の歴史学をあらためて位置づけ直し、分断を越える道を探ること、これが本章の目的である。

1　3・11後、分断の状況を検証する——手記・記録・聞き書き・声を読む

東日本大震災が巨大で深い影響を社会に及ぼしつづけるもとで、政府の政策や行政の取り組みだけでなく、人びとに即した〈記録〉がさまざまなかたちで集められている。人びとの〈記録〉を集めることは、私にとって、阪神・淡路大震災以来の問題関心の継続でもあった。私は、阪神・淡路大震災後にも、その経験について書かれた〈記録〉をまとめて読む機会があり、得ることが多かった［大門　一九九七］。今回もまた、3・11後に書かれた膨大な〈記録〉を集めて読んでみた。あらかじめ感想を述べておけば、これらのなかには、分断に対する率直な吐露や軋みに対する感情が表現されているものがあり、大変に印象深

かった。とはいえ、これらの感情はどの〈記録〉からも確認できるわけではなく、どのように手記を依頼するのか、どのように聞くのかといったことと深くかかわっており、分断に対する率直な吐露が聞こえてくる場合もあれば、「がんばろう」という方向に誘導されてしまうものもあった。

(1) 二〇一一年

私が読んだ〈記録〉を表1に示した。〈記録〉は、3・11後の二〇一一年と一二～一五年、一六～一八年で状況が異なるように思われる。

二〇一一年について印象的な〈記録〉を三つあげたい。最初は、金菱清編『三・一一 慟哭の記録』におさめられた手記である（表1のB）。東北学院大学の教員・金菱清が学生とプロジェクトチームをつくり、学生の震災レポート五〇〇件を集め、そこから地域・職業・階層・性別・年齢などを考慮して、学生の親族・知人、卒業生などに震災の手記を依頼した。依頼したのは5W1H（いつ・どこで・誰が・何を・なぜ・どのように）に留意してもらうことだけであり、編者は集まった手記にタイトルと市町村地区名をつける以外は手を入れなかった。制約のないなかで書かれた手記には、率直な思いの吐露や軋みへの違和感が表現されているものがあった。

一例として、橘慶子「故郷はサバンナの大草原　大熊町大野地区」を紹介する（B、三二一～三二一頁）。福島県双葉郡大熊町出身の大学生である橘は福島市の寮に住んでいた。大熊町と双葉町に立地した福島県第一原子力発電所の事故で、橘の家族をはじめ大熊町の人びとが避難し、自宅に戻れない日々が続くなかで、一時帰宅の方法がとられた。二〇一一年七月、橘は妹と一緒に一時帰宅をした。手記はそのときをめぐるものであり、「サバンナ」とは、3・11後、家畜が事実上、放し飼いになっていることを指す（二〇一一年九月五日脱稿）。

一時帰宅のために中継の体育館で防護服をまとい、自宅に入ると、何もかも震災当日のままだった。翌日には帰れると思っていた母たちは、自宅をそのままの状態で避難していたのである。ブレーカーを落としてコンセントを抜き、食料を廃棄した。「浪江の祖父母が作った米だ。それをもう食べることも作ることもできない」。橘と妹は持ち帰るものを袋につめて中継の体育館に戻り、そこで放射能のスクリーニングを受けた。

帰路のバスに乗った橘には次のような思いがわいてきた。「なんで自分は今ここにいるのか。なんでこんなバスに乗っているのか。今一体何をしているのか。何が悔しくて、自分の家に帰るために許可を得なければならないのか。なんで自分の家に住めないのか。誰のせいでこんなことになったのか。わからない」。「この思いが誰にわかるというのか。むしろ、わかってたまるかという感じだ」。

震災後の報道は、津波の映像や死者・行方不明者の「数値」情報が続き、福島第一原発の事故映像に切り替わるものが圧倒的に多かった。編者の金菱は、「人々の等身大の経験」が切り捨てられているもとで、「小さき名もなき声」をいかに聞くのかに腐心し、そこから執筆に誘導や制約を設けず、小さなコミュニティ（大学とつながりのある人びと）に呼びかける方針を明確にした（「まえがき」）。Bは、二〇一一年の「小さき名もなき声」をとらえた稀有な記録になった(1)。

調査地域	調査時期	概要
福島県，宮城県，岩手県	2011年10月末締切	手記募集，95編のうち22編掲載（福島県5名，県外避難2名）
福島県，宮城県，岩手県など	2011年4月～11月	東北学院大学震災の記録プロジェクト，手記依頼（71名執筆，福島県19名）
福島県，宮城県，岩手県，東京都	2011年6月20日～2012年3月14日	ROAD 足湯ボランティア活動による記録
福島県，宮城県，岩手県など	2012年1月～12月放送	放送記録，246名の言葉（福島県76名）
福島県，宮城県，岩手県など	2013年2月～12月放送	放送記録，170名の言葉（福島県52名）
福島県飯舘村		
福島県	2012年2月～14年4月	福島県出身で社会的活動をする7名のトークセッション（東京）
福島県飯舘村民（福島市，北海道，伊達市伊達東仮設，福島市松川第1仮設，福島市飯野学習センター）	2012年7月～13年9月	飯舘村民1人1人の復興をサポートし，コミュニティ再生につなげる対話の場（15回開催）
福島県飯舘村民	2012年12月～	各地にいる飯舘「村民の声」を記録（75名）
千葉県船橋市，東京都豊洲などで聞く	2011年9月～15年1月	浪江町出身，双葉町居住，福島生まれなど8名の原発労働者の声を聞く
宇都宮市，いわき市など7か所で開催	2012年7月～13年3月	とみおか子ども未来ネットワークによる「タウンミーティング」で声を聞く
岩手県，宮城県，福島県，東京都	2011年3月～13年3月	
福島県相双農林事務所農業振興普及部，同県県北農林事務所伊達農業普及所	2015年8月	岩手県，宮城県，福島県の普及指導員の聞き取り（福島県は2か所5名）
福島県南相馬市	2016年1月～17年1月	「まなびあい南相馬」によるお年寄りからの聞き書き
		Nをもとに証言を編集し，新たに4名の論稿を加えた
	2014年	
福島県いわき市	2013年～16年	岩手県沿岸部といわき市で聴きとり調査
福島県南相馬市	2016年12月～18年1月	「まなびあい南相馬」による故郷についての聞き書き，先達からの聞き書き
宮城県（南三陸町，石巻市），岩手県（大槌町，陸前高田市）	2011年12月	塩野米松の指導により，社会人・学生47名が101名に聞き書き
岩手県陸前高田市広田町	2011年10月	大門が訪問時に一代語りをした

表１　3.11後の手記・記録・聞き書き・声（福島県）

	著者・編者・主催者	タイトル・HP	出版社	発行時期
A		『世界別冊　破局の後を生きる』	岩波書店	2012年1月
B	金菱清編	『3・11　慟哭の記録』	新曜社	2012年2月
C	日本財団 ROAD プロジェクト×震災がつなぐ全国ネットワーク	『週刊つぶやき』	東日本大震災被災地支援活動報告会	2012年3月
D	NHK 東日本大震災プロジェクト	『証言記録東日本大震災』	NHK 出版	2013年2月
E	NHK 東日本大震災プロジェクト	『証言記録東日本大震災Ⅱ』	NHK 出版	2014年2月
F	影山美知子	『飯館村を歩く』	七つ森書館	2014年11月
G	渡辺一枝	『福島の声を聞こう！——3.11後を生き抜く7人の証言』	オフィスエム	2014年12月
H	かすかだりの会	http://madeinataiwa.jimdo.com/		
J	飯舘村　1人1人の思い伝えたいメッセージ	http://iitatemessege.jimdo.com/		
K	寺尾紗穂	『原発労働者』	講談社現代新書	2015年6月
L	山本薫子ほか	『原発避難者の声を聞く』	岩波ブックレット	2015年6月
M	似田貝嘉門・村井雅清編	『震災被災者と足湯ボランティア』	生活書院	2015年7月
N	日本農業普及学会	『被災地担当普及指導員の証言』		2016年3月
P	まなびあい南相馬　聞き書き選書1	『語り継ぐ，ふるさと南相馬——忘れちゃいけない，あのまち，この道，わたしの家』		2017年3月
Q	日本農業普及学会編	『聞く力，つなぐ力——3.11東日本大震災　被災農家に寄り添いつづける普及指導員たち』	農文協	2017年3月
R	辰巳頼子，鳫 咲子	『つながりを求めて　福島原発避難者の語りから』	耕文社	2017年8月
S	土屋葉ほか	『被災経験の聴きとりから考える——東日本大震災後の日常生活と公的支援』	生活書院	2017年2月
T	まなびあい南相馬　聞き書き選書2	『語り継ぐ，ふるさと南相馬——生きたあかしと，生きていく想いと』		2018年3月
U（参考）	東京財団×共存の森ネットワーク	『被災地の聞き書き101——暮らしを語り，思いをつなぐ』	東京財団	2012年9月
V（参考）		徳山衛さん一代語り		

震災後の〈記録〉の二つ目として、東京財団×共存の森ネットワーク『被災地の聞き書き101――暮らしを語り、思いをつなぐ』を取り上げる（表1のU）。聞き書き経験の豊富な塩野米松の指導のもと、二〇一一年一二月、宮城県と岩手県の四か所で、社会人・学生が被災地の人の「人生、普段の暮らし」について二時間聞き、それを語り手の一人称の文章にしてまとめている。これらもまた、一一年現在の聞き書きとして貴重なものだが、ただし、聞き手を消した一人称の文章のまとめ方やタイトル、小見出しには、困難とそれに立ち向かう方向性が強く示唆されているものが少なくなかった。

たとえば、岩手県陸前高田市田束地区の文章のタイトルには、佐々木眞「前を向く、それを支えていく」、蒲生哲「震災から見事立ちあがった　素晴らしい町って言わせたい」、村上庄一「仲間の強さを感じられたな」などがある。佐々木の文章の小見出しは、「海の人間／みんな知り合い小友町／流れてしまった象徴と残った人のつながり／モビリアに住む人々を支えるために／海はギャンブル／前を向く人達」であり、前向きな志向や支え合いが強調されている。この時期には、メディアだけでなく、社会のさまざまな領域で前向きな考えに誘導する力が強く作用していた。この聞き書きでも、前向きな志向に統合されているので、整理できない思いや軋みは行間に隠れてしまう場合が少なくなかった。どのように聞くのか、どのようにまとめるのかによって、小さな声の相貌は大きくかわってしまうのである。

〈記録〉を読むと、二〇一一年一〇月一日に、陸前高田市広田町で徳山衛《まもる》から聞いた一代語りを思い出す（表1のV）。これが三つ目である。その日は、津波の被害を免れた衛さんの自宅を借りて、陸前高田市の一九七〇年代における地域開発問題について話を聞くために、関係者に集まってもらった。衛も加わった話が終わり、しばらくしたとき、衛がやおら自らの生い立ちを話しはじめ、気がつけば、五時間半にもおよぶ一代語りになった［入門　二〇一二、二〇一七：あとがき］。震災後、ふさぎこんでいたという衛が生い立ちを話しはじめたのは、陸前高田の地域開発について聞く余韻が部屋に残っていたからであり、私には、その余韻に背中をそっと押されて始まった語りのように感じられた。ここでも、どのように聞くのかということが大きくかかわっていた。

（2）二〇一二年から一五年

二〇一二年以降も、各所で〈記録〉はつくられたが（表1）、その試みにもかかわらず、放射能汚染や津波後の復興が長期化するなかで、人びとの経験に即した小さな声は、いっそう聞こえにくくなった印象を受ける。

ＮＨＫは、東日本大震災プロジェクト二〇一二年から一三年に放送し、それを本にまとめて多くの証言を収録した（表1のＤ・Ｅ）。この本では、地域別に証言を掲載しており、たとえば福島県三春町では、3・11後の時間の経過にそった「押し寄せる避難者」「大熊町から来た男」「3号機の爆発」などの小見出しのなかに、行政や福祉関係の職員、住民などの証言が配置されている。時々刻々と変化する事態のなかで、行政と住民の間に生じた認識のずれなどが浮き彫りになるように証言が配置されており、参考になるが、福島の人びとが分断をどのように受けとめていたのかを知ることは難しい。分断の状況を知ることが難しいのは、原発によって地域の人がばらばらにされたからであり、そこから原発避難者の声を聞いた

〈記録〉が著され（L・R）、原発労働者に聞き取りをしたKも刊行されている。

こうしたなかで、二つの〈記録〉が印象に残った。一つは、福島第一原発事故の影響によって、全村避難となった飯舘村村民の「心の復興」をサポートし、「その積み重ねをコミュニティ再生へとつなげるための対話の場」として設置された「かすかだりの会（旧称までいな対話の会）」である（表1のH・J）[2]。「までいな」は「丁寧に」、「かすがたり」は「生意気を言う」の意味である。分断や対立を余儀なくされている人たちに対して、生意気を言うくらいに遠慮なく「対話」をしようというのが会の名称変更の思いであった（「みんなで『かすかだっぺ』　未来見据え、遠慮ない言葉で対話を続ける飯舘の若者たち」『産経ニュース』二〇一四年三月二三日）。

飯舘村の人びとをはじめ、原発と放射能の被害を受けた人たちは、強制的に避難させられたり、被害の及ばない地域を求めたり、仮設住宅などで暮らしたりしていた。一人ひとりの抱える課題はさまざまであったが、福島の復興を「急ぐあまり、一人ひとりの『今』や『小さな声』」は「『置き去り』」にされる傾向が強かった。これらの人びとにとって必要なことは、「意見や立場の違いを超えてお互いの小さな声や本当の想いを聞」くことであり、「参加者がネガティブな感情（怒り、怖れ、無力感、絶望など）も安心して表現でき、対立・葛藤が起きても受容し支えられる」ような関係をつくることであった。そのような判断のもと、「分断」や「置き去り」を乗り越えるための「対話」がめざされ、かすがたりの会がつくられたのである。

二〇一二年七月から一三年九月まで一三回開催された会からは、参加者の次のような声が聞こえてきた。

「対話の時間は他の人の話をとおして、自分の気持ちや感じていることにとことん向き合える貴重な時間です。人の話、自分の声を聞く力を少しずつ養うことができました」（傍点――引用者、以下同）。別の参加者は、「行政に対する怒りや、先のみえない生活への不安の感情だけ」に支配されていたとき、「喪失した悲しみや怒りを真っ向から受け止めてもらえた場所」がこの会だったという。なぜ、「喪失した悲しみや怒り」を受けとめてもらうことができたのか。ある参加者は、「これだけ丁寧に話をする、聞くという場はなかなかない」と述べ、ここに気持ちを受けとめてもらい、「分断」を越える道を見出していた。

遠慮ない「対話」をめざした「かすがたりの会」が追求したのは、「丁寧に話をする、聞くという場」をつくることであり、「とことん向き合」う「対話」を通じて「聞く力」を養うことであった。そこで得た「信頼関係」によって「分断」や「置き去り」を乗り越え、それをさらに「コミュニティ再生」につなげようとしたかすがたりの会の活動は、手間暇がかかり、参加人数も限られたものだったとはいえ、原発事故後の福島で、「分断」を乗り越える方途を具体的に示した貴重な経験であった。

もう一つの〈記録〉は足湯ボランティアである。足湯ボランティアは、足湯を一〇分間提供し、被災者がつぶやくのであればそれを聴くものである（足湯ボランティアに関するMでは、「聴く」の言葉を使っているので、ここでも「聴く」にする）。阪神・淡路大震災から始まった足湯ボランティアは、東日本大震災でも二〇一一年三月から二年間、宮城、岩手、福島などで行われ、一一年六月から一二年三月までのつぶやきが『週刊つぶやき』に記録されている（C）。たとえば福島では、「国の許可がないと住んでいた町にも家にも帰れねえんだよ」（二〇一一年六月二五日、いわき、男性・七〇代）、「一時帰宅に息子と行って来た。

車より草が高くなっていて、もう何とも言えないよね。辛くなっちゃった。言葉が出ないよね」（同年一一月二二日、郡山、女性・七〇代）などである。

足湯ボランティアについて多方面から検討した『震災被災者と足湯ボランティア』（M）が二〇一五年に発刊されている。3・11以前の足湯ボランティアについては、足を温める東洋医学的意義が指摘され、ケア・支援論にもとづいて、つぶやきからは被災者のニーズが、また聴くことについてはカウンセリング効果が指摘されてきた。それに対して、東日本大震災における「多彩なつぶやき」を読んだ三井さよは、つぶやきから被災者のニーズを読みとることが「傲慢」に思えてきてたという［三井　二〇一五：一四五］。ただ足湯が提供されるだけにもかかわらず、被災者は足湯への感謝をつぶやき、他方で、被災による苦しみや悲しみを吐露する。聴くことを前提にしているわけではないものの、つぶやきを聴いたボランティアは、葛藤し、混乱しながらも、被災者の思いを受けとめようとする。

三井は、ケアする／されるのとは異なる地平で足湯ボランティアをとらえようとした。足湯ボランティアにおいて、被災者は、「自らの生活を再建しようと苦闘する人たち」として現れ、ボランティアは、被災者の「傍らにいっとき立ち」、被災者の「〈思い〉を全身で聴く」存在として現れた。「〈思い〉を全身で聴く」といっても、ボランティアは、「全身で聴く以外になすすべがない」のであり、とはいえ、「いっとき、苦闘する人の傍らに立」って「聴く」という立ち位置によって、被災者は、「ボランティアを生身の人として受け入れ」たのではないか、というのが三井の理解であった。かすがたりの会と足湯ボランティアともに、聞く（聴く）ということが三・一一後に重要な役割を果たしている。

(3) 二〇一六年から一八年

3・11から五年が過ぎた二〇一六年以降になると、3・11への関心が低下する一方で、分断を越える道が少し見えてくるというような、相異なる状況が現れているように思える。潮の流れに変化がでてきているのではないか、そのように感じる。

潮目の変化を感じる〈記録〉は、「聞く」ことの取り組みの広がりのなかに見出すことができる。かすかだりの会や足湯ボランティアに続き、日本農業普及学会の取り組みでも、聞くことが震災後に大きな意味をもった。この学会は、二〇一三年度から震災アーカイブに取り組み、岩手・宮城・福島で普及指導員の聞き取り調査を実施し（N）、Nをもとに一七年には『聞く力、つなぐ力』（Q）を発刊した。Qで紹介されている3・11以後の普及指導員は、「自らも被災しながらも、『農業現場』にとどまり、『聞くこと』から、はじめて『つないで』いった」人たちであった（「おわりに」）。

普及指導員の聞き取りは、九つの項目に整理され、「営農再開（農業・農村復興）に向けた普及活動」や「放射能対策への思い」「風評被害対策の実態」と「普及活動の基本的な考え方」の項目とともに、「被災した農業者の『聞き手になること』の重要性」の項目があることが印象深い（N）。最後の項目について福島での聞き取りでは、「聞かれて答えられないことも多いが、農家の話を聞いてあげるだけでも大事だと思った」、「農家の不安は大きいが、〔中略〕話し相手になることが大切だと感じた」、という普及指導員の声が記録されている。聞き取り全体を読むと、普及指導員は、農家の聞き手になることに努めながら、農家とともに放射能や風評被害に対応し、営農再開に向けて試行錯誤の過程を繰り返していた姿が浮かび上がる。

農業普及という考え方の源流は、占領下の一九四八年に制定された農業改良助長法にある。アメリカ流の考えにもとづき、農家の男性だけでなく、女性や青年を含めた農民の自主性を引き出して生産と生活の改良普及を進めるために、農業改良普及員と生活改良普及員が配置された。二つの普及員は二〇〇五年に普及指導員に統一されている。たんなる営農指導ではなく、農業の現場で農民の自主性を引き出すこと、ここに普及指導員の使命があり、この使命から「聞く」ということが導きだされた。「聞く」姿勢をもっていた普及指導員の聞き取りでは、農民と普及指導員の逡巡や試行錯誤が率直に吐露されている。

二〇一七・一八年に刊行された『語り継ぐ、ふるさと南相馬』の二冊を読むと（P・T）、潮の流れの変化をいっそう確かに感じる。大震災と原発事故、復興過程における分断と孤立のなかで、一六年、「心の復興活動の一環」として、高齢者の「聞き取り」と「語り合い」を目的にした団体「まなびあい南相馬」がつくられた。まなびあい南相馬がめざす「聞き取り」は、「聞く側の知りたいことを聞くのではなく、『話者』の語りに耳を傾け」るものであり、実際の高齢者の聞き取りからは「必ず戦争中の話」がでてきて、地域をめぐる聞き取りからは、「どの地域にも先人の築いてきた歴史が深く根差している」ことが浮かび上がってきた。もう一つの「語り合い」は、思い出深い写真やモノを媒介にするものであり、そこからは、「地域のくらしがおのず」と「立ち現れ」た。

まなびあい南相馬で印象的なことは、「聞き取り」と「語り合い」を通じて地域の信頼関係がつくり直されたことであり、さらに地域の歴史や暮らし、人びとの歩みが視野に入ってきたことである。地域の歴史や暮らし、自らの歩みを振り返ることは、二〇一〇年代前半までの〈記録〉には見られないことであった。震災、原発災害、津波の圧倒的影響により、過去を振り返ることができなかった状況に対して、3・11から六、七年を経た時間の経過と人びとの試行錯誤のなかで、人びとの歩みや地域の歴史、今までの暮らしがようやく視野に入り、過去の道程について学ぶ意味がしだいに明らかになってきたのだと思われる。これらの活動を通じて、まなびあい南相馬に加わった人たちは、「ふるさとを失う」ことの重さをあらためてかみしめるとともに、「地域とは？　コミュニティとは？」という「私たちの原点的な問いかけ」に応えてくれ、「地域再生」を「後押し」してくれるのは、「先人の築いてきた歴史」にほかならないことを強く実感するようになった。活動には、地域の高齢者だけでなく、次世代や地域外の人びとの姿も多く見られ、歴史や暮らしに即した今後の活動の広がりを予感させている（以上の引用は、P・Tの「まえがき」と「あとがき」）。

（4）分断の状況、聞く〈記録〉、潮の流れの変化

二〇一一年から一八年までの〈記録〉から当事者の声をたどってきた。3・11直後の、生身の人間の整理できない思いがかろうじて記される一方で、メディアだけでなく、聞き書きなど、さまざまなレベルで前向きな考えに誘導する力が作用していた段階があり、そこから一部で軋みにもようやくにして向き合えるようになった一二年から一五年の段階を経て、一六年以降になると、地域の歴史を振り返ることが分断

を乗り越え、地域再生の後押しになることが少しずつ見えてきた段階にいたっている。

〈記録〉には、主に書かれたものと聞くものがあり、3・11以後は、聞く〈記録〉のなかに、軋みに向き合うものなど、目にとまるものが多かった。なぜ、聞く〈記録〉からは、軋みに向き合うものが見られたのだろうか。それは、あまりにも深い分断や対立のもとでは、書くことは容易なことではなく、話を聞いてもらうことでかろうじて軋みと向き合うことができたからではないかと思う。二〇一二年から一五年の頃の聞く〈記録〉には、「とことん向き合える」対話を通じて、固くこわばった軋みをほぐしていったかすがたりの会や（H）、「傍らにいっとき立」つことで被災者がつぶやくことのできる時空間をつくった足湯ボランティアなど（M）、聞くことにともなう語り手への精神的な負担を極力減らすなかで、聞くことが分断の状況を少しずつ変える力になるものがあった。

かすがたりの会では、「人の話、自分の声を聞く力」を養うという指摘が見られた。3・11後の人びとが、聞くことを通して取り組んだことは、固くこわばった軋みをほぐすことで、他者との関係を少しずつつくり直すことであり、さらには自己への信頼を取り戻すことであった。これらの取り組みの先に、「聞き取り」と「語り合い」を通じて地域の信頼関係をつくり直し、さらに人びととの歩みや地域の歴史、暮らしまで視野に入れたまなびあい南相馬の活動が現れることになった（P・T）、と位置づけることができるだろう。分断をめぐる状況の潮の流れに変化が生じてきているのではないか、これが二〇一八年の印象である。

2　「生存」の歴史学の射程

（1）到達点と課題

私がはじめて「生存」の歴史学を提唱したのは二〇〇八年のことであり［大門　二〇〇八］、そのときの初心を再確認してみたい。新自由主義時代と歴史認識論争をふまえて、「生存」の歴史学を提唱したとき、三つの留意点があった。関係を固定的にではなく動態的にとらえ直すことと、歴史過程に留意すること、歴史と現在の往還のなかで追究することである。一九九〇年代の歴史学では、たとえば民衆を国民化される存在とした国民国家論のように、関係を固定的にとらえる傾向が強かったが、はたしてそれでいいのか、関係には本来可変的な要素が含まれているのではないか、歴史学はこのような議論を時間が変化する歴史過程のなかで議論してきたのではないか。歴史過程の追究は、時代状況をふまえ、さらに現在と歴史の往還のなかでなされる必要があるのではないか。このような問題関心にもとづき、私は、「生存」の仕組みと人びとの行為の関係に焦点を合わせた「生存」の歴史学を提起した。

その後、二〇一二年に新宿講座と気仙沼フォーラムに取り組んだ私たちは、その取り組みの到達点として、大門正克・岡田知弘・川内淳史・河西英通・高岡裕之編［二〇一三］を刊行し、私は、その本の終章を担当して［大門　二〇一三］、そのなかで「生存」の仕組みをまとめた（表2）。

「生存」の仕組みには、気仙沼フォーラムでの経験が刻まれている。気仙沼フォーラムでは、気仙沼で民俗学を研究する川島秀一と、塩辛の水産加工会社を経営する清水敏也に話していただいた。川島は、海と人のつながりのなかにあった気仙沼について、清水は、海を含めた地域経済循環のなかで塩辛の生産に取り組んできたことをそれぞれ話した。二人の話から、「生存」は「人間と自然」の関係にも大きく規定されることがよく見えてきた。そこから、それまで「労働と生活」「国家と社会」を軸に考えていた「生存」の仕組みを、「人間と自然」を含めた三つからなるものとして再構成するにいたった（表2）。

表2　「生存」の仕組み

A	人間と自然（人間と自然の物質代謝）
B	労働と生活（支配的経済制度，労働といのち，地域循環型経済）
C	国家と社会（国家の性格，社会の編成）

以上のような経緯のなかでの提起であったが、ただし「生存」の仕組みの提示は、倉地克直から批判を受けることになった〔倉地　二〇一五：一四一―一四二〕。倉地は、大門〔二〇〇八〕は「動きがあります」が、今回は「構成的に考えられて」いるものの、「静態的な印象」があるという批判であった。倉地の言う「動き」とは、大門〔二〇〇八〕に備わっていた「生存の仕組みと主体・行為の関係」の視点などを指している。大門〔二〇一三〕では、私にとって新しい要素である「人間と自然」を加えて「生存」の仕組みを東北の歴史過程に即して整理したが、「生存」の仕組みの整理に終始し、最初の論文で提起した、「生存」の仕組みを主体・行為との関係で検討する視点が不十分になってしまったところに問題があった。倉地は、今後は、「生存」の仕組みの三つの「相互関係についても課題が明らかになり、動きのあるものになるに違いない」とも指摘しているが、倉地の批判と私自身の初心をふまえ、「生存」の歴史学は、あらためてどのように提示する必要があるのか、そのことが問われ

ている。

（2）その後のフォーラムの取り組みと本書から見えてきたこと

本章で私は二つの検証を課題とした。一つは〈記録〉の検証であり、本章の冒頭で述べたように、これは「生存」の現在の検証にほかならない。第一の検証をふまえ、ここでは第二の作業として、本書に収録した、陸前高田市と福島市の二つのフォーラムにかかわる文章に、二〇一七年、一八年の時点でのインタビュー（「対話1」～「対話5」）を加えた私たちの取り組みをあらためて検証し、第二の検証から「生存」の歴史につながる論点を提示してみたい。検討すべき論点は五つある。

第一に、被災後には現場の経験を活かした取り組みが見られたことである。本書でこの点を何よりもよく示すのは、陸前高田の保育についての佐々木利恵子の語りであり（対話4）、佐々木は、「過程」を大事にする陸前高田の保育の特徴とともに、震災後は、震災前にできていた取り組みを続けるように努力していると語っている。地域で蓄積された経験が震災後の取り組みの大事な手がかりになっているのである。

この点をより直截に語ったのが陸前高田市役所の阿部勝である（対話3）。陸前高田市では、「住民こそ主人公」をモットーに活動する市職員たちが推進力になり、震災前から地方自治を築いてきた。震災後の阿部は、この経験の蓄積をふまえ、巨大な嵩上げ工事が必要な状況下であっても、「持続可能なまちづくりを考えたときに、やはりそこに住む、そこで生業を営む人たちの声を聴き、その人たちが主体的にまちの担い手」になることをつねに考えていたと言う。「立場の違いを超えて市民が協力」するのが陸前高田の今までのスタイルであり、そのスタイルは震災後も活用され、さらに「今後も活きていく」と阿部は語った。

資料の安定化処理に取り組むなかで再建をめざす陸前高田市立博物館でも、経験の蓄積が重要な役割を果たしている。博物館の熊谷賢は、市民に支えられ、人を育て、人に育てられてきた市立博物館の歴史を振り返り、震災後にその特徴があらためて見えてきたと語る（対話1）。陸前高田市の医師石木幹人による地域医療・介護は、日常的に集まれる場所の提供や演劇・紙芝居などの「種まき」で創意工夫を重ねているものであるが、それはまったく新しい取り組みではなく、保健推進員の経験をつなぎ直して活性化をはかるところに特徴があった（対話5）。震災後の時間の経過のなかで、経験の蓄積の意味がしだいに明瞭に見えるようになってきたと言っていいだろう。

第二は、震災から数年過ぎた二〇一五年前後になると、経験の蓄積の活用からさらに進み、歴史に学ぶ重要性が再認識されるようになってきたことである。この点をよく示すのが、阿部浩一と川内淳史の文章、吉野高光の語りである。阿部は、震災後の歴史資料保全活動にかかわるなかで、資料の所在調査から活用へと進む過程をたどる（第2章）。とくに福島県富岡町では、二〇一二年夏からの資料のレスキュー活動をふまえ、一四年には福島大学と震災遺産保全条例の協定を結び、「いまや福島県のみならず、全国的に見ても先駆的」な資料保全活動の取り組みにいたる。町民のほとんどが帰還できていないものの、富岡町では、複合汚染の経験、長期にわたる住民の強制避難を経験した自治体の危機感、後世に伝える責任感のなかで、「地域の歴史・文化」が、「震災と原子力災害によって失われた地域と住民の関係を再構築し、断絶した『過去』・『日常』と今をつなぎあわせ、『未来』へと結びつけ」る重要な役割を担うようになったという。川内淳史は、この「つなぎあわせる」のなかに「人と人との関係性」を読み取り、地域の「モノ」には、「地域歴史遺産」として、「地域で人が生きてきた歴史的軌跡をたどる『生存』の歴史が想定される」として、「モノ」と歴史をめぐる議論をさらに一歩進めている（第1章）。

吉野高光が二〇一五年の福島フォーラムに登壇したとき、震災後の双葉町で文化財の意義がようやく認識されるようになってきたと語り、参加者に大きな印象を与えた。それからさらに三年後の吉野は、双葉町では「アーカイブ」という考えが広がっていること、震災資料も地域の文化財であり、小さな自治体だからこそ、震災資料を残すことができること、そして地域の資料と歴史には再生にかかわる記憶が刻まれていると語った（対話2）。県のアーカイブ施設建設計画がきっかけとはいえ、双葉町のみならず、富岡町、大熊町など、原発被害の地域でアーカイブの考えが広がっているのは、震災後の復興において資料と歴史に学ぶ必要性がいっそう明確になってきていることの証左と言っていいだろう。

富岡町や双葉町で歴史に関心が集まっていることと、まなびあい南相馬の活動のなかで指摘された次の言葉はピタッと重なる。「震災後の町づくりは、この地域の歴史へのある種の畏敬の念と新しい世代の可能性への期待を孕んだものとして進むのではないだろうか」（表1のT）。原発による喪失と分断を被った地域であるからこそ、経験の蓄積と歴史が、分断をつなぎ直し、喪失から回復する大事な役割を担うという認識が広がっている。その際に、人に話を聞くこと、対話をすることが想像以上に大きな意味をもっていることは、〈記録〉や本書収録の対話で示してきたとおりである。経験の蓄積と歴史の役割は原発による被害を受けた地域だけでなく、陸前高田市のように、津波でまちを失った地域にもあてはまる。二〇一八年にいたり、3・11で影響を受けた地域で喪失・分断を越えるためには、経験の蓄積と地域の歴史、聞くということと対話が重要な役割を担うことが明瞭になってきていると言っていいだろう。

第三に、今まで述べてきたことも含め、人びとの「生存」は資料と歴史によって支えられていると言っていい。資料には、文字資料だけでなく、モノや文化、記憶も含まれる。資料と歴史が人びとの「生存」を支えることは、陸前高田市や福島の事例、阿部浩一や川内淳史、吉野高光の文章に示されたとおりである。なかでも、アーカイブという考え方が広がり、震災資料や文化財など、地域の資料と歴史に対する認識を深めている福島県双葉町、富岡町、大熊町などの取り組みは大変に重要である。双葉町は、多くの町民が依然として町外に避難しているもとで、3・11後六年間の原発や避難などの記録を編み、ふるさとの記憶にかかわる四季や食、教育、福祉の写真や市街図、町民など六四名の聞き書きを含む、双葉町『双葉町　東日本大震災記録誌――後世に伝える震災・原発事故』(二〇一七年)を発刊した。原発による分断をつなぎ直し、喪失を乗り越える可能性を、地域の歴史や記憶、聞き書きに託した記録誌と言っていいだろう。地域の歴史的蓄積およびその蓄積をどのようにふまえるのかは、地域の未来に対して決定的に重要な意味をもっている(3)。

3・11後の私は、資料は人びとに使われるだけでなく、資料が人びとを支える側面があることを感じることがあった[大門　二〇一六]。3・11のとき、大門[二〇一一]の最終校正をしていた私は、そこで用いた小学生の作文に導かれて陸前高田市を訪ね、作文を書いた二人に会い、そのうちの一人の徳山高志の父の衛の一代語りを聞くことができた。その後、二人を小学校低学年のときに教えた河野和子を探して会い、河野に紹介してもらった宮城秀次の自宅には、一九七〇年代の陸前高田市における地域開発反対運動の資料が残されていた。宮城は、七〇年代の広田湾開発反対運動に岩教組高田支部長として参加した人であり、その自宅は入江の関係で奇跡的に津波の被害を免れた。宮城は、「この資料をどう読まれますか」と課題を投げかけて、津波を生き延びた資料を私にしばらく貸してくれた。二人の子どもの作文を指導した村上煕は津波で亡くなってしまったが、宮城の資料のなかに村上の授業実践記録が残されていた［大門二〇一二］。

私は資料に導かれ、資料に支えられて東北でのフォーラムに取り組み、陸前高田に通って話を聞き、「生存」の歴史学について考えてきた。そこで欠かさずに続けてきたことは、〈記録〉や資料を読み、人に話を聞くことであった。〈記録〉の検証も、私たちの取り組みの検証も、いずれも、今を生きながら行ってきたことである。「生存」の歴史学について、私は、かねがね歴史と現在の往還のなかで考える必要があると指摘してきた。私たちの取り組みの検証による三つの論点と私自身の実践をふまえ、今、あらためて歴史と現在の往還について考えをめぐらせば、その往還は、時代と向き合うことだけを指すのではない。今を生きることを実感して読み、聞くなかで歴史と向き合うこと自体が、歴史と現在の往還にほかならず、生きることにかかわる「生存」の歴史学にとって、歴史と現在の往還は欠かせないことのように思う。私は、歴史と現在を往還しながら「生存」の歴史学について考え、その思考がまた人びとの「生存」は資料と歴史に支えられていることに思いいたるというように、行きつ戻りつしながら思考を重ねてきた。(4)

第四に、以上の三つの論点をふまえるなかから、喪失と分断を越える道、普遍的な論点が見えてくる。3・11で喪失と分断を被った状況に対して、経験の蓄積と歴史・文化、聞くということと対話が重要な役割を果たすようになった。喪失と分断の状況をつなぎ直す役割であり、ここに喪失と分断を越える道があることが見えてきた。資料と歴史、文化財の役割は、被災地に限ったことではない。阿部浩一は、「歴史遺産は『誰かが守ってくれる』のではありません」と述べ（第2章）、熊谷賢は、陸前高田の展示や文化財は特別なことではなく、どの地域にもあてはまることとして受けとめてほしいと言う（対話1）。人びとの「生存」を資料と歴史が支え、聞くということと対話が重要な役割を果たすことは、被災地だけでなく、どの地域にもあてはまる普遍的な論点である。3・11から六、七年が経過するなかで、被災地から普遍的な論点が見えてくるようになったのである。

さて、今までの第一から第四は、いずれも本書第Ⅰ部にかかわる論点である。第五は、これらの論点と第Ⅱ部のかかわりについてである。第Ⅱ部では、原発災害が福島の漁業と農業に与えた影響が考察され（第6章・第7章）、「原発に依存した地域社会」がつくられる過程について、主に統計的な考察がなされた（第5章）。第Ⅱ部で印象的なこととして、岡田知弘は、地域循環型「人間の復興」の歴史的基盤を陸前高田と福島で探り、被災地で提起されている「生存の条件」の要点として、「個々の地域の自然条件や歴史に学びながら地域産業や社会の再構築に結び付けている」ことを指摘している（第4章）。岡田の指摘は、地域の経験の蓄積や資料・歴史をふまえる必要性について言及した第一から第四の論点と重なる。第Ⅰ部と第Ⅱ部の関連はどのように考えるべきか、以下でさらに検討を加えたい。

（3）「生存」の歴史学を組み立て直す

本章であらためて「生存」の歴史学について考えてきた。それらもふまえて「生存」の歴史学を再構成すれば表3のようになる。

「生存」の歴史学は四つの視点で構成される。一つ目は、今まで議論してきた「生存」の仕組みであり、「生存」の仕組みは「人間と自然」「労働と生活」「国家と社会」の三つで成り立っている。「生存」の歴史学は、さらに三つの視点を加えて議論をする必要がある。二つ目は、「生存」する（生きる）ことの側から考える視点であり、「生存」の歴史学は、つねに「生存」することに立ち返り、「生存」する側の視点を加えて考える必要がある。三つ目は、人びとの「生存」は資料と歴史によって支えられていることであり、四つ目に、「生存」の歴史学は歴史と現在の往還のなかで考える必要がある。

表３　「生存」の歴史学

○「生存」の仕組み
A　人間と自然
B　労働と生活
C　国家と社会
○「生存」することの側から考える視点
文献，モノ，文化，記憶など
○歴史と現在の往還のなかで考える視点

「生存」の歴史学は、四つの視点の組み合わせによってかたちづくられる。「生存」の歴史は、「生存」の仕組みと人びとが「生存」することとの関係のなかでつくられ、そこでつくられる人びとの「生存」は資料と歴史によって支えられている。これらの総体について、歴史と現在の往還のなかで検証することが「生存」の歴史学の課題である。

3・11後、「生存」の仕組みと人びとの「生存」の関係にかかわって、陸前高田と福島の3・11後の歩みを見てきた。ここで確認してきた状況について留意すべきことは、「生存」の歴史学の初心を振り返ったように、関係を固定的にではなく動態的にとらえ直すことである。すなわち、「生存」の歴史の考察にあたり、各地における経験の蓄積や資料・歴史の役割が見えてきたということは、分断・喪失・統合を固定的にとらえてはならないということであり、分断・喪失をつなぎ直す可能性のある経験の蓄積や関係の動態的把握がめざされなければならない。関係の動態的把握にかかわり、ここでは、先に紹介した宮城秀次の陸前高田の資料について若干の検討を試みたい。宮城から、津波を生き延びた「この資料をどう読まれますか」と課題を投げかけられていた資料である。

一九七〇年代の陸前高田市で広田湾開発問題が浮上したとき、反対運動は「郷土」をシンボルとし、「郷土」＝「かけがえのない自然」として自然を守る意義を強調した(5)。そして、七三年、宮城の住む陸前高田市の小友地区に「小友地区郷土を守る会」がつくられた（以下は、「小友地区郷土を守る会総会開催について」、「小友地区郷土を守る会総会」一九七三年二月一八日、小友地区郷土を守る会「宣言決議」一九七三年二月一八日、「小友町のみなさんへ」による）。守る会は、「郷土」に対してより積極的な意味を付与し、小友を支えてきたのは、「自然を保護」し、「私たちをはぐくんだ」「祖先」であり、さらに「健康で文化的な生活」であると位置づけた。家（祖先、墳墓）を軸にした共同体的諸関係によって、自然と人間の関係を含めた地域が長く支えられるとともに、「健康で文化的な生活」――言うまでもなく日本国憲法第二五条で保障された生存権――は、戦後の枠組みで認められた生活が地域を支えてきた、という認識である。小友ではそれを「郷土」と呼んだ。

小友の「郷土」からは、さらに「生存」の構想を読みとることができる。守る会は、「健康で天寿を全うし得る郷土の生活環境の維持とその改善を期す」（傍点――原文）ために「対話」「学習」「広報」を位置づけた。そのなかの「学習活動」では、「豊かな郷土の展望、郷土の文化、産業等学習を深める」とし、さらに「住民の保健・衛生の向上と理解」をはかるとしている。自然を守ることに加えて、文化、産業、いのち（健康、保健）に対する取り組みを行うとしたのであり、さらに「対話活動」では、「対話の機会を多くもち、意見の交換を重ね、いかに生き豊かな生活をするにはどうすればよいか討論を広め」るとあった。小友の「郷土」は、自然との関係や戦後の生存権を含めた長い歴史的蓄積をふまえ、さらに「対話活動」を行うことで、先の「生存」の仕組みの三つを自分たちでつなぎ、地域開発構想に対抗しようとするものだった。小友の「郷土」は、小友の人たちの「生存」構想にほかならなかったのである。

ここからは、「生存」の歴史をめぐる動態的関係を見出すことができる。地域開発が浮上したとき、小友の人たちは、自らの地域に立脚して「生存」の仕組みをとらえ返し、より積極的に「生存」構想を提起した。小友の人たちは、地域の歴史への確信と「対話活動」によって分断を乗り越えようとし、歴史と現在（七〇年代）の両方に立脚しながら、地域に根ざした「郷土」の「生存」構想を打ち立てようとした。歴史と現在の両方に立脚した「生存」の動態的把握がここに示されていると言っていいだろう。

小友について、本書第Ⅱ部の議論との関連を考えてみれば、小友の「郷土」は、高岡裕之の言う「原発に依存した地域社会」（第５章）になぞらえて、「地域開発に依存しない地域社会」の構想と位置づけることができる。小友の「郷土」構想は、その後、陸前高田市で二〇〇〇年代以降に追求されている、「内発的な地域産業づくり」（第4章）に連なるものであったと言えよう。

「生存」の歴史学をあらためて整理してきた。ここで浮き彫りになったことは、本書の第Ⅰ部と第Ⅱ部には深いかかわりがあることであり、人びとの「生存」は資料と歴史によって支えられているという、「生存」の歴史学の三つ目の視点の重要性である。被災地では、地域の資料・歴史を振り返り、それに依拠することで、今後の復興をめざす動きが各所に見られた。その動きは、七〇年代の陸前高田市小友でも同様であった。三つ目の視点が核となって歴史と現在を往還し、さらには「生存」の仕組みと「生存」する関係をつなぐことで、人びとの側で「生存」構想をつくる例が見られた。「生存」の歴史学の三つ目の視点は、「生存」の歴史学をつなぐ重要な環だと言うことができよう。

おわりに

近年、友澤悠季は、3・11以前の二〇〇七年に行った、陸前高田市の地域開発問題をめぐる聞き取りをふまえ、「ここはここのやり方しかない」という印象的なタイトルの論文を発表している［友澤　二〇一八］。友澤はそこで、人びとは巨大な震災・津波体験と「復興の大波」のなかで、気持ちが追いつかない「根本的な喪失の経験」をしていること、そうであるがゆえに陸前高田の人たちは、「祖先」と「子孫」を見すえたとき、「ここはここのやり方しかない」という選択をしようとしていると述べる。「ここのやり方」とは、「生業のなかの『循環』」を「壊さずに残す」「生存戦略」のことである［友澤　二〇一八：六八、

七一、七八」。

そのとおりなのだと思う。３・11による喪失感は依然として深く人びとの気持ちの奥底に横たわっており、たとえばまなびあい南相馬の人たちは、「聞き取り」で「どの地域にも先人の築いてきた歴史が深く根差している」ことを知れば知るほど、「ふるさとを失う」ことの重さをあらためてかみしめざるをえなかった。３・11にかかわる地域の人びとは、何らかのかたちでこの感情をもっているに違いない。

喪失と分断、統合が大きく作用しているもとで、本章では、地域の経験の蓄積と資料・歴史が果たす役割に注目してきた。友澤が指摘した「ここのやり方」は、本章で言う「地域の経験の蓄積」にかかわるものであろう。３・11後の状況のなかで、地域の経験と資料・歴史には、分断・喪失の状況をつなぎ直す可能性があること、そうであるがゆえに、本章では、経験の蓄積や資料・歴史は単線的にとらえてはならず、他方で分断・喪失・統合は固定的にとらえてはならないことを強調してきた。本章では、「生存」の歴史学を新たに四つの視点で整理し、関係や作用の動態的把握をめざす内容を提起した。ここでは、人びとの「生存」は資料と歴史によって支えられているという、「生存」の歴史学の三つ目の視点が「生存」の歴史学をつなぐ重要な環であることを強調した。これらの議論をふまえ、本章では、一九七〇年代の陸前高田市小友で提起された「郷土」による「生存」構想を例証している。

最後に、ここでの議論には、被災地だけでなく、どの地域にもあてはまる普遍的な論点が含まれていることを強調しておきたい。それは、経験の蓄積や資料・歴史には人びとの「生存」を支える面があるということであり、聞くということや対話には、分断・喪失によって人びとを隔てていた状況をつなぎ直す可能性があるということである。これらはいずれも普遍的な論点である。『「生存」の東北史』と本書の二冊は、3・11後の東北に即し、東北各地の「生存」の歴史の固有の条件を探るものであるとともに、その固有性をふまえ、さらに普遍的な「生存」の歴史学を問題提起するものでもある。

注

（1） Bには、「小さき名もなき声」を大事にする方針のもとで、人びとが感情を吐露できる環境がゆるやかに整えられ、橘のように、自分でも処理できない思いをぶつけるように綴った文章が出現することになったのだと思う。金菱は、Bを「身の丈にあった震災の記録」と呼んでいる。

（2） かすかだりの会ウエブサイト（http://madeinataiwa.jimdo.com/、二〇一六年一〇月二〇日）。以下の引用もウエブサイトからである。かすかだりの会を始めたのは、飯舘村出身の酒井政秋。一九七八年に生まれ、高校まで飯舘村で育ち、その後東京にいた酒井は、二〇〇六年に村に戻り、地元の縫製工場に勤めていた。震災後は仮設住宅で失意のなかにいたが、一二年から傾聴ボランティアを始め、そこからかすがたりの会に結びついた（表1のG）。

（3） 陸前高田市は、前述のように、市民とともに歩む蓄積をふまえたまちづくりを進めており、震災後の市の中心部にはコミュニティホールに続き、図書館と地元商店が集うショッピングモールがつくられた。陸前高田市立博物館も、二〇二〇年をめざして市内の再建が決まっている。文化と暮らしが結びつき、少しずつ賑わいを取り戻してきているが、福島県の双葉町や南相馬などと比べた場合、陸前高田市では、地域の歴史に依拠した取り組みが、なおいっそう必要なのではないか。陸前高田市立博物館では、被災後の課題と博物館の長い歴史を結びつけており、大変貴重である。陸前高田の歴史は、必ずや分断をつなぎ直し、喪失から回復する役割を担うはずであり、聞き書きも重要な役割を果たすはずである。

（4） この間、私は、大門［二〇一七］をまとめ、とくに聞くということ（listen）について思索を深めた。私たちの取り組みの対話や、聞き書きの〈記録〉の理解については、この思索をふまえている。

（5） 反対運動の過程で結成された「広田湾埋め立て開発に反対する会」は、機関誌『美しい郷土』を発行し、そこでは

「かけがえのないわが郷土の自然を守る」ことを掲げていた。

文献一覧

大門正克「震災が歴史に問いかけるもの」『評論』第一〇一号、一九九七年（大門正克『歴史への問い／現在への問い』校倉書房、二〇〇八年、所収）
――「序説『生存』の歴史学――『一九三〇～六〇年代の日本』との往還を通じて」『歴史学研究』第八四六号、二〇〇八年
――『Jr．日本の歴史7　国際社会と日本』小学館、二〇一一年
――「震災に向き合う歴史学」岩波書店編集部編『3・11を心に刻んで』岩波書店、二〇一二年
――「『生存』の歴史――その可能性と意義」大門正克・岡田知弘・川内淳史・川西英通・高岡裕之編『「生存」の東北史――歴史から問う3・11』大月書店、二〇一三年
――「人びとの『生存』を支える資料と歴史――三・一一後の東北でのフォーラムの経験から」神奈川地域資料保存ネットワーク編『地域と人びとを支える資料』勉誠出版、二〇一六年
――『語る歴史、聞く歴史――オーラル・ヒストリーの現場から』岩波新書、二〇一七年
大門正克・岡田知弘・川内淳史・河西英通・高岡裕之編『「生存」の東北史――歴史から問う3・11』大月書店、二〇一三年
倉地克直『「生きること」の歴史学』敬文舎、二〇一五年
友澤悠季「ここはここのやり方しかない――陸前高田市『広田湾問題』をめぐる人びとの記憶」中田英樹・高村竜平編『復興に抗する――地域開発の経験と東日本大震災後の日本』有志舎、二〇一八年
三井さよ「いっとき傍らに立つ」似田貝嘉門・村井雅清編『震災被災者と足湯ボランティア』生活書院、二〇一五年

〈福島フォーラム〉
歴史から見つめ直す「生存」の場――分断を越えて

日時：2015年２月28日(土)～３月１日(日)／場所：コラッセふくしま／主催：朝日カルチャーセンター／後援：朝日新聞社・福島大学うつくしまふくしま未来支援センター

◇２月28日

講座Ⅰ　文化財保存がつなぐ地域の歴史

ふくしま歴史資料保存ネットワークの活動
報告：阿部浩一(福島大学教授)

双葉町の文化財保存
報告：吉野高光(双葉町教育委員会)
インタビュー：川内淳史(歴史資料ネットワーク事務局長)

講座Ⅱ　福島――海の歴史と陸の歴史

福島の漁業―歴史と現在
報告：濱田武士(東京海洋大学准教授)

福島論――〈始点〉として考える
報告：河西英通(広島大学教授)

◇３月１日

講座Ⅲ　福島における「生存」の歴史と現在

福島の人口移動の歴史
報告：高岡裕之(関西学院大学教授)

開発の歴史から見た現在
報告：岡田知弘(京都大学教授)

福島に農の営みを取り戻す
報告：小山良太(福島大学教授)

私たちの取り組みと「生存」の歴史の射程
報告：大門正克(横浜国立大学教授)

資料　歴史実践としての「『生存』の歴史と復興の現在」

〈陸前高田フォーラム〉
歴史が照らす「生存」の仕組み――3・11 災害後のいのち・暮らし・地域文化

日時：2013年９月28日(土)～９月29日(日)／場所：陸前高田市米崎地区コミュニティセンター／主催：朝日カルチャーセンター／後援：朝日新聞社、東海新報社、岩手地域総合研究所、県立高田病院を守り発展させる市民の会

◇９月28日

３年目の陸前高田市見学(ボランティアガイド　実吉義正)

プレフォーラム　保育所からみえる３・11 災害後の子どもたち
佐々木利恵子(高田保育所長)　聞き手：大門正克(横浜国立大学教授)

◇９月29日

はじめに　本の成果と陸前高田フォーラムの課題
大門正克

講座Ⅰ　地域の復興を支える文化財保存――歴史を掘り起こす意味
熊谷賢(陸前高田市立博物館)＋川内淳史(歴史資料ネットワーク事務局長)・河西英通(広島大学教授)

講座Ⅱ　いのちを守る地域医療――病院と保健の歴史と現在
高岡裕之(関西学院大学)＋石木幹人(高田病院前院長)

講座Ⅲ　「人間の復興」を実現する生業と自治――暮らしを創り支え合う「生存」の仕組み
岡田知弘(京都大学教授)＋佐藤博文(きのこのSATO社長)

あとがき

3・11から四、五年が過ぎた頃から、被災地における歴史や資料、文化財などに関心が集まるようになり、歴史や資料は今後の復興の指針になるのではないか、という議論が出てくるようになった。本書は、歴史や資料、地域の蓄積が「生存」の歴史と復興の現在に果たす役割に注目し、岩手県陸前高田市と福島県を中心にして、「生存」の歴史と復興の現在をまとめたものである。

東北の近現代史を研究する大門正克、岡田知弘、川内淳史、河西英通、高岡裕之の五名の研究者と朝日カルチャーセンターの石井勤、編集者の角田三佳は、二〇一二年の新宿・朝日カルチャーセンター以来、宮城県気仙沼市、岩手県陸前高田市、福島県福島市で被災地における「生存」の歴史と復興の現在について考えるフォーラムを開催してきた。このうち、新宿・朝日カルチャーセンターと気仙沼フォーラムについては、大門正克・岡田知弘・川内淳史・河西英通・高岡裕之編著『「生存」の東北史――歴史から問う3・11』(大月書店、二〇一三年)を刊行し、その後の陸前高田フォーラムと福島フォーラムの取り組みを中心にしてまとめたのが本書である。

ただし、本書の編集は決して平坦ではなかった。気仙沼フォーラム(二〇一二年)、陸前高田フォーラム

（二〇一三年）の開催後、二〇一四年に福島フォーラムを計画したが、津波による災害に原発災害、放射能汚染が加わった福島では、行政と人びとの間や、人びとの選択肢をめぐる分断が深く長く続いており、「生存」の歴史と復興の現在を往還するフォーラム開催の意義はなかなか見出せなかった。二〇一四年九月六日、七日には、福島市で福島フォーラム意見交換会を開催し、フォーラム開催の可能性を探った。

福島フォーラムを開くことができたのは、二〇一五年二月二八日・三月一日のことであった。福島フォーラムでは、「文化財保存がつなぐ地域の歴史」「福島——海の歴史と陸の歴史」「福島における『生存』の歴史と現在」の三つの講座をもった。そのなかで、地域の資料や文化財をテーマにした最初の講座の印象が深く、避難している町民が文化財に関心を寄せるようになったことを紹介した双葉町学芸員の吉野高光さんの話は、参加者に強い印象を与えた。とはいえ、福島フォーラム全体を見れば、『「生存」の東北史』に続く二冊目を発刊する確信を得るにはいたらず、その後の私たちは、打ち合わせや被災地での調査を重ねるというように、試行錯誤の時間が続いた。

今、あらためて、試行錯誤のなかから二冊目の発刊が実現した契機を探ってみれば、二つのことに思いいたる。一つは、あとで記すように、フォーラム後も私たちは、数年にわたって報告者たちへのインタビューを続けてきたことである。私たちの試行錯誤は、言い換えれば、対話の積み重ねだったのであり、そのなかで私たちは、以前の対話と今回の対話を比べ、3・11後の時間の経過の意味を考え、地域の歴史の蓄積と現在を往還するというように、認識を少しずつ深めていった。

認識の深まりという点で印象的だったのは、二〇一七年九月の陸前高田調査と二〇一八年三月の双葉町調査である。陸前高田調査には大門と岡田が参加し、巨大な嵩上げのあとのコミュニティホールや、図書館と商業施設を併設した「アバッセたかた」など、陸前高田の財産である社会教育施設がつくられ、そこに人びとが集う姿が確認できた。以前とは異なる陸前高田の相貌が見えはじめていた。そのなかで行った、陸前高田市立博物館の熊谷賢さん、陸前高田市役所の阿部勝さん、元保育所長の佐々木利恵子さん、陸前高田市健康保険組合二又診療所長の石木幹人さんのインタビューは、震災後六年目の時間の経過を実感できるものだった。本書に収録した「対話1」「対話3」「対話4」「対話5」には、復興の可能性と困難の両方が映し出されている。対話を積み重ねてきたからこそ、感じられたことであった。

イベント中心の施設ではなく、住民自身が恒常的に交流することを中心にした施設を軸にしながら、それまでに感じることのできなかった、生活再建と復興の足音を聞くことができた。

双葉町調査には大門と川内が参加し、いわき市にある双葉町教育委員会で吉野高光さんの話を聞き、福島フォーラムのとき以上に、地域の文化財や歴史が今後の復興にとって重要な役割を果たすことに確信をもつことができた。本書に収録した「対話2」にあるように、震災から七年が過ぎた時点の吉野さんの話からは、双葉郡では文化財も震災資料もともに資料であるという認識のもと、アーカイブという考えが広がり、アーカイブを担う地方自治体の役割が再認識され、これらの取り組みの淵源が戦前の地域の文化と歴史にまで戻って探られるというように、現在と歴史を往還するなかで、地域の資料や文化財、文化の意義を確認することができた。二つの調査は、私たちの認識の深化をいっそう促して本書発刊の大きな推進力となった。

試行錯誤から本書の発刊にいたったもう一つの契機は、時の流れにあらがうことである。試行錯誤のなかで私たちが対話を積み重ね、認識を深めた過程は、同時に、3・11への関心が薄れ、その記憶が風化する時間の流れとも重なっていた。すでに書店において関連書を探すことは難しく、また本書の発刊自体も簡単なことではなかった。こうしたなかで、私たちは時の流れにあらがい、何としても本書を発刊しようと決意していた。それは、3・11を「語り継ぐ使命」を自覚しようとしてきたからにほかならない。「語り継ぐ使命」は、気仙沼フォーラムをしめくくるトークセッションにつけられたタイトルである。

「語り継ぐ使命」とかかわり、私たちの取り組みの出発点である二〇一二年二月に、朝日カルチャーセンターの石井によって提案され、全員で了解をした方針がある。私たちの初心を確認するために、『生存』の東北史』の「あとがき」にも記された方針を、あらためて掲げておきたい。

一、『生存』の歴史学」によって東北の歴史と現実を描き直す

一、生存をキイワードに東北とこの国のあるべき姿を問い直す

一、東北をキイワードに歴史学のあり方を問い直す

一、講座の記録化

本書では、被災地において歴史や資料、文化財などに関心が集まり、歴史や資料は今後の復興の指針になるのではないかという議論が出てくるようになったことに注目している。歴史や資料が地域の復興の指針になるということは、被災地にとどまらず、普遍的な論点のはずである。被災地における「生存」の歴史と復興の現在を描く本書が、初心をどの程度実現できたのか、被災地の問題に徹底してこだわり、その

ことを通じて初心にあるような普遍的な論点を提示することができているのか、それは読者の方々に委ねる以外にないが、私たちが、「語り継ぐ使命」や初心をふまえ、二冊目の発刊にいたったことは書きとめておきたい。

本書の発刊とかかわり、私たちの取り組みの最大の理解者の一人であり、激励を続けてくれた池口康夫さんにふれさせていただきたい。池口さんで忘れられないのは、二〇一二年五月、朝日カルチャーセンター講座で川内淳史が「総力戦と東北人」と題して報告したとき、受講者が四名と少なかったなかで、池口さんが心のこもった感想を述べてくれたことである。当時、私たちは関係者の意思疎通のために、講座開催ごとに、アンケートや感想を記録した「朝カル通信」を発行していた。そのなかに池口さんの感想が残されていた。当日の池口さんの雰囲気が伝わるものであり、掲載させていただきたい。

3・11で身近な人を亡くし、土地を離れざるをえない知人がおり、その経験によって、自分のなかで遠のいていた阪神淡路大震災や水俣のこと、沖縄のことが重なり合って見えてきて、無縁だと思っていたものがつながり、「共有」するということに気づかされた。そんななかで見たNHKの朝の連続ドラマ「カーネーション」は、戦時中の描き方が秀逸で、これまでこんなふうに戦争を描いたドラマがあっただろうか、と思い、総力戦＝動員という描き方が一面的で、戦争そのものがまだ語り尽くされていないと考えた。だからこそ、研究者の人たちには、がんばってほしい、と思っている。今回は、この一年間もやもやしていたものを整理してもらった、ありがとうございました。

「朝カル通信」には、池口さんの感想後、「あたたかい拍手がつづく、とてもいい雰囲気で終了しました！」とある。

池口さんは、その後もフォーラムや福島フォーラム意見交換会、『「生存」の東北史』の合評会など、私たちが開くすべての取り組みに参加してくださった。その池口さんが、二〇一八年一〇月一二日、六七歳で永眠したという訃報に接し、私たちは愕然とした。福島フォーラム以降、『「生存」の東北史』に続く二冊目については、ぜひ読んでいただきたい方たちがいる。池口さんは、その一人であったが、二冊目の感想を池口さんから聞かせていただくことができず、残念でならない。私たちとともに伴走してくれた池口さんに本書を捧げたく思う。

最後に、本書の発刊にあたっては、何よりも陸前高田フォーラムと福島フォーラムでお世話になった方々に感謝の意を表したい。フォーラムでは、現地の人びとに全国の人びと、私たちが加わり、相互に意見が交わされた。三者による相互行為は、本書にいたる大きな原動力であった。対話を重ねさせていただいている熊谷賢さん、阿部勝さん、佐々木利恵子さん、石木幹人さん、吉野高光さんにあらためてお礼を述べたい。また、新宿の朝日カルチャーセンター講座や気仙沼フォーラム以来、私たちの取り組みに参加いただいている方にも感謝したい。これらの方々をはじめ、多くの人たちに本書を届けることができ、心よりうれしく思う。本書が二〇一九年三月一一日以前に発刊されるにあたっては、何よりも大月書店編集部の角田三佳さんの尽力によるところが大きかった。心より感謝したい。

二〇一九年一月

大門正克
川内淳史

執筆者

阿部浩一（あべ　こういち）　1967年生まれ
福島大学教授／歴史学，日本中世史，戦国期東国の地域社会

阿部　勝（あべ　まさる）　1960年生まれ
陸前高田市建設部部長兼都市計画課長

石木幹人（いしき　みきと）　1947年生まれ
陸前高田市二又診療所所長・県立高田病院前院長

熊谷　賢（くまがい　まさる）　1966年生まれ
陸前高田市立博物館主任学芸員／考古学，動物考古学

小山良太（こやま　りょうた）　1974年生まれ
福島大学教授／農業経済学，地域経済学，協同組合学

佐々木利恵子（ささき　りえこ）　1957年生まれ
前陸前高田市立高田保育所長

濱田武士（はまだ　たけし）　1969年生まれ
北海学園大学教授／地域経済論，協同組合論，水産政策論

吉野高光（よしの　たかみつ）　1960年生まれ
双葉町教育委員会教育総務課総括主任主査兼生涯学習係長

編者
大門正克（おおかど　まさかつ）1953年生まれ
横浜国立大学教授／歴史学，近現代日本社会経済史

岡田知弘（おかだ　ともひろ）1954年生まれ
京都大学教授／経済学，地域経済論，地域形成史

川内淳史（かわうち　あつし）1980年生まれ
東北大学准教授・歴史資料ネットワーク事務局長／歴史学，近現代日本の地域史・医療史

河西英通（かわにし　ひでみち）1953年生まれ
広島大学教授／歴史学，近現代日本の社会・文化論

高岡裕之（たかおか　ひろゆき）1962年生まれ
関西学院大学教授／歴史学，近現代日本の社会・文化史

装幀　鈴木　衛

「生存」の歴史と復興の現在──3・11 分断をつなぎ直す

2019年2月15日　第1刷発行

定価はカバーに表示してあります

編　者　大門正克 他

発行者　中川　進

〒113-0033　東京都文京区本郷2-27-16

発行所　株式会社　大月書店

印刷　太平印刷社
製本　ブロケード

電話（代表）03-3813-4651　FAX 03-3813-4656　振替 00130-7-16387
http://www.otsukishoten.co.jp/

ISBN978-4-272-52110-4　C0021　Printed in Japan